海浜型前方後円墳の時代

公益財団法人
かながわ考古学財団 編

同成社

序　文

　平成25年11月16日に公益財団法人かながわ考古学財団の設立20周年記念事業として『海浜型前方後円墳の時代』と題したシンポジウムが開催された。そこでは、海浜型前方後円墳について、第一に、各地域のなかで最大級であること。第二に、偏在性をもって前方後円墳が築造されているものが多い。第三に、首長墓としての連続性が乏しいものが多い。そして第四に、海から見えるような交通の要衝に立地する、と定義した。

　そして、密度・継承・階層をキーワードとして、長柄桜山古墳群のあり方をもとに、磯浜古墳群や「香取海」沿岸の古墳にも同時にふれ、関東地方の海浜型前方後円墳について、定説にとらわれない海洋性を重視した古墳であるという意義を見出した。

　考古学には定説がある。たとえばそれは一つの特徴的な事例を説明し、それに対して共感され、すべての事象に対してその説明が置き換えられた結果として造り上げられたものである。その定説は、辞書や教科書、概説書などに書かれ、複数世代に擦り込まれていく。

　また、後進がそれを支持して、学説を強固なものとして昇華し、次々と受け継がれていくということもあろう。その仕組みをもってすれば、いつでも定説はできあがる。そしてそれを書き換えていくには、重い困難を伴う。

　たとえば前方後円墳である。ある概説書をみれば「県内最大の古墳で～被葬者であるこの地の首長は、それだけ大きな経済基盤、つまり米の生産力を持っていたといえる」や、「築かれた最初の前方後円墳は～支配権を確立した豪族の成立を表し、その支配権を安定させる生産力（水田経営）の発展を意味する」といったことが書いてある。これが前方後円墳の築造基盤に対する定説である。これにそぐわない、広大な沖積地と河川、可耕地を伴わない海浜部にある前方後円墳を代表とする墳墓は、古くからその存在が知られていながらも、

総合的な説明はされてこなかった。

　神奈川県に所在する長柄桜山古墳群は2000年に発見されたが、その後、かながわ考古学財団の範囲確認調査を経て、国史跡指定に向けて申請され、2002年12月19日に指定、現在も史跡整備に向けた発掘調査が行われている。

　長柄桜山古墳群発見以降、これまでにも大塚初重先生や広瀬和雄先生による講演会、シンポジウムや研究会の開催、長柄・桜山古墳を守る会による古墳解説などが行われてきた。これら取り組みにより長柄桜山古墳群の実態が判明しつつある。だが、海浜部にある意義や築造の背景、成立基盤といったところの説明は、アプローチを変えて継続して取り組んでいく必要がある。いったい長柄桜山古墳群とはどういうものなのか。この本質には未だ辿り着いていないだろう。今回は、海浜型前方後円墳という切り口でこれに臨んだ。長柄桜山古墳群こそ、海浜型前方後円墳を代表するものだからである。

　シンポジウムにおいて、時間軸は前方後円墳編年（近藤義郎編　1994）を用い、2期の初頭をおよそ300年に、5期の初頭を400年、8期と9期の境を500年とした（次頁表）。本書でもこれを踏襲している。また、シンポジウムでは関東地方を主眼に、古墳時代前期〜中期の事象を中心として整理したが、本書では広く後期までを対象とし、シンポジウム当日の発表者とともに複数の研究者に多大なるご協力をいただき、書き下ろしにて列島規模で取り上げた。

　第Ⅰ部は総論としての海浜型前方後円墳、第Ⅱ部はシンポジウムでの内容をふまえつつ、関東地方沿岸部における長柄桜山古墳群、磯浜古墳群、「香取海」や東京湾岸の前方後円墳、また、洞穴遺跡や横穴墓の海洋民についてもふれた。第Ⅲ部は列島の海浜型前方後円墳について、太平洋岸、日本海岸、瀬戸内海沿岸について地域を拡大して検討した。そして、古墳時代の船と海民統治と題した第Ⅳ部で総括した。

　本書が長柄桜山古墳群の解明につながり、いわゆる定説を書き換える一つの取り組みになれば幸甚である。

　　　2014年11月　　　　　　　　　　　　　　　　　　　　　　　柏木善治

集成編年

参考年	期	古墳	遺物（副葬品）
300	1	箸墓古墳　など	中国鏡
	2	桜井茶臼山古墳　など	三角縁神獣鏡などの大型仿製鏡
	3	メスリ山古墳　など	
	4	巣山古墳　など	滑石製品（同種多量）、革綴甲冑、二段逆刺鉄鏃、小型仿製鏡、長持形石棺
400	5	室宮山古墳や豊中大塚古墳　など	革綴甲冑、滑石農耕具（同種多量）
	6	誉田山古墳、アリ山古墳［誉田山（応神陵）古墳陪塚］、七観山古墳［石津ケ丘（履中陵）古墳陪塚］　など	三角板鋲留、曲刃鎌、馬具、動物・人物埴輪出現
	7	大山（仁徳陵）古墳、野中古墳［墓山古墳陪塚］　など	長頸鏃、画文帯神獣鏡出現・普及、横矧板鋲留単甲一般化、剣菱形杏葉、f字鏡板、家形石棺出現
	8	石光山8号墳、大谷古墳、埼玉稲荷山古墳　など	杓子形壺鐙、花弁形杏葉、鈴杏葉出現
500	9	市尾墓山古墳、物集女車塚古墳、鴨稲荷山古墳　など	鉄製輪鐙、心葉形杏葉、
600	10	烏土塚古墳、大和二塚古墳、こうもり塚古墳　など	棘葉形・花形杏葉出現

※［近藤義郎編 1994『前方後円墳集成　九州編』山川出版社］を参考に作成

目　　次

序　文　i

第Ⅰ部　海浜型前方後円墳を考える　1

第Ⅱ部　関東地方沿岸部の海浜型前方後円墳　39

1　関東地方の海浜型前方後円墳概観　39

2　長柄桜山古墳群と外洋世界の海浜型前方後円墳　48

　①長柄桜山古墳群　48

　②磯浜古墳群（日下ヶ塚〈常陸鏡塚〉古墳）　62

3　内海世界の海浜型前方後円墳　76

　①「香取海」沿岸　76

　②東京湾沿岸　90

4　洞穴遺跡にみる海洋民の様相　110

5　横穴墓にみる海洋民の様相　139

第Ⅲ部　列島の海浜型前方後円墳　155

1　太平洋沿岸　155

2　日本海沿岸　188

3　瀬戸内海沿岸　210

第Ⅳ部　古墳時代の船と海民統治　241

資　料　263

資料 1　列島の海浜型前方後円墳分布図　265

資料2　列島の海浜型前方後円墳一覧表　272

資料3　前方後円墳整備・活用紹介　278

あとがき　291

海浜型前方後円墳の時代

第Ⅰ部　海浜型前方後円墳を考える

　海浜型前方後円墳（大型円墳なども含む）とは、海に面した山塊や丘陵、あるいは台地や砂堆などにつくられたものをいう。現在では陸化していても、古墳時代には潟湖であったと想定できる地形や、内海や内湖の沿岸に立地するものも含む。前方後円墳の墳頂部から遠くに海が見える場合などでは、海岸線から数キロも離れたようなのはとりあえず省く。

　海岸線から仰視したり、海を見下ろす、といった臨海性をもつ海浜型前方後円墳には、単独で営まれたり、古墳群を形成したり、複数の首長が共同墓域を形成したりと、いくつかのケースが見られる。それらが古墳時代前期や中期だけに限られるものや、前期や中期に造営されてからしばらくの空白期間をおいて、後期になって再度、築造されるものなど、さまざまな事例が存在する。類型化が可能であるが、そのためには網羅的な研究が要請されるので、そうした作業は将来に期したい。

　かつて、東京湾岸と「香取海」沿岸の大型前方後円墳を海浜型前方後円墳とよんで、その特質にふれたことがある（広瀬 2012）。もっとも、それはひとり東国だけに見られるのではなく、ひろく日本列島を覆うような現象である（前方後円墳が造営されない北海道・東北北部や沖縄は除かれるが）。ここでは、海浜型前方後円墳のいくつかの事例検討をとおして二、三の論点を抽出し、それが造営された古墳時代の歴史動向に迫ってみよう。

1. 各地の海浜型前方後円墳

（1）九 州

①周防灘北部 周防灘に面した福岡県苅田町には、バチ形前方部をもった墳丘の長さ110m程度で、3世紀後半ごろの石塚山古墳（以下、数字は墳長、単位はm）、そして5世紀後半〜末ごろにかけての御所山古墳（119）と番塚古墳（約50）の前方後円墳3基が、近接して築造される（第12図）。

石塚山古墳は「舌状台地の先端部近くに築造されている。当時の海岸線まで前方部は10mたらずの距離」で、段築と葺石をもった墳丘の後円部には竪穴石槨がつくられ、そこには三角縁神獣鏡7面を含む中国鏡11面、玉類、小札革綴冑、靫、素環頭刀、鉄鏃、銅鏃、鉄斧、鉇などが副葬されていた。墳丘、埋葬施設、副葬品のどれをとっても、いわゆる畿内的色彩が濃厚で、「石室内から出土した副葬品等の性格から畿内から派遣された将軍的性格」（長嶺・植田編1996）との推測も出されている。

この古墳が前方部を海岸に向けるのにたいして、墳丘長軸を海岸線に揃えた御所山古墳は周濠をめぐらせ、造り出しを付設した3段築成で、円筒埴輪、葺石などを完備した大型前方後円墳である。石障を配置した横穴式石室から、銅鏡や金銅製馬具などが出土している。北部九州では最上位に位置づけられる中期前方後円墳である。

②周防灘南部 周防灘と別府湾に三方を囲まれた台地に構築された大分県杵築市小熊山古墳（120）は、3世紀末から4世紀初めごろの前方後円墳である（第1図）。葺石、3段築成に、奈良県西殿塚古墳に近似した九州最古級の円筒埴輪を樹立する。「正面に亀塚古墳が立地する。また築山古墳・大在古墳などの海岸線に立地する古墳も、大まかな位置がわかるほどの距離（約20km）で」、「遠くは環瀬戸内側や愛媛県の南部、近くは別府湾沿岸、さらに本貫地の可能性のある内陸部にも睥睨をきかせた古墳である」（平川・吉田編 2006）。

小熊山古墳に隣接して、造り出しを付設した大型円墳で4世紀末〜5世紀初

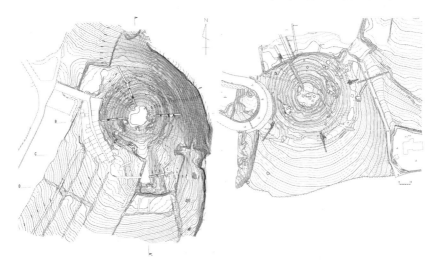

第1図　小熊山古墳（左）と御塔山古墳（右）（杵築市教育委員会 2013）

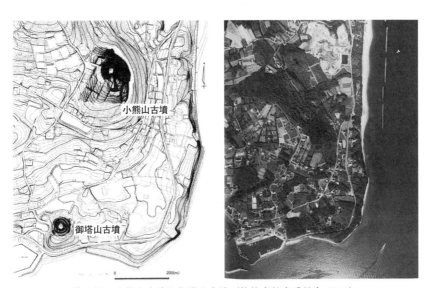

第2図　小熊山古墳と御塔山古墳（杵築市教育委員会 2013）

めごろの御塔山古墳（75）が築造されている（第2図）。これらの間には、前述した石塚山古墳と御所山古墳の間と同様に数代におよぶ空白期があるので、一代一墳的に順調に造営された在地首長墓の系譜とはいいがたい。〈不連続の連続〉とでもいうべき首長墓系譜といえようか。いったん途切れながらも、前代と近接した場所に再び築造されるのは、その空間に特定の意義、すなわち〈場〉の論理があったというわけだ。これらの周辺にはまとまった可耕地が一切みられないので、海運との強い関連しか考えられない立地といえる。

③宗像地域　福岡県北部の宗像地域には、玄界灘に沿った広い入海や、内陸部まで深く入り込んだ入海に面して、4世紀末ごろの東郷高塚古墳以降、新原・奴山古墳群、勝浦古墳群、津屋崎古墳群など、6世紀末ごろにいたるまで、30基もの前方後円墳が営造されている。最大規模は墳長97mの津屋崎41号墳である。そして、前方後円墳終焉後も円墳で巨石墳の宮地嶽古墳（34）、切石横口式石槨の手光波切不動古墳（20）などがつづく。さらに6〜7世紀には1300基にも及ぶ群集墳や、170基の横穴墓も営まれている。それらのなかには、塩浜古墳のように砂丘に構築されたものもみられる。

6世紀前半〜6世紀末ごろの前方後円墳は16基ある。複数の首長が同時平行的にそれを造営していたようだが、近隣に広大な生産基盤は見あたらない。花田勝広は「大和政権を背景とした海路掌握権あるいは韓半島の交渉によるもの」とみなす（花田 1991）。いわば天然の良港ともいうべき入海が二百数十年もの長期にわたって、朝鮮半島との交通拠点になっていて、海運に従事した複数の首長や多数の中間層がいたようだ。

④壱岐島　『魏志倭人伝』の「一支國」で有名な壱岐島には、6世紀後半から7世紀前半ごろにかけての古墳が約300基つくられている。それまでは数基の小型古墳しかなかったのに、ほぼ一斉に多数の古墳が築造され、そして一気に終息するというふうに、個々の造営主体の意志を超える事態が展開している。なかでも、6基の大型横穴式石室—対馬塚古墳（63）、双六古墳（91）の前方後円墳、笹塚古墳（66）、兵瀬古墳（53.5）、鬼の窟古墳（45）、掛木古墳（35）の大型円墳—の集中的分布は、九州全域でも突出している。ちなみに、

鬼の窟古墳の横穴式石室の全長は16.2mである（田中 2008）。

　さらに注目されるのは、6世紀後半から7世紀前半ごろに多数営まれた小型古墳の横穴式石室がほぼ例外なく6基の巨石墳と共通形式だ、という事実である。その出現期と終息期が合致するという事実とあわせると、首長墓・中間層墓ともに意図的な造営との見解が導きだされる。外在的な強力な意志が、壱岐島に発動されたとみたほうが理解しやすい。

　可耕地が乏しく、玄武岩の台地に覆われた壱岐島に、これだけの有力古墳を支持するだけの食料生産は望むべくもないから、6世紀後半ごろの古墳の激増は壱岐島の在地的な要因だけではとても説明できない。豪華な飾り大刀や馬具などに加えて、優れた緑釉陶器や新羅土器の多数副葬に、壱岐島の地政学的位置や盛行時期などをあわせると、対新羅の外交・防衛拠点としての役割を負わされた有力首長層が、多数の中間層を率いてその任にあたった、とみるのが妥当なようである（広瀬 2010a）。

（2）日本海

　①丹後地域　京都府北部の丹後地域は、幅員が広くても2kmほどしかない狭隘な流域平野をもった中小河川が数条、日本海に向かって流れるだけで、大型前方後円墳の存在などには似つかわしくない可耕地の少ない地形を呈する。そうした地形環境にもかかわらず、古墳時代前期には100mクラスの大型前方後円墳が6基もつくられ、この地域の政治的有意性を物語っている。それらは畿内地域以外の前期古墳ではまだ少ない段築・円筒埴輪・葺石などの外部表飾を備え、畿内中枢との濃厚な結びつきを想定させる。そうはいっても、丹後型円筒埴輪という地域的色彩の強いものを採用しているし、蛭子山古墳（145）の埋葬施設は、この時期では希少な花崗岩を加工した舟形石棺である。

　丹後地域を象徴するのが海浜型前方後円墳である。京丹後市網野銚子山古墳（198）は潟湖を見下ろす砂丘に（第3図）、神明山古墳（190）は潟湖に面した台地端に築造され（第4図）、そこに設けられていた港津を利用する人びとに勢威を見せる、そういう明白な意図にしたがった巨大前方後円墳である（三浦

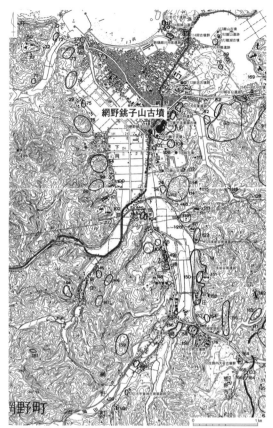

第3図 網野銚子山古墳とその周辺（京丹後市史編さん委員会 2010）

1982)。4世紀前半ごろの網野銚子山古墳には、長持形石棺に鉄刀、鉄鏃、三角板鋲留短甲などを副葬した方墳の離湖古墳（長辺43）が、4世紀中ごろの神明山古墳にはおなじく長持形石棺に変形四獣鏡、木装大刀、鉄剣、環頭刀子、三角板革綴短甲などを副葬した円墳の産土山古墳（54）が、それぞれ近隣に築造されるが、それら後続の首長墓との間にはやや空白がある。その後、首長墓は途絶する。

②伯耆地域　日本海を眼下にした標高107mの馬山丘陵に、前期から後期にかけて24基の古墳がつくられている。円筒埴輪をめぐらす馬の山4号墳（88、復元110）は、竪穴石槨1、箱式石棺4、円筒棺3の合計8基の埋葬施設をもつ。後円部の竪穴石槨から5面の三角縁神獣鏡をはじめ、方格規矩四神鏡、画文帯神獣鏡、車輪石、石釧、鉄刀、鉄剣などが出土している（佐々木編 1962）。これもやはり外部表飾や中国鏡の副葬など、畿内的色彩が強いといわれる前期前方後円墳で、伯耆地域では最大級の墳丘規模である。

おなじく伯耆地域の鳥取県淀江町向山古墳群は、ラグーンに伸びた丘陵につ

くられ、5世紀後半から6世紀末ごろの前方後円墳約10基と円墳群で構成される。6世紀中ごろの長者ケ平古墳（48.5）は畿内型横穴式石室を採用するが、6世紀後半ごろの福岡岩屋古墳（54）の石室は、出雲東部の石棺式石室の系譜をひく。ほかに石馬谷古墳（61.2）は石人・石馬をもつし、岩屋古墳と向山四号墳は「別区」のような造り出し状遺構をそなえる（中山編 1990）。横穴式石室や外部施設にみられる畿内や北・中部九州との相似性は、彼地の首長層との交流や政治的連携の証となるのであろうか。

第4図 神明山古墳とその周辺（京丹後市史編さん委員会 2010）

（3）瀬戸内

①**高松市周辺** 香川県高松市の石清尾山古墳群は、瀬戸内海を眼下に一望できる標高200mほどの丘陵に立地する。3世紀末～4世紀後半ごろの前方後円墳8基、双円墳3基で構成されるが、最大級の墳丘をもった猫塚古墳（96）は双方中円墳である。竪穴石槨には内行花文鏡、獣帯鏡、石釧、筒形銅器、銅鏃、銅剣、鉄剣などが副葬されている。石船塚古墳（57）は前方後円墳で、讃岐地域に特有の割竹形石棺をもつ。畿内地域で長持形石棺が採用されだした頃

に、讃岐地域では凝灰岩を刳り抜いて精緻に仕上げた割竹形石棺が、首長層の
ひとつのアイデンティティになっている。前方後円墳は墳長50m以上が3基、
30～50mが5基、30m未満が3基とさほど大きくはない（高松市教委・徳島文
理大学 2012）。墳丘はいずれも積石塚で、瀬戸内海を航行してきた船が、丘陵
麓にあったであろう港に向かうときに見えたのか、あるいは首長墓の共同墓域
がある特別丘陵という共同観念があったのだろうか。

　②**津田湾周辺**　香川県東部の津田湾を臨むいくつかの丘陵には、前期の前方
後円墳12基と円墳3基が築造されている（第5図）。さぬき市うのべ古墳（37）
と川東古墳（37）は積石塚で、赤山古墳（45～51）、岩崎山4号墳（61.8）、一
つ山古墳（25～27）は割竹形石棺を採用する、というふうに十分に讃岐地域の
特色を発揮している。周辺に可耕地はないので、海上交通にかかわった首長層
の造墓とみなすのに躊躇は覚えない。大型の前方後円墳はみられないが、直線
距離にして3km強の狭い範囲で、複数の首長が同時平行的に古墳をつくった
のは間違いない。「古墳立地は海上と内陸部を結ぶ経路沿いの標高約30mの丘
陵上・尾根上にあり、航路からの眺望の企図が指摘できる。古墳立地は津田古
墳群の外部勢力との密接な関わりを象徴」する（松田編 2013）。ここでの問題
は、津田湾を眼下におさめた丘陵に古墳を造営した複数首長の営為は、いかな
る意志に基因したのかである。複数首長の自発的な行為ならば、いったい誰が
いかなる権限で、ほかの首長たちにここでの古墳造営を要請したのか、あるい
は首長層の共同意志に基づくのならば、その原因はなにか。外在的な政治意志
が働いたのであろうか。

　それらは4世紀末もしくは5世紀初頭になって、ここからやや内陸に場所を
変えた墳長139mの富田茶臼山古墳に統合される。3段築成で、円筒埴輪列や
葺石を完備し、盾形周濠をめぐらし、2基の方墳を従属させたその勇姿は、
「畿内勢力を頂点とする広域的秩序への参入を意味する」とみられている（大
久保 2011）。もっとも、それは一代限りのことで、その後はこの地域では首長
墓がまったく造営されない。各地の中期初めごろに顕著な「首長墓の統合」
が、いったい在地首長層の自律的な動きなのか、それとも中央政権の意志に基

第Ⅰ部 海浜型前方後円墳を考える　9

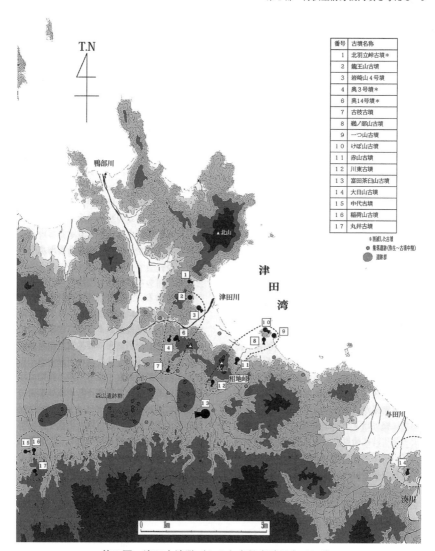

第5図　津田古墳群（さぬき市教育委員会 2013）

因するのか、がひとつの問いとして残る。

（4）大阪湾沿岸

①**神戸市周辺**　大阪湾に面した微高地につくられた兵庫県神戸市西求女塚古墳は、3世紀後半ごろの前方後方墳（95）で、竪穴石槨には三角縁神獣鏡7面を含む12面の鏡、小札革綴冑、鉄刀・鉄剣10以上、鉄槍40以上などが副葬されていた。近辺にはおなじく前期前方後方墳の処女塚古墳（70）や、前方後円墳で葺石、周濠をそなえ、鏡6面（三角縁神獣鏡4面など）を副葬した東求女塚古墳（80）があって、古墳時代前期の一定期間におよぶ首長墓系譜が認められそうだ。

②**大阪湾への出入口**　大阪湾沿岸で注目されるのは、明石海峡と紀淡海峡という大阪湾への南北出入口を扼した、巨大な前方後円墳の造営である。ひとつは、明石海峡を見下ろす丘陵端部につくられた4世紀後半ごろの前方後円墳、兵庫県神戸市五色塚古墳（194）である。3段築成、葺石、円筒埴輪列、周濠という外部表飾を完備したもので、海上交通を掌握した首長の像を結ぶにあたっての典型的な大型前方後円墳である。ただ、その造営を在地首長の独自の動向とみなすには

第6図　淡輪古墳群（広瀬 2003）

「不自然さ」が目に付く。付近に広い平野はない、単独墳で前後につづかない、それでも大型前方後円墳だ、などである。岸本道昭は「丘陵が海まで迫り、とても狭い場所である。これだけの巨大古墳を造る首長墓の権力がどこに基礎をおいていたのか、説明しにくいのがこの古墳最大の謎といってもよい」という（岸本 2013）。

　いまひとつは、紀淡海峡に面した大阪府岬町淡輪古墳群である（第6図）。西陵古墳（210）は、周濠をめぐらせた5世紀前半ごろの前方後円墳で、後円部には長持形石棺を備えている。ついで5世紀中ごろに構築された宇度墓古墳（約170）は、7基の「陪塚」をめぐらす。それらの中間に位置する西小山古墳（50）は、造り出しを付設した円墳で、竪穴石槨に金銅装眉庇付冑、三角板鋲留短甲、挂甲、鉄刀23などが副葬されている。やはり、これらの周辺には可耕地はまったくないし、前後に有力な前方後円墳もない。巨大な前方後円墳が2代つづくが、その後裔の姿はどこにも見あたらない。きわめて「不自然」である。

　③**百舌鳥古墳群**　大阪湾岸をめぐって五色塚古墳・淡輪古墳群と一体的に営まれたのが、畿内5大古墳群のひとつ、〈凝集性・巨大性・階層性〉という特性をもった堺市百舌鳥古墳群である。前方後円墳39基、円墳60基、方墳9基、合計108基が限られた空間に凝集する（第7図、写真1）この古墳群は、上・中・下級の複数の首長層が同時平行的に、4世紀後半から5世紀後半ごろにかけて、共同墓域で造墓しつづけた複数系譜型古墳群である。

　墳長200mを超える巨大前方後円墳をピークに、大・中・小型の前方後円墳、帆立貝式古墳、円墳、方墳などと、巨大前方後円墳と「陪塚」との二重の階層的構成を、内外の人びとに見せている。ちなみに、前方後円墳は墳長200m以上が4基、100m以上200m未満が7基、円墳は直径50m以上が5基、30〜49mが7基、方墳は一辺30m以上が2基である。ことに大王墓をふくむ巨大前方後円墳は、「陪塚」――人体埋葬のないものも含めて――も、段築、円筒埴輪列、形象埴輪、葺石、周濠といった外部表飾を完備し、それらが有機的に組み合わさって威圧性・荘厳性・隔絶性を醸し出す。

12 第Ⅰ部 海浜型前方後円墳を考える

写真1 百舌鳥古墳群と大阪湾（大阪府立近つ飛鳥博物館 2014）

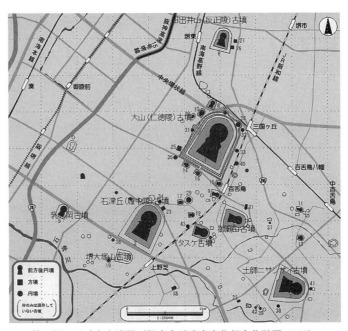

第7図 百舌鳥古墳群（堺市市長公室文化部文化財課 2008）

百舌鳥古墳群では乳の岡古墳（155）にはじまって、石津丘（履仲陵）古墳（360）、御廟山古墳（186）、大山（仁徳陵）古墳（486）、ニサンザイ古墳（290）の順に、4世紀後半から5世紀後半ごろの5代におよぶ巨大前方後円墳が一代一墳的に造営されている。それだけではない。中核的な前方後円墳と平行して、大・中・小型の前方後円墳や円墳などが築造され、それらをとおして各級の首長層や中間層の強い結びつきが表現されている。王を頂点にした各級首長層や実務を担当した中間層にいたる一大政治集団を、累代的に見せつづけた政治的モニュメントなのである。

　注意をひくのが、初期の4世紀後半ごろの長山古墳（110）や乳岡古墳（155）は、標高数mの海岸線に接した低いところに営造された事実である。おそらく、その近辺に船着き場があったと推測できる立地である。ついで、より一段高い台地の縁辺に、墳丘長軸をそれに沿わせて構築された田出井山（反正陵）古墳、大山古墳、石津丘古墳などは、その側面を大阪湾の方向に見せ、政治権力のありかを見せつけるように意図されている。いっぽう、イタスケ古墳、御廟山古墳、ニサンザイ古墳などは、それらにほぼ直交するような墳丘主軸をもっていて、上陸してから大和政権の本拠地に陸路で向かうとき、その側面感を見せる。さらには大・中・小型墳丘の階層性をもった複数の首長墓が、一体的に西方を意識した〈目で見る王権〉としての威力を発揮している。

　④**大阪湾沿岸の古墳のつながり**　百舌鳥古墳群（古市古墳群も）、五色塚古墳、淡輪古墳群は密接不分離の関係でもって造営された。大阪湾の北側は明石海峡、南側だと紀淡海峡が海運の要衝となるが、そこに五色塚古墳、淡輪古墳群が配置され、西方から船で大阪湾へ進入する場合、南北どちらにしても巨大な前方後円墳を見せつけられるという演出である。そして、上陸地点には大山（仁徳陵）古墳をピークにした百舌鳥古墳群が聳立する。〈巨大前方後円墳の環大阪湾シフト〉ともいうべき仕掛けは、4世紀後半ごろ以降、西方との交渉が重視され、それも海上交通が重きをなした事態をしめしている（広瀬 2003）。このようなイデオロギー装置が、中央政権の政治的意志に基づいて、計画的に創出されたのは言うまでもないであろう。

(5) 東　国

①香取海周辺　現在の霞ヶ浦、北浦、印旛沼、手賀沼、利根川などがつながって、江戸時代以前には広大な内湖、「香取海」が形づくられていた。その最も奥まった台地に、関東第2位の墳丘をもった茨城県石岡市舟塚山古墳（186）、そして入口ともいえる自然堤防に、結晶片岩製の長持形石棺を出土した千葉県香取市三之分目大塚山古墳（123）が、その勇姿を見せている（第8図）。これら4世紀末ごろの大型前方後円墳は、盾形周濠をめぐらせ、段築をつくり、円筒埴輪列を並べるが、近隣にはそれらの前後に連続する前方後円墳は見あたらない。注意をひくのが、「香取海」の中央付近の浮島遺跡である。この小さな島では5世紀をつうじて、滑石製模造品を用いた祭祀が実施されている。航海の安全が祈願されたのであろうか。国際交通の沖ノ島にたいして、国内交通の浮島といった趣きである。

②東京湾東岸　東京湾の東岸（千葉県）に発達した砂丘や浜堤などに、5世紀代にあいついで大型前方後円墳が構築される。市原市二子塚古墳（103）には直葬された木棺、き竜文鏡、垂飾付耳飾り、銀製腰佩、直刀、鉄矛、鉄鏃、金銅装鋲留衝角付冑、挂甲、轡などが副葬されていた。長持形石棺をもった木更津市高柳銚子塚古墳（110〜130）と、画文帯四仏四獣鏡、銀製耳飾り、金銅製眉庇付冑、金銅製挂甲、鉄製挂甲などを出土した祇園大塚山古墳（約100）は近接している。2基の竪穴石槨に、鉄刀、鉄剣、鉄鏃、鉄槍などを副葬した富津市内裏塚古墳（144）は、南関東第1位の墳丘をもつ（第8図）。竪穴石槨に刀、剣、短甲などを副葬していた弁天山古墳（87.5）は、東京湾を見下ろす台地端にまったくの単独で存在する（第9図）。

これら5世紀の大型前方後円墳は外部表飾を具備し、長持形石棺や金銅製や金銅装の武具をもつ、というふうに畿内色が濃厚だし、中国鏡や朝鮮半島からの渡来文物を副葬する、といった国際的色彩を見せる。田中新史は「金銅製挂甲、金銅製眉庇付冑、金銅装衝角付冑と銀製耳飾と当時の時代色を最も強く反映した文物が出土し、南関東の文物の窓口として当時最も先進的な地域であった」と述べ（田中 1975）、小沢洋は「海上交通路を媒介として、それぞれ独自

第Ⅰ部　海浜型前方後円墳を考える　15

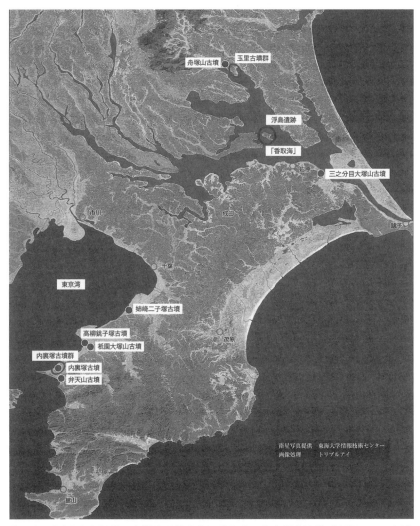

第8図　「香取海」沿岸の中期大型前方後円墳と後・終末期古墳群（広瀬 2012、写真は（財）千葉県史料研究財団 2003）

第9図　弁天山古墳（千葉県史料研究財団 2003）

に畿内政権との外交関係を展開」したという（小沢 1992）。

③空白期間後に築造された古墳
「香取海」沿岸と東京湾岸につくられた中期の海浜型前方後円墳は、高柳銚子塚古墳と祇園大塚山古墳のほかは単独で、一時期だけの営造である。ところが、一定の空白期間を経ると、再び海浜型前方後円墳が構築される、という共通した特徴をもっている。

舟塚山古墳に近接して、霞ヶ浦沿岸の最も奥まった地点に、5世紀末から7世紀初めごろの前方後円墳18基や、7世紀前半ごろまでの大型円墳などが築造されたのが玉里古墳群である（第10図）。前方後円墳は墳長80m以上が3基、60m以上が4基ある（明治大学考古学研究室編 2005）。ちなみに、茨城県下の後期前方後円墳は73基だが、墳長80m以上は11基しかない。また、一人の首長が一代一墳的に造営したとするには基数が多すぎるので、3〜4人の首長がここを共同墓域に定めて、一定期間、霞ヶ浦から見えるところに首長墓を造営した、とみるのが妥当である。ほかにも三昧塚古墳、富士見塚古墳、太子唐櫃古墳など、もっと多くの首長墓が営造されているので、「香取海」（霞ヶ浦）水運の求心力はかなりのものであった。

三之分目大塚山古墳とおなじ自然堤防には、6世紀代に累代的に築造された可能性のある3基の前方後円墳、富田1号墳（39）、2号墳（48）、3号墳（42.5）があって、豊浦古墳群とよばれている。ただ、三之分目大塚山古墳と富田1・2・3号墳との間には、およそ100年ほどの空白期間が存在する。

東京湾岸でも同様の事態が展開している。祇園・長須賀古墳群でも2基の大

第Ⅰ部　海浜型前方後円墳を考える　17

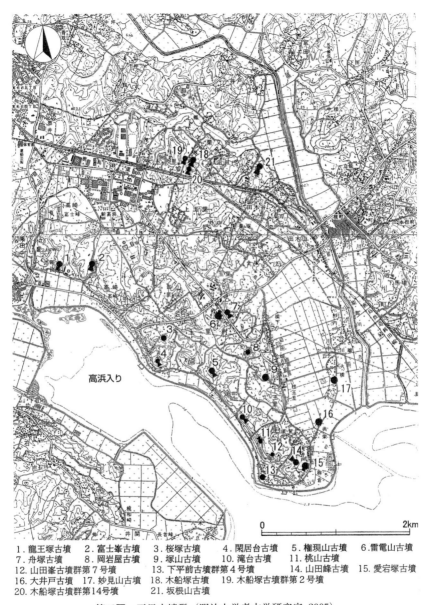

1. 龍王塚古墳　2. 富士峯古墳　3. 桜塚古墳　4. 閑居台古墳　5. 権現山古墳　6. 雷電山古墳
7. 舟塚古墳　8. 岡岩屋古墳　9. 塚山古墳　10. 滝台古墳　11. 桃山古墳
12. 山田峯古墳群第7号墳　13. 下平前古墳群第4号墳　14. 山田峰古墳　15. 愛宕塚古墳
16. 大井戸古墳　17. 妙見山古墳　18. 木船古墳　19. 木船塚古墳群第2号墳
20. 木船塚古墳群第14号墳　21. 坂根山古墳

第10図　玉里古墳群（明治大学考古学研究室 2005）

型前方後円墳がつくられ、しばらくの空白があって、6世紀後半ごろに稲荷森古墳と上総金鈴塚古墳（95）などの前方後円墳が築造される。おなじく内裏塚古墳群でも空白期間があって再度、6世紀後半から7世紀中ごろまで前方後円墳と方墳が造営される。後期前方後円墳は9基築造されるが、直接見えるかどうかはともかく海岸線に墳丘長軸を揃わせる。ことに三条塚古墳（122）、稲荷山古墳（106）、青木亀塚古墳（106）、九条塚古墳（105）、古塚古墳（89）など大型のものが目立つ。これらと同時期の前方後円墳は上総・下総地域では98基あるが、墳長が80m以上は13基しかないのに、内裏塚古墳群にはそのうちの5基が集中している。

　前方後円墳につづく方墳も、大型で二重濠をめぐらすものが目立つ。たとえば、割見塚古墳（40）は二重濠で切石横口式石槨を備える。円墳も29基あるが、直径30〜35mが3基など大きなものが多い。白姫塚古墳（30）からは金銅製双龍環頭大刀、金銅製円頭大刀、銀装方頭大刀など四振りの大刀のほか挂甲や鍍金銅椀などが、丸塚古墳（30）からは飾り馬具などが、古山古墳（29）からも4振りの大刀などが出土している。首長墓にひけをとらない副葬品をもつ（小沢 1992）。

　前方後円墳と方墳を首長墓とみなすと、6世紀後半から7世紀中ごろまで、4人ほどの首長が各々4代にわたって造墓活動をつづけたことになる。中間層もおなじである。すなわち、階層的構成をもった多数の首長層・中間層が、東京湾に面した浜堤を共同墓域と定めて、前方後円墳・円墳でその一体的つながりを見せた。このような古墳群を複数系譜型古墳群とよぶが、ほかにも「香取海」に面した後期の複数系譜型古墳群には、城山古墳群、龍角寺古墳群、宮中野古墳群などがある。きわめて多数の首長層が、東京湾や「香取海」を経由した「もの」と人の水運——東国だけの在地的な交通では理解しがたい——にかかわっていたのである（広瀬 2012）。

2．海浜型前方後円墳の特徴

　事例紹介の項で適宜、指摘してきたが、海浜型前方後円墳の特徴として次の6点をあげることができる。

　第一。当然のことながら、海浜に面した場所に築造されることである。海岸に向かって張り出した台地や丘陵、海岸線に沿って発達した砂丘など、周囲より一段「小高い」ところに立地する。海岸線や入江やラグーン（潟湖）などに臨んだり、それらを見下ろしたりといった地形につくられる。

　海浜型前方後円墳の近辺に船着き場があって、船に乗ってそこを目指す人びとから前方後円墳の偉容が見えるような配置をとった、そのような情景を想定してもけっして過言ではなさそうだ。すなわち、海浜型前方後円墳の近辺には港津があった、という推測が可能になる（森 1994）。

　第二。台地や丘陵が海岸線と接する地形では、水田稲作に適した沖積平野はほとんどみられないし、砂丘の後背地に湿地はあっても農耕には向かない。すなわち、広大な平野に聳立したかのような前方後円墳と、本稿で対象にしている海浜型前方後円墳とは、それらを生みだした生産基盤のありかたが異なっているように見える。

　可耕地が乏しいところに築造されたという事実は、「水田稲作は生産性が高い。その余剰をめぐって社会は階層的に分裂して首長層が誕生した」、との通説に疑義をもたらすし、「広大な沖積平野には大きな前方後円墳がつくられた」との理解もそのまま適用しがたい。さらに、前方後円墳などの首長墓がいかなる空間に造営されたか、という問題をも提起する。海浜型前方後円墳をつくった首長の存立基盤を、それが立地していた海岸付近の狭い地域だけに求めるのでは無理が生ずる。大型の海浜型前方後円墳をつくった首長の統治領域は、海岸部から遠く離れた内陸部までの広い範囲を考えたほうがよさそうだ。

　第三。前方後円墳に限らず帆立貝式古墳・円墳も大型のものが目立つ。墳丘の長さが100mを超える大型前方後円墳はめずらしくはないし、大山古墳や石

津丘古墳などはもちろんのこと、西陵古墳、宇度墓古墳、網野銚子山古墳、神明山古墳、五色塚古墳なども墳長200mを凌駕したり、それに近い墳長をもつ。

こうした事実を第一、第二の特徴と重ねると、いっそう海浜型前方後円墳の「不自然さ」が際立つ。ここでいう「不自然さ」とは、前述した通説的解釈との大幅な乖離と同義である。農耕生産が保証されない地形、可耕地の少ない地形環境だけが領域であるならば、大型墳丘を営造するだけの力量を、どのようにして首長層は蓄えたのであろうか。

第四。中期の首長墓ではことさら特筆すべきことではないが、段築・円筒埴輪列・葺石などの外部表飾を完備した前期前方後円墳が顕著である。畿内地域以外では、上野地域や吉備地域などの限られたものを除くと、前期古墳では墳丘を装飾する施設はまだ一般化していない。そうした傾向にもかかわらず、前期の海浜型前方後円墳では「畿内的色彩」の濃厚な地方首長墓という側面が強い。畿内地域との強い親縁性は、在地的発展との因果関連がいささか希薄だ、ということと連動するのであろうか。

第五。安定した首長墓系譜を形づくった海浜型前方後円墳はそう多くはない。網野銚子山古墳や五色塚古墳や弁天山古墳など、単独で所在するものが目につく。それらが古墳群を形成する場合でも、淡輪古墳群や長柄桜山古墳群などのように、二代程度しかつづかないのが一般的だし、首長墓同士の間に空白期をもつものが顕著である。石塚山古墳と御所山古墳、小熊山古墳と御塔山古墳、神明山古墳と産土山古墳、舟塚山古墳と愛宕山古墳などがそうである。さらには、東京湾岸の内裏塚古墳群や祇園・長須賀古墳群などでは、中期に大型前方後円墳が造営されてから一定の空白期間を経て、6世紀後半ごろになって再び、多数の前方後円墳がつくられる。

首長墓の形成がいったん途切れたのにもかかわらず、数代におよぶ非造営期をはさみながら、隣接したり近接した場所に再び前方後円墳が造営される。そのような首長墓系譜の〈不連続の連続性〉は、それがつくられた〈場〉に意味があるとの見解をもたらす。海浜型前方後円墳の付近にあったであろう港津は、日常的に多くの人びとに使用されたのだが、それが政治的に重要な意味を

もったときに前方後円墳が造営される。

　第六。前方後円墳などの偏在性も大きな特徴である。ことに複数の首長が同時平行的に、限られた空間——共同の墓域——で前方後円墳などを造営する複数系譜型古墳群に留意したい。前期では津田古墳群や石清尾山古墳群、中期では百舌鳥古墳群、後期では内裏塚古墳群、玉里古墳群、豊浦古墳群、向山古墳群、中期から後期におよぶものでは宗像地域の古墳群などがある。こうした現象は、第五の特徴とも関連して、在地首長層の自律的意志だけでは説明しにくい。ある時期、大型の首長墓が築造されたのに次代はつくられず、数十年とか百年とか経過してから、前代の首長墓と近接した場所に、再び前方後円墳などが造営されるのは、いったい奈辺に原因があるのか。

3．海浜型前方後円墳と海運

（1）中央—地方の関係を見せた前方後円墳

　「前方後円墳とはなにか」や「前方後円墳に媒介された政治とはなにか」との前方後円墳の本質が、海浜型前方後円墳にはいっそう強く表出している。それらを視野におさめながら、上述してきた海浜型前方後円墳の特徴の意味するところを、いま少し論じておこう。

　不特定多数の人びとに見せる、それが前方後円墳造営の目的である。一人や数人を埋葬するには大きすぎる墳丘、ただの墳墓には必要とはいいがたい段築・円筒埴輪列・葺石・周濠などを備えた装飾的な墳丘、水運や陸運といった交通の要衝への立地などがその根拠である。人跡未踏の深山幽谷に前方後円墳は存在しないし、「隠匿」とか「秘儀」というような閉ざされた行為は、前方後円墳には馴染まない。

　いったい何を見せたのか。かつて〈共通性と階層性を見せる墳墓〉が前方後円墳である、と述べたことがある。共通性は前方後円墳祭祀に基づき、階層性は前方後円墳国家のメンバーシップを表わす（広瀬 2003）。詳細はそれに譲るが、〈亡き首長がカミと化して共同体を守護する〉という共同観念が共通性

を、中央─地方の政治秩序が階層性を、それぞれ基因せしめた。本稿との関係で後者について少し記しておこう。

　日本列島ではじめて中央─地方の関係ができたのが、古墳時代である。前・中・後期のおよそ350年間をつうじて、墳丘の長さが200mを超える巨大前方後円墳は36基しかないが、そのなかの32基は畿内地域に集中している。墳長が100mを凌駕する大型前方後円（方）墳は302基あって、140基がおなじく畿内地域に偏在している。もう少し地域を限定すると、超200mの巨大前方後円墳29基は大和川水系に集中していて、大和・河内地域がその中心を形づくっている。前期では奈良県黒塚古墳の34面の舶載鏡、おなじくメスリ山古墳の鉄槍212以上、マエ塚古墳の鉄剣119など、中期ではアリ山古墳の鉄鏃1612、野中古墳の11組の甲冑など、大量の威信財・権力財も大和川水系に集積されている。

　大和川水系に分散居住していた有力首長層が中央政権を担った、それは動かない。前期では大和・柳本古墳群と玉手山古墳群の二大古墳群、中期では百舌鳥古墳群、古市古墳群、佐紀古墳群、馬見古墳群の四大古墳群に、有力首長層が多数の中小首長層を統率した政治集団が表象されている。

　地方の首長層は前方後円墳・大型円墳などで中央勢力との強い結びつきを見せたが、いっぽうでは前代とのつながりもそれで見せつけた。前方後円墳をつうじて表わされた空間的かつ時間的なつながり、時・空的な前方後円墳連鎖で、各地首長層はその政治的正統性を見せた。地方の人びとは、みずからを統治した首長層の前方後円墳の後景に、中央政権を見ていたのである。前方後円墳はそのような政治的モニュメントであった。

（2）海運を掌握した首長層

　海上交通を掌握した首長層が、臨海性をもった前方後円墳を造営したのは、すでに指摘されてきたとおりである（近藤 1956、森 1944、山本 1944、日高 2002、吉田 2010など）。それらは不特定多数の人びとにたいしてではなく港津に向かう船、それに乗っている人びととともに、そこへ向かう内陸部の人びとにたいして見せるためにつくられた。

海運を掌握することで中央とつながった在地首長の勢威を、各地の海浜型前方後円墳は人びとに見せたのだが、畿内的色彩が濃厚で、大型のものが顕著だという事実から、さらに次のふたつが考えられそうだ。

第一は、海運には中央政権の意志が強く作用した。

写真2　網野銚子山古墳と日本海（京都府立丹後郷土資料館 2014）

水田稲作のための可耕地に恵まれない場所では、大型の前方後円墳はとうてい在地勢力だけでは築造できない。たとえば、墳長198ｍの網野銚子山古墳や190ｍの神明山古墳のある福田川と竹野川はともに平野の幅は1～2kmしかない（写真2）。狭隘な河川流域しかもたないため食料の生産基盤はきわめて脆弱だし、個々の河川流域だけでは古墳造営に必要な労働力すら確保できない。しかし、畿内的色彩の強さからすると、中央からの援助——近隣地域の首長を促しての労働力の提供——が十分に考えられるし、それがないと実現不能のようにみえる。

第二は、対外的な交通が中心であった。それが、大方の一致するところではないか。中央政権の政治意志が貫徹されたならば、海運で担われたのは日本列島のなかの交通というよりは、朝鮮半島との対外的な交通が主体的であっただろう。その中核を占めたのが鉄素材であったのは推測に難くない。古墳時代には武器や武具、農具や工具など、鉄器が社会に定着していたが、列島内部で砂鉄や鉄鉱石などから鉄が生産された証拠は前・中期にはほとんど見あたらない。岡山県や広島県の山間部などで、製鉄のための長方形箱形炉が稼働するのは6世紀後半以降で、それ以前の鉄素材は鉄鋌や「鋳造鉄斧」の形で「輸入」されている。

古墳時代には鉄保有の多寡が、首長層のいっそうの階層化を促進した。鉄素

材の獲得と国内への分配を、中央政権とそれにつらなる各地の有力首長層が掌理することで、その事態が加速された。そうした首長ネットワークを海浜型前方後円墳は表していたのである。

(3)「もの」と人の交通を媒介した首長層

ここでいう交通とは、人の往来だけではなく、「もの」と「もの」の交易、「もの」と人の交換なども含む。各々の地域のなかで自給できない「もの」の交易には、鉄素材をはじめとした各種金属資源のように海外からもたらされるもの、貝や皮革のように遠隔地流通のもの、国内各所で生産が偏在している塩のようにさほど広域に及ばないものなど、さまざまな次元の交易があった。そうした「もの」の交易に際して、反対給付できる「もの」をもたない地域では、労働力としての「人」そのものが供給された可能性が高い。「もの」と人が等価交換されたわけだ。

たとえば、新羅や加耶からもたらされた鉄素材にたいして、倭国から運ばれた「もの」の痕跡が彼地ではほとんど認められない、という事実がある。「もの」が南部朝鮮から一方的に日本列島に運ばれている。仮に南部朝鮮諸国の王が、倭王に「徳」を下賜したとみなせるならば事情は異なってくるが、そうしたことを表わす証拠はない。同様の事情は国内でもある。福島県会津大塚山古墳などの副葬品をみれば一目瞭然である。三角縁神獣鏡、環頭大刀などの鉄製武器、銅鏃などは在地での生産はうかがえず、搬入されたことは確実である。中央からもたらされたり、そこを経由したとすれば、見返りは何であったのか。格別の特産物も、いまのところ見あたらない。ここでも、中央権力からの「徳」、それに準じた無償の下賜とみないかぎり、交換媒体は労働力としての人しか考えにくい。古墳時代の首長層における「もの」と人の交換は、かなり一般化していたのではないか。

古墳時代には「もの」と人の交通が頻繁であった。各地の前方後円墳などの首長墓が、階層性を包摂しつつも一定の共通性を保持していることからも、それはうかがえる。墳形や外部表飾などの墳丘構造、竪穴石槨や粘土槨などの限

られた埋葬施設、量の多寡はともかくとして副葬品の組合せの画一性など、首長同士の旺盛な交通がないと生じない事象である。それを首長層の海運が保証していたのである。

　首長ネットワークを通して獲得された「もの」が、海浜型前方後円墳を造営した首長などを窓口として、内陸部の首長や近隣の首長にもたらされ、民衆など地域のなかに給付されるというシステムが確立していた。海を越えてきた「もの」や人は、各地の河川や陸路をつうじて、内陸部に配給された。このように古墳時代の交通は、海運で各地の首長層を「飛び石」状に結んだ遠隔地交通と、個々の港津から河川、その河岸を使って地域の首長層をつないだ在地交通の連動でなりたっていたのである。

　留意しなければならないのは、海浜型も含めた前方後円墳は、そうした首長層のすべての交通諸関係を反映していたのではないということだ。前述したように、前方後円墳は中央と地方の政治秩序を見せる墳墓であるから、そのような関係性が必要でない場合——それは主に中央側の意志に基因するだろう——には造営されなかった。再度いうならば、前方後円墳という墳墓は古墳時代の政治秩序全般を表わしたのではないし、在地首長の自発的意志でつくりうる政治的モニュメントでもなかった。海浜型前方後円墳が一代限り、もしくは二代程度のものが顕著であったり、しばらくの途絶期間を経て、再度おなじ場所に構築されるなどの事実は、中央政権にとっての港津という〈場〉の重要性があったときにだけ築造された、といった事情を明瞭に物語っている。

（４）海浜型前方後円墳と古墳時代首長像

　海浜型前方後円墳は、古墳時代首長像のイメージ形成に大きな手がかりを与えてくれる。古墳時代の首長といえば、何度もいうように「水田稲作を生産基盤に成長した階級的支配者」というのが、なかば固定していた（近藤 1983、甘粕 1966など）。古墳時代前期などでは、首長が統治した領域の生産・生活空間を見下ろすように、丘陵頂部に築造される前方後円墳などが目立つことから、そのような通説が敷衍されてきた。近年では階級史観の衰退ともあいまっ

て、首長像が正面から論じられることは少なくなってきたが、それに代替する論理が新たに構築されたかというと、そうともいえない現状が横たわっている。

　これも幾度となく述べてきたように、周辺に可耕地が広がっていない海浜型前方後円墳からは、そのような既往の首長像は首肯しにくい。海上交通を司った首長の像がそれに付加されねばならないが、ここから次の三つの論点が出される。

　第一。「もの」と人の交通、それを掌握するのが古墳時代首長の重要な職務であった。そもそも共同体首長の職務には、ひとつには安定した食料生産の保証と制御不能なできごとをカミに祈る、いいかえれば勧農と祭祀という共同体内部の職務がある。もうひとつには、みずからの領域ではまかなえない物資や技術の獲得のため、内外にわたる交通を掌握する、そしてそれをスムーズに運営するための外交が不可欠である。つまり、交通と外交という、外部の共同体を相手にした職務がある。これらふたつ、共同体内職務と共同体間職務が古墳時代首長にはあった。とりわけ、海運から陸運へつながる交通は首長にとって重要な職務であったし、それをつうじて中央はもちろん、他の首長とも連携していく契機となったのである。

　第二。首長の領域の問題である。海浜型前方後円墳を造営した首長が、海運だけを職務にしていたとみないのならば、そして港津を利用した内陸部の人びとにも見せるのであれば、食料生産のための広大な平野も領域にしていたはずである。どこまで広がっていたのかはにわかには決しがたいが、それに関して次のケースが考えられる。ひとつは、海浜部から内陸部まで広い領域を有していた大首長が、前方後円墳を海浜部につくったという場合である。みずからの領域のなかでも、そこがある時期、有意味な、重要な場所になっていたわけだ。いまひとつは、日常的に同盟あるいは連合を組んでいた複数の中小首長たち——そのなかには海浜部を領域に含む首長もいた——が一体となって、もしくは代表（大首長）を共立して、海浜部に前方後円墳をつくったというケースである。

第三。「水田稲作、余剰、階層化」などの言説に象徴される、農耕共同体首長との通説的図式だけでは古墳時代首長像は一面的だ、と主張してきたが、もうひとつある。在地的要因だけでは前方後円墳の造営は語れないことだ。「地域で首長が成長すると前方後円墳がつくられる」。在地的要因に基づいて前方後円墳などの造営が説明される、という何となく流布された考え方である。しかし、海浜型前方後円墳の〈不連続の連続性〉、安定してつくりつづけられないという特徴は、内陸部の首長墓でもごく普通にみられる事実である。「在地勢力の自律的意志で前方後円墳が造営される」では、海浜型前方後円墳だけには限らない、こうした「不自然さ」が説明できない。その造営には、在地首長の自律性よりもむしろ他律的意志、すなわち中央政権の政治意志が強く作動している、とみたほうがわかりやすい。

4．海浜型前方後円墳の諸段階

　「もの」と人の交通を重要な職務にした各地の首長は、海上交通でつながる一個の利益共同体を形成していた。朝鮮諸国との国際的な交通で得られる鉄素材などの非自給物資は、各地の共同体の存続にとって不可欠で、共同体の再生産という利益をもたらす重要な資源であった。すなわち、〈「もの」と人の首長ネットワーク〉に基因した利益共同体の中核を海運が担っていたのだが、そこには中央政権の政治意志が強く働いていた。
　さて、各地の海浜型前方後円墳のありかたをみるとふたつの画期が認められ、それに基づいて三段階が設定できそうだ。第一の画期は4世紀後半ごろで、大阪湾に五色塚古墳、ついで百舌鳥古墳群や淡輪古墳群など、中央政権の領域の一画で、前代といささか様相の異なる海浜型前方後円墳が、集中的かつ継続的に営造されることだ。第二の画期は6世紀後半ごろで、壱岐島を先端として東国にまでおよぶ海浜型前方後円墳連鎖ともいうべき事態である。これら海浜型前方後円墳のふたつの画期をもたらした要因は、広域におよぶ一体的な事象とみられる。したがって、国内的かつ地域的な動向というよりは、対外的

な動向への対処、いいかえれば中央政権に主導された対外政策を表わす蓋然性が高い。本章では、今後の研究に向けて大ざっぱなデッサンを描いておくにとどめたい。

（1）第一段階

　3世紀中ごろから4世紀後半ごろの古墳時代前期の海浜型前方後円墳が、第一段階である。周防灘に面した石塚山古墳、大分湾を臨む小熊山古墳、唐津湾の谷口古墳（77）などにはじまって、瀬戸内海では山口県の柳井茶臼山古墳（120）、岡山県の牛窓古墳群、兵庫県の興塚古墳（99）、綾部山32号墳（16）33号墳（17）、西求女塚古墳など、四国側では愛媛県の妙見山古墳（56）、相ノ谷一号墳（80.8）、香川県の津田古墳群、石清尾山古墳群、長崎鼻古墳（45）など、さらに日本海沿岸では鳥取県の馬の山4号墳、向山古墳群、京都府の神明山古墳、網野銚子山古墳、産土山古墳、石川県の能美古墳群など、東国でも神奈川県の長柄桜山古墳群、東京都の芝丸山古墳、茨城県の鏡塚古墳など、広範な地域に造営されている。

　大型前方後円墳が多く、前方後方墳はほとんど確認されない。可耕地の乏しい空間に、単独や2代程度で安定した首長墓系譜をなさないものが目につく。積石塚や丹後型円筒埴輪などのような地域的色彩もみられるが、前期前方後円墳としては葺石を敷き詰めたり、円筒埴輪列を樹立したり、というふうに、総じて「畿内」的色彩が濃厚である。このように、前述した海浜型前方後円墳の特徴をよく備えるのが、この段階といえる。第二段階の海浜型前方後円墳と大きく違うのは、これらは各地に広範囲に展開していて、中核的な地域は認められないし、特定の地域に偏った分布情況を示すわけでもないことだ。

　海浜型前方後円墳を臨むところ、そこから見下ろすところには港津があった、それが「もの」と人が往来するひとつの拠点になっていた、と述べてきた。ひとたび海浜型前方後円墳が造営された箇所は、その後もずっと港津としての機能がつづいていたことだろう。ところが、海浜型前方後円墳が継続して営造されることは少ないから、一度つくられるとその大きさともあいまって、

それはしばらくは機能したようにも思われる。

　古墳時代には首長同士の強い結びつきが確立し、それに乗って「もの」と人が往来した。繰り返しになるが、海浜型前方後円墳が立地する港津に到着した「もの」と人は、そこにつながった主要河川や陸路で内陸部へと移動していく。あるいはその逆に、周辺地域から港津に集積された「もの」と人は、ここから他地域へ運ばれていく。そして、海浜型前方後円墳を造営した首長を窓口として、「もの」と人がその周辺地域や朝鮮半島にもたらされる。各地首長の重要な役割は、水運と陸運とで担われた交通を主宰することだったが、「もの」と人の首長ネットワークを、そして中央―地方の政治秩序を体現するランドマークとしての役割を、海浜型前方後円墳は各々の港津で見せつづけたのである。

（2）第二段階

　4世紀末以降、5世紀代の海浜型前方後円墳が第二段階である。この段階は中央政権の拠点への西方出入口に明石海峡の五色塚古墳、紀淡海峡の西陵古墳・宇度墓古墳、上陸地点の百舌鳥古墳群の三者で形づくられた〈環大阪湾シフトの巨大前方後円墳〉が造営され、それに関連して宗像と東国に海浜型前方後円墳の核がみられることである（第11図）。

　玄界灘に沿った広大な入海に面して、4世紀末ごろから6世紀末ごろまで、複数の首長が狭い範囲で間断なく前方後円墳を営造する。沖ノ島祭祀――海のカミに航海安全を祈願した国家的な祭祀――がおなじ頃から営まれるが、それらにこの地域の地政学的位置を加えると、宗像の海浜型前方後円墳と朝鮮半島での政治行動が、密接不分離の関係にあったとみなすことができそうだ。

　高句麗の南下にたいして、南部朝鮮諸国からの鉄素材入手ルートを維持するため、大和政権は朝鮮半島へ「派兵」した。それが第二段階海浜型前方後円墳に関するひとつの仮説である。鉄素材との等価交換としての人的支援は形には残りにくいので、証明の限りではない。ただ、彼地にもたらされた「もの」がさほど見あたらないので、そのような事態は十分に想定できそうだ。詳細はか

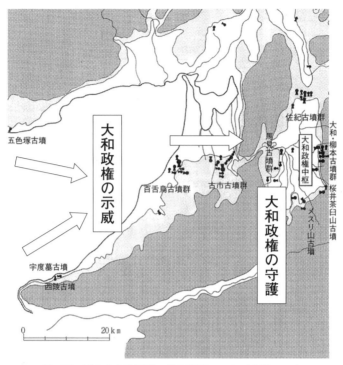

第11図　巨大前方後円墳の環大阪湾シフト（広瀬 2007）

つて述べたので（広瀬 2004）、この仮説を検証しうる事実だけを列挙しておく。第一、高句麗「広開土王碑文」の辛卯年（391）条に記された、朝鮮半島での「倭軍」の軍事行動。第二、金官加耶の王墓、大成洞古墳群での巴形銅器・筒形銅器・碧玉製鏃などの倭製儀式用武器・武具の副葬。これは「盾と矛」をおさめる儀式、いうならば軍事同盟の証しであろう。さらには、5世紀中ごろから6世紀にかけての新羅王冠を飾った翡翠製勾玉、百済武寧王陵のコウヤマキ製木棺など。第三、沖ノ島遺跡。第四、5世紀初めから中ごろにかけての加耶と倭の長頸鏃の変化の共通性。第五、環大阪湾シフトの巨大前方後円墳や宗像での海浜型前方後円墳。

　周防灘に面した御所山古墳から約8km南方で、海岸線に沿って5世紀代を

第Ⅰ部　海浜型前方後円墳を考える　31

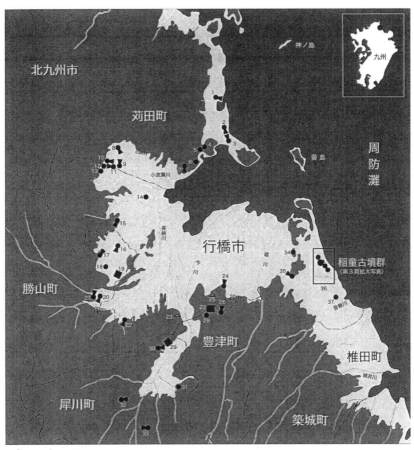

第12図　石塚山古墳・御所山古墳・番塚古墳と稲童古墳群（行橋市歴史資料館 2005）

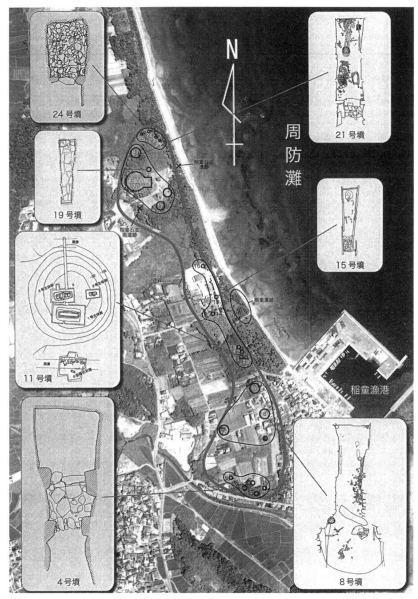

第13図　稲童古墳群（行橋市歴史資料館 2005）

中心に形成された稲童古墳群（第12図、第13図）も、こうした歴史動向の一端を担う。15号墳（6）から方形板革綴短甲、21号墳（22）から横矧板鋲留眉庇付冑、三角板鋲留短甲、横矧板鋲留短甲、8号墳（20）から横矧板鋲留衝角付冑、横矧板鋲留短甲などが出土している。橋本達也は21号墳について「在地の首長であるとともに、近畿中央部の政権との密接な政治関係を構築」し、「海を介した他地域との関係のなかにその姿を見せつけ」、「加耶の釜山地域との密接な関係をもち、半島へ渡り活躍した」被葬者像を描く（橋本 2005）。

いわば援軍としての「派兵」は、前代からの「もの」・人の交通の延長とはいっても、質量ともにそれとはくらべるべくもなく大きく重い。既往の等価交換では倭国からの人の派遣があまりにも多く、従来からの鉄素材だけではそれに見合わない。そこで新たな「もの」とともに、新しい技術を身につけた人びとが渡来させられた。須恵器生産、馬と乗馬法、鍍金・鋲留・彩色技法、かまどや総柱建物、霊魂観など、多彩な渡来文化や渡来人が、5世紀代に一気に列島に流入してくるのが、そうである。

さらに東京湾岸と「香取海」沿岸でも、大型の海浜型前方後円墳が築造される。これらは一部を除くと前期からの連続した首長墓系譜が認めがたく、その後はしばらくの空白期間があってから再び後期前方後円墳が築造されるという共通性をもつ。このような首長墓系譜としての「不自然さ」は、やはり中央政権の政治意志の発動をみたほうが合理的である。東国での「もの」と人の集散拠点としての港津が、これら海浜型前方後円墳に接して設置され、海運を掌理した首長がそこで中央と地方の交通をチェックしたのではないか。

ここでも対朝鮮半島と同様の問題が指摘される。中央から運ばれた鉄素材、鏡、武具、渡来品などにたいして、東国各地から中央に向かう製品はさほどない。等価交換が実行されたならば、「もの」にたいして多数の兵力が供給されたのではないか。労働力を中央政権が収奪したとの見方もあるだろうが、いずれにせよ東国首長層は中央政権の朝鮮政策にとって、人的供給源としての重要な役割を果たしたわけだ。東国の兵力が海運をつうじて中央に集められ、大阪湾から瀬戸内を経由して宗像に集結する。そこで九州など西日本各地の兵力も

結集して朝鮮半島へと向かう、という図式を想定したい。海浜型前方後円墳は中央政権の意志――4世紀末以降の朝鮮政策――を体現していたとみるのである。

(3) 第三段階

6世紀後半ごろから7世紀前半ごろが、海浜型前方後円墳の第三段階である。巨大前方後円墳の環大阪湾シフトのような海浜型前方後円墳は、中央政権の膝下ではもはや築造されていない。ただ、いくつかの拠点がみられる。

第一は、狭い島嶼なので海運とは不即不離の関係とみなしうる壱岐島である。6世紀後半から7世紀前半ごろの間に限って、巨石墳や約300基の小型円墳が爆発的につくられ、なかでも6基の巨石墳は九州でも他の追随を許さない。それにもかかわらず、7世紀中ごろ以降にはただの1基も大型横穴式石室は構築されない。一斉に古墳造営が途絶してしまう。第二は宗像で、継続して入海に面した海浜型前方後円墳が造営され、この段階には膨大な数の群集墳が形成されるが、可耕地に乏しい宗像地域だけでそれらがまかなえないのは、壱岐島と同様である（第14図）。第三は東京湾岸と「香取海」沿岸である。第二段階に海浜型前方後円墳が造営された東京湾岸の内裏塚古墳群や祇園・長須賀古墳群、「香取海」沿岸の玉里古墳群や龍角寺古墳群など多数の海浜型前方後円墳が築造される。これらはバラツキはあるものの、一定期間の空白をおいた再度の前方後円墳造営である。前方後円墳の特質は〈不連続の連続性〉と〈偏在性〉だが、東国の海浜型前方後円墳はまさにそれを体現している。

壱岐島、宗像、東国の動向は一体的に考えたほうがわかりやすい。壱岐島が対新羅外交と防衛の前線基地だということは前稿で述べた（広瀬 2010）が、この頃、対新羅政策が中央政権にとっての一大課題だった。562年加耶の統合、581年随の統一などの東アジアの歴史動向のなかで、台頭してきた新羅にたいして中央政権の国境政策が矢継ぎ早やにとられた。崇峻4年（591）には「二万余の軍を領て、筑紫に出で居る」、推古10年（602）には「来目皇子をもて新羅を撃つ将軍とす。軍衆二万五千人を授く」といった事態である。

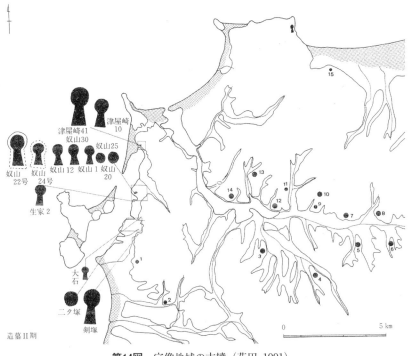

第14図 宗像地域の古墳（花田 1991）

　宗像地域は第二段階以降、終始ここから兵力を派遣する出発港であったし、東国はいっそう重要な兵站的役割を負わされた。6世紀後半〜7世紀初めごろに東国では前方後円墳が激増する——茨城県48基、栃木県68基、群馬県132基、埼玉県74基、千葉県98基——ことも地域だけの動向では考えにくい（広瀬・太田編 2010）。東アジア的動向のなかでとらえたほうが理解しやすい。
　さらにもうひとつ、東国以外の地域が派兵の埒外であったはずはなかろう。海浜型前方後円墳ではないが留意しておきたいのが、前述した石塚山古墳や御所山古墳とそうは離れてはいない豊前地域の京都平野である。この狭い平野には6世紀前半以降、後期前方後円墳が多数つくられ、前方後円墳が終焉してからも、全長17.5mの巨大な横穴式石室をもつ方墳の橘塚古墳（39）、全長約19

mの巨石墳で円墳の綾塚古墳（38）に加え、後・終末期の円・方墳が約1000基と数百基の横穴式石室墓がつくられている。これなどもやはり、京都平野だけで完結する営為とはいいがたい。対新羅のための兵站基地が設置されていて、多数の首長や中間層が集結していた蓋然性が高い。

　海浜型前方後円墳はけっして特異な存在ではないし、限られた時期や地域の所産でもない。汎列島的な政治的モニュメントであって、そこには「もの」と人の交通──水運と陸運の連携──に支えられた首長層の利益共同体、それを運営した中央政権の地方政策や対外政策などが表象されていたのである。

　労働の結晶である「もの」、労働力そのものとしての人、それらが場所的に移動する、それが交通の本質である。その過程でどのような利益が生成し、誰がどのようなシステムで獲得するのか、といった問いに、前方後円墳はどこまでの解を提出できるのであろうか。そのような視点に基くと、墳丘構造や埋葬施設や副葬品などから抽出された豊富な「地域性や多様性」の研究の蓄積が、古墳時代の政治や社会にたいして饒舌になってくれるかもしれない。

　さて、共通性と階層性を見せる墳墓が前方後円墳だが、そのなかには古墳時代首長層の心的一体性と中央─地方の政治秩序という、前方後円墳の本質を考える手がかりが秘められている。さらには、古墳時代首長の職務や、首長と首長層の領域などの問題もそうであるが、ここで問われるのは〈場〉の論理である。見せるために有効的な空間、それは海浜型前方後円墳だけの問題ではないが、本稿ではそうした問題をいくつかの項目に分けてデッサンしてきた。多くは表層的なままに終始した嫌いが否めない。外交も含めた交通、ことに国内的交通と国際的交通を統一的にとらえねばならないし、そこでの中央政権と地方首長層の役割はどうであったのかなど、これから明らかにしていく必要がある。課題は山積である。

参考文献
　甘粕　健 1966「古墳時代の展開とその終末」『日本の考古学Ⅴ 古墳時代（下）』河出

書房
大阪府立近つ飛鳥博物館 2014『出土品が語る海と「おおさか」』
大久保徹也 2011「古墳文化の地域的諸相 四国」広瀬和雄・和田晴吾編『講座日本の考古学7 古墳時代（上）』（青木書店）
小沢　洋 1992「上総南西部における古墳時代終末期の様相」『国立歴史民俗博物館研究報告』第4420集（『房総古墳文化の研究』2008、六一書房所収）
岸本道昭 2013『古墳が語る播磨』神戸新聞総合出版センター
杵築市教育委員会 2013「御塔山古墳発掘調査報告書」『大分県杵築市埋蔵文化財発掘調査報告書』第15集
京丹後市史編さん委員会編 2010『京丹後市史資料編　京丹後市の考古資料』
京都府立丹後郷土資料館 2014『丹後発掘 縄文・弥生・古墳時代』
近藤義郎 1956「牛窓湾をめぐる古墳と古墳群」『私たちの考古学』10
近藤義郎 1983『前方後円墳の時代』岩波書店
（財）千葉県史料研究財団 2003「154 弁天山古墳」『千葉県の歴史』資料 編考古2
堺市市長公室文化部文化財課編 2008『堺の文化財　百舌鳥古墳群』
佐々木古代文化研究室（代表佐々木謙）1962『馬山古墳群』稲葉書房
さぬき市教育委員会 2013「津田古墳群調査報告書」『さぬき市埋蔵文化財調査報告』第11集
高松市教育委員会・徳島文理大学文学部 2012『シンポジウム高松平野の前期古墳を考える資料集』
田中新史 1975「5世紀における短甲出土古墳の一様相」『史館』5
田中聡一 2008『壱岐の古墳』長崎県壱岐市教育委員会
長嶺正秀・植田規容子編 1996『豊前石塚山古墳』苅田町・かんだ郷土史研究会
中山和之編 1990『向山古墳群』鳥取県淀江町歴史民俗資料館
橋本達也 2005「稲童21号墳出土の眉庇付冑」山中英彦編 2005『稲童古墳群』行橋市教育委員会
花田勝広 1991「筑紫宗像地域と首長権」『地域相研究』20
日高　慎 2002「水界民と港を統括する首長」『専修考古学』第9号
平川信哉・吉田和彦編 2006『小熊山古墳発掘調査報告書』杵築市教育委員会
広瀬和雄 2003『前方後円墳国家』角川選書
広瀬和雄 2003「畿内5大古墳群の政治的配置」『古代王権の空間支配』青木書店
広瀬和雄 2004「大和政権の変質―古墳時代中期政治構造への試論―」『古墳時代の政治構造』青木書店
広瀬和雄 2007『古墳時代政治構造の研究』塙書房
広瀬和雄 2010a「壱岐島の後・終末期古墳の歴史的意義―6・7世紀の外交と「国境」―」『国立歴史民俗博物館研究報告』第158集
広瀬和雄 2012「東京湾岸・「香取海」沿岸の前方後円墳―5～7世紀の東国統治の一事例―」『国立歴史民俗博物館研究報告』第167集
広瀬和雄・太田博之編 2010『前方後円墳の終焉』雄山閣

松田朝由編 2013『津田古墳群調査報告書』さぬき市教育委員会
三浦　到 1982「丹後の古墳と古代の港」『考古学と古代史』同志社大学考古学シリーズⅠ
明治大学考古学研究室編 2005『茨城県霞ケ浦北岸地域における古墳時代在地首長層の政治的諸関係理解のための基礎研究』
森　浩一 1994『考古学と古代日本』中央公論社
山本三郎 1998「王権と海上交通・序説―大阪湾と播磨灘に面する古墳を中心に」『渡辺誠先生還暦記念論集 列島の考古学』
行橋市歴史資料館編 2005『平成17年度特別展　稲童古墳群展』行橋市教育委員会
吉田和彦 2010「沿岸部の首長墳―立地からみた小熊山古墳・御塔山古墳の成立前後の別府湾―」『大分懸地方史』208。

（広瀬和雄）

第Ⅱ部　関東地方沿岸部の海浜型前方後円墳

1　関東地方の海浜型前方後円墳概観

　関東地方における古墳の登場と海浜型前方後円墳の築造、及びその展開はどのようなものであったのか。各地域の詳細な様相は後章の各氏の論考に譲り、本章では関東地方の海浜型前方後円墳が立地する地域の古墳について、古墳の登場から長柄桜山古墳群の築造期以前と同時期を中心に、概観を見ていくこととしたい。

1．古墳の登場と海浜型前方後円墳

　長柄・桜山古墳群が所在する相模地域で、最初に登場する古墳群は海老名市・秋葉山古墳群である。秋葉山古墳群は相模川東岸にある座間丘陵の尾根沿いで、市内で最も高い位置に立地している。古墳群は6基の古墳から成り、最も古いものは前方後円墳である第3号墳（推定51）で、築造時期は3世紀後半と考えられ、前方後方墳である第4号墳（37.5）も近い時期に造られたと推定される。同地域で造られた最も古い古墳群である。相模川流域では、この後も古墳時代前期の間に東岸に瓢箪塚古墳（75）、西岸に愛甲大塚山古墳（80超）、地頭山古墳（72）、ホウダイヤマ古墳（65）など、地域では大型と呼べる前方

後円墳が造られる。詳細な調査が行われておらず明確な時期が判明していない古墳もあり、その築造順は判明していないが、いずれも丘陵の縁辺・高地という見晴らしのよい立地である。相模川は地域最大の河川であり、中流域の中津川、小鮎川が合流する一帯では以前から数多くの遺跡の存在が知られていたが、近年、海老名市河原口坊中遺跡や社家宇治山遺跡といった弥生時代後期からの大規模遺跡の調査が行われ、その様相が明らかにされつつある。

より下流の海岸線に近い位置には、平塚市真土大塚山古墳が造営される。調査が古く、規模・墳形には諸説あるが、40m級の前方後方墳と推定されている。現行の海岸線からは約4.5km離れているが、北から2列目の砂丘帯で最も高い地点に造られている。副葬品の三角縁神獣鏡は椿井大塚山古墳出土鏡と同笵鏡である。変形四獣鏡、巴形銅器なども出土しており、本墳より上流域にある前方後円墳には見られない畿内色の強い古墳である。

南武蔵の東京湾西岸地域では、多摩川の右岸（南岸）である鶴見川水系谷本川上流域の河川際丘陵に、前方後方墳である稲荷前16号墳（37.5）が4世紀中～後葉に造られる。以降30～40m級の前方後円墳が5世紀前後までに2基連続して築造され、詳細な時期が不明の方墳や後期に造られた円墳群とともに稲荷前古墳群を形成する。これより海岸に近い鶴見川の支流である矢上川の東岸（北岸）には、加瀬白山古墳（87）が築造される。対岸の南岸には観音松古墳（86）が造られる。加瀬白山古墳には椿井大塚山古墳出土鏡等と同笵鏡である三角縁神獣鏡が副葬されており、観音松古墳からは内向花文鏡や銅鏃などが出土している。これらの古墳は4世紀後半に築造されたと考えられる。

多摩川左岸（北岸）域では、田園調布古墳群の前方後方墳である扇塚古墳（45）が最も古いとされ、内行花文鏡や鉄剣などが出土している。同古墳群では続いて、宝来山古墳（97）、亀甲山古墳（107）という100m級の前方後円墳が連続して築造される。現在の多摩川の河口は埋め立てにより東に延びているが、当時の海岸線は埋め立て地よりさらに西に湾が広がっていた想定されており、上記した両岸の古墳群はより海岸線に近い位置に立地していたと考えられる。港区芝に立地する芝丸山古墳（106）は海岸線に沿って造られた前方後円

墳である。かつては5世紀中頃の築造とされたが、現在では墳形から四世紀前半に造られたと推定されている。このように東京湾西岸では、大型の前方後円墳が、相模川領域より海岸線に近い位置に展開し、海沿いには典型的な海浜型前方後円墳も早い段階で出現している。

東京湾東岸域では、古墳出現期に小櫃川水系南の矢那川西端の丘陵尾根に高部古墳群が、養老川下流域の丘陵上に市原市神門古墳群が築造される。高部古墳群では前方後方墳が32号墳（31）、30号墳（34）の順で造られる。中流域南岸の向台8号墳（53）中流域北岸の山王辺田2号墳（35）なども出現期の前方後方墳として挙げられる。一方、同流域の上流では南（西）岸の丘陵上に飯籠塚古墳（102）、北（東）岸に箕輪浅間神社古墳（103）、白山神社古墳（76）の3基の前方後円墳が築かれる。主体部の調査等は行われていないが、墳形等から4世紀前半から継続して築造されたと推定されている。下流域の北岸独立丘陵上には、坂戸神社古墳（62）が所在する。柄鏡形の墳形から前期古墳と推定される。規模は上流の大型墳にくらべてやや劣るものの、北岸域の周辺では独立して築かれており、海岸に近い立地である。養老川北岸に立地する神門古墳群では、5号墳（36.5）、4号墳（49）、3号墳（47.5）の順で継続して造られる。その後、北岸の諏訪台古墳群や南側のより海岸線に近い位置に形成される姉崎古墳群に30m級の前方後方墳が造られた後、養老川南岸の低丘陵上に今富塚山古墳（110）が築造される。養老川南岸で、姉崎古墳群からも離れた位置に、100m超の前方後円墳が登場する点は注目に値する。つづいて姉崎古墳群に姉崎天神山古墳（130）、釈迦山古墳（93）が継続して造られている。

その北の村田川流域では、古墳時代を通して多くの古墳が築かれる。詳細不明なものも多いが、神崎川に接する台地に造られた小田部古墳（円部22）は出現期の前方後円墳の可能性を持つ。村田川南岸に接する菊間古墳群には、前方後方墳と推定される菊間新皇塚古墳（推60級）が築造される。菊間新皇塚からは、内行花文鏡、珠文鏡などが出土している。菊間古墳群の東南には大厩古墳群があり、台地縁辺には大厩二子塚古墳（63）が築かれている。墳丘測量調査のみが行われ詳細は不明だが、前方部が低い形態から前期古墳の可能性があ

る。千葉市内にあたる村田川対岸には同様に前方部が低い大覚寺山古墳（62）が築かれる。房総半島で東京湾側に最も延びている富津岬の北側に位置する小糸川流域では、上流域駒久保古墳群が築かれ、2基の前方後方墳が存在する。前方部の形状から6号墳（42）、10号墳（49）の順で4世紀前半以降に造られたと推定される。中流域北岸丘陵端には道祖神裏古墳（56）が所在する。4世紀代に造られた前方後方墳で、同古墳の西側に位置し、規模は不明だが、管玉、ガラス小玉が出土している沖込古墳も同時期の前方後方墳と推定される。

　上記のように房総半島の東京湾側では、古墳時代初頭から、多くの古墳が造られているが、それに較べて房総半島東南部では、積極的な古墳造営は認められない。その中で一宮川流域では、丘陵上に前方後円墳である能満寺古墳（74）が築かれる。その東側の独立丘陵には油殿古墳群が所在し、1号墳（92）、2号墳（約40）の2基の古墳が築造されている。能満寺古墳からは重圏文鏡、銅鏃、埴輪壺などが出土している。油殿1号墳からは、埴輪壺が発見されている。4世紀中頃から後半に古墳の造営が積極的でなかった太平洋側の地域に前方後円墳が登場している。

　印旛沼以北の香取海、その北側の太平洋岸で最も古い前方後円墳は、久慈川流域北岸に築かれた梵天山古墳（160）、星神社古墳（90）で、その南（西）岸の富士山古墳群には、前方後方墳である富士山4号墳（33）が造られる。同時期、那珂川中流域南岸に所在する二の沢B遺跡には30m前後の前方後方墳が3基造られている（1～3号墳）。続く時期の大型の前方後円墳として、葦間山古墳（147）が小貝川上流の東岸に築かれ、桜川の上流域には長辺寺山古墳（120）が造られる。これらの古墳は地域の主要河川の存在を意識しながらも、海岸線からは離れた内陸に所在している。その中で、同時期には那珂川と涸沼川が合流する太平洋に面した台地上に日下ヶ塚古墳（103）、坊主山古墳（63）などが属する磯浜古墳群の築造が開始される。また、香取海沿岸地域でも、北部に前方後方墳の勅使塚古墳（64）、前方後円墳の兜塚古墳（75～）が築造される。勅使塚古墳からは、重圏文鏡、鉄剣などが出土している。香取海に注ぐ恋瀬川北岸には熊野古墳（68）、また現在の北浦との間に浅間塚古墳（84）が

造られ、北浦の東岸に位置する宮中野古墳群に所在するお伊勢山古墳（95）も同時期の前方後円墳の可能性がある。このように、古墳の出現期には内陸に位置していた有力墳が4世紀中頃から後半には、太平洋岸、香取海に多数築造されるようになる。

2．長柄桜山古墳群築造期の海浜型前方後円墳

相模では、4世紀後半に三浦半島の相模湾岸に長柄桜山古墳群が築造される。先に述べたようにそれまでの相模の有力墳は相模川流域に集中しており、それまでの古墳が見あたらない地域に突如90m級の前方後円墳が2基築造される。三浦半島の付け根にあたる同地は、相模湾を見下ろし、また三浦半島を東京湾岸に横断する経路の可能性も指摘されている。以降、相模地域では、それまであった100m弱の前方後円墳の築造が行われなくなる。この傾向は、南武蔵地域にあたる鶴見川流域でも同様である。また、多摩川流域では、5世紀代に帆立貝形古墳である野毛大塚古墳（82）が造られ、古墳築造自体は継続して行われているが、規模は縮小し、墳形とも帆立貝形や円墳へと変化していく。相模湾の遠くからもその姿が望むことができたと考えられる、交通の要衝に立地した本古墳群の築造は、その後の相模湾のみならず東京湾西岸をも含む広範囲に渡る地域、交通のあり方が従来と異なることを示す画期である可能性があるだろう。

一方、東京湾東岸では、同時期に引き続き、大型墳が海浜地域に築造される。すでに触れたように小櫃川北岸には坂戸神社古墳が所在し、小櫃川南岸から小糸川北岸間の矢那川河口域に前方後円墳の手古塚古墳（60）が築造される。手古塚古墳からは、三角縁神獣鏡、四獣鏡、車輪石、鉄製籠手などの豊富な副葬品が出土している。その後、古墳時代中期中頃には、河口南岸に高柳銚子塚古墳（推130）が造られる。養老川流域では釈迦山古墳の後、同時期二子塚古墳（116）が築造される。小糸川流域でも、同時期に河口南岸域に内裏塚古墳（144）、続いて弁天山古墳（86）が造られる。前述のように、同流域では

古墳時代前期初頭〜中頃に50m級の前方後方墳が造られるが、その後大型墳は見あたらない。そのような地域の海浜域に、地域最大の前方後円墳が登場している。また、村田川流域では菊間古墳群内に北野天神山古墳（90）が造られる。東京湾東岸では古墳時代前期から海浜地域に大型前方後円墳が造られていた地域では、中期前半に有力古墳が見られない傾向があるものの、中期中頃には、大型前方後円墳が築造され、また、同時期には従来大型前方後円墳が見られなかった地域にも、最大級の前方後円墳が築造されている。その後、5世紀末から6世紀前半の間はふたたび停滞期を迎えるものの、6世紀中頃から後半にかけては、ふたたび多くの前方後円墳が海浜地域に築造される。

　小櫃川流域では、南岸域に長須加丸山古墳（76）、金鈴塚古墳（95）などが築造される。養老川流域では南岸の姉崎古墳群に原1号墳（70）、鶴窪古墳（60）などが造られる。小糸川流域では九条塚（105）、古塚古墳（89）、稲荷山古墳（106）、三条塚古墳（122）など多数の大型前方後円墳が築造される。村田川流域では人形塚古墳（41）、椎名崎1号墳（45）、小谷1号墳（45）と規模が減じる傾向が認められるが、前方後円墳の復活と継続が認められる。5世紀代には大型前方後円墳が存在しない、九十九里浜に注ぐ木戸作田川流域には、6世紀中頃から7世紀にかけて芝山殿塚古墳（88）、芝山姫塚古墳（59）、朝日ノ丘古墳（70）、西之台古墳（90）、小池大塚古墳（72）、三重の周濠を持つ大堤権現塚古墳（115）などの前方後円墳が継続して造られるようになる。

　香取海と太平洋を繋ぐ利根川の自然堤防上には、三之分目大塚山古墳（123）が築造され、香取海に注ぐ恋瀬川には関東第2の規模を誇る舟塚山古墳（186）が築かれる。5世紀になり、香取海の入口と奥地に大型前方後円墳が築造される。香取海一帯ではこの時期に大きな画期を迎え、霞ヶ浦周縁では、その後の首長墓は低地に築かれるようになる（日高 1998）。

　関東地方の海浜型前方後円墳の登場と展開を出現期の古墳との位置関係や占地の問題を中心に駆け足で見てきた。各地域の初期の有力古墳はやや海から離れた地域の主要河川沿いの丘陵、高台に位置しているものが多いが、その後の

典型的な海浜型前方後円墳の登場が、古墳築造における大きな画期となっている様相が見て取れる。相模地域では、有力古墳が相模川という主要河川沿いに展開していたものが、まったく立地の異なる長柄桜山古墳群の登場によって終焉を迎え、また、その後は大型墳の築造が行われなくなる。

東京湾西岸では、古墳時代前期の有力古墳は鶴見川・多摩川流域に集中するが、すでに4世紀前半には芝丸山古墳が海浜地域に造られている。東京湾西岸に深く入り込み、東京湾を見渡すことが可能であったと考えられる同地は、早い段階から要衝であったと推定される。東京湾東岸でも各地域の初期の古墳は河川の上・中流域に展開するが、古墳時代前期中頃以降には、小櫃川河口域の坂戸神社古墳、養老川南岸の今富塚古墳・姉崎天神山古墳、矢那川南の海岸線の手子塚古墳などの前方後円墳が従来の立地とは異なる海沿いに次々と築造される。以降、東京湾東岸では、古墳築造全体が停滞する6世紀前半などの時期を挟むものの、有力前方後円墳の築造は海浜地域を中心に行われるのである。

太平洋を望む房総半島東部では、現在の海岸線に近接する地域には有力墳が見あたらないが、前述の能満寺古墳、油殿1号墳は海から続く低地を望む丘陵上にあり、東京湾側で海浜型前方後円墳の築造が開始される同時期に造られ、畿内色の強い副葬品や埴輪などが出土しており、同じ流れにある古墳という可能性も考えられよう。香取海以北でも、各地域の出現期の古墳は、海岸線から遠い位置にあるが、那珂川・涸沼川河口に磯浜古墳群が築造され、香取海周辺にも兜塚古墳、熊野古墳、浅間塚古墳などが登場する。その後、東国第2の規模を誇る舟塚山古墳へと続き、有力古墳は香取海縁辺低地へ築造されている。東京湾西岸や香取海周辺では、海浜型前方後円墳が、その登場以降、空白期を挟みながらも古墳時代後期まで造られるに対して、相模湾、東京湾西岸では、長柄桜山古墳群の築造以降、大型墳の築造は認められなくなり、不連続性が際だつ。しかし、古墳の造営は引き続き行われている。

長柄桜山古墳群が位置する三浦半島でも、東京湾東岸で海浜型前方後円墳の築造がふたたび活発化する6世紀中頃以降には、東京湾側の砂丘帯に帆立貝式の蘆原古墳（28）、大津の丘陵上に1基の帆立貝形古墳と2基の円墳からなる

大津古墳群などが築造される。また、大塚台には大塚1号墳（31）をはじめとする3基の前方後円墳と、3基の円墳で構成される大塚古墳群が形成される。大塚台は眼下に走水を見下ろし、東京湾を一望出来る高台に位置している。また、現在の横浜駅が所在する湾一帯が見渡せる高地の先端には、軽井沢古墳（27）が造られている。両者はまさに海を見下ろす絶景といえる立地である。長柄桜山古墳群以降に大型墳の築造が途絶えた同地でも、古墳時代後期末には、交通を掌握する首長の墓である海浜型前方後円墳の築造が東京湾東岸と同様に行われていたと評価できよう。

引用・参考文献

小久貫隆史 1996『市原市釈迦山古墳発掘調査報告書』千葉県教育委員会
小沢 洋 2008『房総古墳文化の研究』六一書房
押方みはる 1997『瓢箪塚古墳―上浜田古墳群第7号墳―発掘調査報告書』海老名市教育委員会
押方みはるほか 2002『秋葉山古墳群第1・2・3号墳発掘調査報告―第5～9次調査』海老名市教育委員会
亀井明徳・野本孝明ほか 1998『東京都指定史跡宝莱山古墳』東京都指定史跡宝莱山古墳調査会
酒巻忠史 2005「房総半島 市原・君津地域を中心に」『考古学リーダ4 東日本における古墳の出現』東北・関東前方後円墳研究会編 六一書房
佐藤仁彦・山口正憲 2012『国指定史跡長柄桜山古墳群第1号墳発掘調査報告書』逗子市教育委員会・葉山町教育委員会
白井久美子 2013「上総地方の古墳からみた祇園大塚山古墳」『祇園大塚山古墳と5世紀という時代』上野祥史・国立歴史民俗博物館編 六一書房
田中新史 1977「市原市神門4号墳の出現とその系譜」『古代』第63号 早稲田考古学会
田中新史 1984「出現期古墳の理解と展望―東国神門五号墳の調査と関連して―」『古代』第77号 早稲田考古学会
田中新史 1991「神門3・4・5号墳と古墳の出現」『歴博フォーラム 邪馬台国時代の東日本』六興出版
田中 裕 2012「古墳時代中期における東関東の地域社会」『平成23年度 千葉県遺跡調査研究発表会要旨』財団法人千葉県遺跡振興財団
千葉県 2003『千葉県の歴史』資料編 考古2（弥生・古墳時代）県史シリーズ10
鶴岡英一・櫻井敦史 2013「市原市中台遺跡」『市原市埋蔵文化財センター調査報告書』第24集 市原市教育委員会

野本孝明 1992「国史跡亀甲山古墳測量調査」『大田区の文化財』第12集　大田区教育委員会
日高　慎 1998「茨城県　前期古墳から中期古墳へ」『前期古墳から中期古墳へ』第3回東北・関東前方後円墳研究大会発表要旨
日高　慎 2005「関東平野北東部―茨城県を中心に―」『東日本における古墳の出現』『考古学リーダ4　東日本における古墳の出現』東北・関東前方後円墳研究会編　六一書房
平本元一 1999「厚木市ホウダイヤマ遺跡」『第23回神奈川県遺跡調査・研究発表会発表要旨』神奈川県考古学会・伊勢原市教育委員会
広瀬和雄 2012「東京湾・「香取海」湾岸の前方後円墳―5～7世紀の東国統治の一事例―』国立歴史民俗博物館研究報告』第167集　国立歴史民俗博物館
望月幹夫 2007「真土大塚山古墳」広瀬和雄・池上悟編『武蔵と相模の古墳』雄山閣
本村豪章 1974「相模・真土大塚山古墳の再検討」『考古学雑誌』第60巻第1号　日本考古学

（植山英史）

2 長柄桜山古墳群と外洋世界の海浜型前方後円墳

①長柄桜山古墳群

1．長柄桜山古墳群の概要

（1）古墳群の位置

　長柄桜山古墳群は、相模湾と東京湾を画する三浦半島北西部の付け根付近に位置し、現在の逗子市と葉山町に所在する。古墳群は、両市町の行政境をなす東西に延びる丘陵上にある。第1号墳は、標高約127mの小ピークを後円部とし、尾根筋に沿って南西側に前方部を向けている。第2号墳は第1号墳から西に500mほど離れた位置にあり、標高約100mの小ピークを後円部とし、同じく尾根筋に沿って西側に前方部を向けている。

（2）長柄桜山古墳群の概要

　古墳群は、平成11年3月に現在の第1号墳で葉山町在住の東家洋之助氏が埴輪を発見したことをきっかけに、その存在が知られることになった。発見後、神奈川県教育委員会とかながわ考古学財団が実施した試掘、測量、範囲確認調査により、両古墳が墳長90m前後となる古墳時代前期の前方後円墳であり、現存する古墳としては県内最大級の規模を有することが明らかとなった。また両古墳とも壺形埴輪と円筒埴輪を伴うほか、第2号墳には葺石を伴うことも明らかになった。三浦半島では、長柄桜山古墳群が発見されるまで前期古墳は存在

第1図　長柄桜山古墳群の位置

しない「空白域」とされていたことから、まさに歴史を書きかえる大きな発見となったのである。平成14年12月19日には、国の史跡指定を受け、恒久的に保存されることが決まり、平成18年度から21年度には逗子市と葉山町が史跡整備に伴って第1号墳の発掘調査を実施している。

第1号墳の概要　第1号墳は全長91.3m、後円部径52.4m、くびれ部幅24.2m、前方部前面幅33mの規模を有する県内最大級の前方後円墳である（柏木・依田2001、佐藤・山口 2012）。墳丘は基本的に丘陵の基盤層であるシルト泥岩層および黒色土を削り出して構築しているが、後円部と前方部上にはさらに約1.6mの盛土を施している。7.8mの高さを誇る後円部に対して前方部は3.4mほど低く、典型的な前期古墳の側面形態をなしている。後円部の平面形態は正円形を志向しているものの、東半分は歪な形をしている。後世の崩落等の影響を受けているものと考えられていたが、発掘調査やボーリング調査の結果では、墳丘を大きく改変するような地滑り等の崩落はないと判断されたことから、これは元来の丘陵尾根筋という限られた用地内で、墳丘の東側よりも西側を正円に作り出すことを意識して地割を行ったことによるものと考えられる。一方で前方部は、現況の測量図では細身の前方部がのび、隅角付近で開く撥形を呈するように見えるが、調査の結果、中世後期以降に両側面が一部削平されているこ

とが明らかになっている。残存する墳裾から、築造当初の前方部は直線的に伸びる形態であったことも確認された。

　墳丘西側を丁寧に作り出すという志向は、平面形態のみならず断面形態や段築においても顕著である。西側の後円部墳丘斜面は25度前後の勾配であるのに対し、東側は35度から45度のきつい勾配となっており、これも築造前の丘陵地形を活かしつつ構築されたことによるものと考えられる。また、第1号墳では後円部三段前方部二段の段築が採用されており、後円部西側では後世の削平により失われた部分を除くと比較的良好な状況で段築が確認されている。各段の高さの比率は、下からおおむね1：1：1.5である。それに対して後円部東側でははっきりとしたテラスは検出されず、段築が存在しなかったようだ。これらのとから、第1号墳においては、墳丘西側を「見せる」ことを意識して築造されことは明らかといえよう。

　埋葬施設は、後円部墳頂部のほぼ推定主軸線上で長さ約7ｍ、幅約1.6ｍ陥没坑が確認された。埋葬施設内部の調査は実施していないが、後世の掘削跡は認められないため未盗掘である。埋葬施設の位置、数を確認するため、後円部中央を横断するように盛土の断ち割り調査を実施したところ、陥没坑直下で被覆粘土が確認され、粘土槨の単独埋葬であることが明らかとなっている。なお前方部墳頂部でも盛土の断ち割り調査を実施しているが、埋葬施設は確認されていない。

　埴輪は、円筒埴輪と壺形埴輪が出土しており、後円部墳頂部平坦面の縁辺部では埴輪列が確認されている。埴輪列はいずれも円筒埴輪の底部が5個体分発見されているが、掘方は確認されていない。後円部段築テラス上でも埴輪がまとまって出土しているものの、いずれも転落して流れ込んだ状態で出土しており、樹立はされていなかったようだ。前方部からも埴輪列は確認されていないことから、後円部墳頂部を中心とする配列であった可能性が高い。

　第1号墳出土の円筒埴輪を特徴づける要素として、まず器壁が非常に薄いことがあげられる。このことは、土器製作工人が深く関与していたことをうかがわせる。出土した円筒埴輪の大半は底部外面が肥厚しており、底部がやや八の

字に開く形状であることから、樹立時の安定を保つために意図的に底部を厚くしたものとも考えられる。口縁部は突帯から外反して開くもので、口縁端部は丸縁に仕上げられており、面取りを有する個体はみられない。突帯は突出度が大きく、透かし孔は正位の三角形が原則一段に三孔穿たれている。突帯を挟んで二段に透孔が穿たれている個体が確認されており、底部には透かし孔はないことから、最低でも三条の突帯が存在したものと考えられる。底径にはばらつきがあるが、確認された埴輪列の底径は40cm前後であることから、底径40cm前後を標準とし、20cm前後の小型品と50cm近い大型品が存在する。

第2図 長柄桜山古墳群第1号墳

　第1号墳で出土した円筒埴輪の類例を探ると、下半部がハの字に開くという点において、北関東から東関東を中心に分布するいわゆる「器台形埴輪」との共通性もうかがわせる。しかしながら、東日本における前期の円筒埴輪は、出土する古墳が少ないことに加えて、古墳ごとの違いが大きいため、系統的な関係を把握するには至っていないのが現状である。ただ、長柄桜山古墳群で円筒埴輪を導入するにあたっては、埴輪列を樹立するために多量の埴輪製作を目的としたものであったこと、地域的な変容は認められるものの、透孔や突帯など円筒埴輪としての要件を備えていることから、埴輪製作経験者の指導の下、地域内の土器製作工人を中心に生産体制が組まれたと考えられる。長柄桜山古墳群では、2基の古墳で継続的に埴輪が製作、樹立されており、今後第2号墳における埴輪の様相が明らかになれば、より詳細な比較検討が可能になるだろう。

　第1号墳からは、円筒埴輪のほかに壺形埴輪がまとまって出土している（第

52 第Ⅱ部 関東地方沿岸部の海浜型前方後円墳

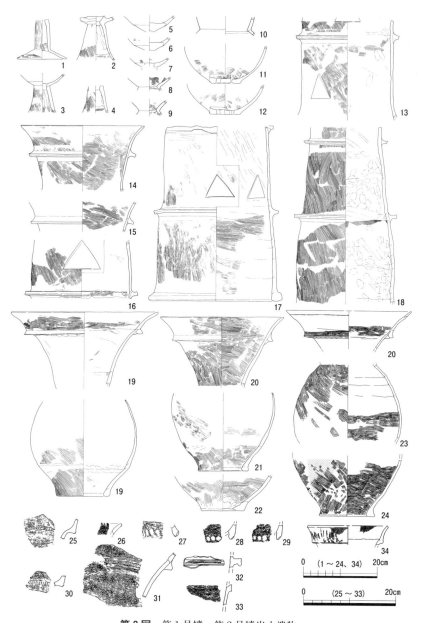

第3図 第1号墳・第2号墳出土遺物

3図19〜24)。円筒埴輪と同様に、後円部を中心に出土しているが、埴輪列としては確認されていないため、どのように樹立されたのかは不明である。口縁部から頸部がやや緩やかに弧を描きながらラッパ状に開き、比田井克仁による二重口縁壺の分類ではD類に相当する（比田井 1995）。有段部は粘土紐を貼付けた後、下からさらに粘土を充填し指で押捺を施しており、内面にはほとんど屈曲をもたない。頸部は、古屋紀之が有段口縁壺の型式を設定するために用いた長頸率（頸部高／頸部下端径）で数値化すると0.9〜1.0となり、他の例と比較すると長頸の範疇に十分入る。胴部はやや長胴気味で、肩部の張りは弱い。底部は粘土紐を輪状につくる、あらかじめ底部が開口したものである。長頸、長胴、開口底部は、時間的な変遷上新しい属性として評価されており（塩谷 1992、比田井 1995、古屋 1998、田中新 2002、青山 2004、田中裕 2005）、前期後葉〜中期初頭に位置づけられている。類例はいくつかあげられるが、なかでも茨城県坂東市（旧岩井市）上出島2号墳出土の壺形埴輪との共通性が高いといえよう。上出島2号墳は墳頂部粘土槨出土の副葬品の検討から、古墳時代前期後葉に位置づけられていることから、第1号墳の時期も同様の時期を示すと考えられる。

後円部墳頂部の埋葬施設陥没坑脇からは土器が出土している（第3図1〜12）。いずれも破片で完形に復元できる個体はないものの、古墳時代前期後葉に位置づけられる高坏・器台9個体以上、壺6個体以上が発見されている。これらの土器は焼成前穿孔が施されている点などから埋葬儀礼用に製作されたものであり、儀礼の終了後、その場に遺棄されたものと考えられる。

第2号墳の概要　第2号墳では試掘調査と範囲確認調査が実施されたのみであり（柏木・依田 2001）、第1号墳とくらべると不明な点が多いが、墳長88m、後円部径50m、くびれ部約32m、前方部前面幅45mとなり、第1号墳に匹敵する規模を有することが明らかになっている（第4図）。段築の有無は不明であるが、墳丘面に葺石が施されていることが確認されており、第1号墳にない施設として注目される。

第1号墳との前後関係は今のところ明確ではない。前方部が幅広の平面形態

第4図　長柄桜山古墳群第2号墳

や、後円部高と前方部高の比高差があまりない立面形態などからは、より後出するとも考えられるが、一方前方部上から相模湾を一望できるという眺望の点から第1号墳よりも立地上優れており、先行する可能性があるという見解、出土した埴輪や土器の中には第1号墳よりも古相をなすと思われる要素も認められるなど（第3図25〜34）、決め手がないのが現状である。いずれにしても第1号墳と第2号墳との間に顕著な時間差はないものと考えられ、ともに古墳時代前期後葉であると考えられる。

2．古墳群築造の背景

　長柄桜山古墳群は、古墳時代前期後葉に築かれた大型前方後円墳であり、東日本では数少ない段築、葺石、埴輪列といった外表施設を兼ね備えている点は特筆され、「畿内色」が強いということがしばしば言及される。以下では、三浦半島の地になぜ長柄桜山古墳群が築造されたのかを、立地、同時代の遺跡分布から検討を加え説明していく。

（1）立　地

　長柄桜山古墳群築造の背景を考えるとき、やはりその立地が注目される。まず、古墳群が所在する三浦半島の北部から中部一帯は、丘陵地形をなしてお

写真1　長柄桜山古墳群遠景　　写真2　第2号墳からみた相模湾

り、河川の延長距離も短いことから、広大な沖積低地は認められず、中小河川に注ぎこむ支流が形成する谷戸状地形が各所にみられる。古墳群が所在する丘陵の北側には河川延長3kmほどの田越川が東西に流れ、沖積低地が発達しているが、第1号墳からはこの沖積低地から逗子湾まで眺望できる。目を転じて東の遠方には東京湾を眺望することも可能である。また、第2号墳からは前方部の眼下に相模湾、江の島、富士山を眺望することができる。墳丘から見ることができる範囲と、下から実際に古墳群を視認できる範囲は必ずしも一致しないが、第1号墳では逗子側の沖積低地や相模湾側を眺望できる墳丘西側を美しく見せるように築造していることが発掘調査で確認されており、これは意識的なものであったと考えられる。

(2) 同時代の集落遺跡

次に長柄桜山古墳群周辺の同時代の遺跡をみていくと、田越川中上流域に濃密に分布することがわかる。代表的な遺跡を紹介しておきたい。

池子遺跡群（第5図）　田越川中流右岸に位置し、支流池子川が流れる谷戸内に所在する。米軍住宅建設に伴い神奈川県立埋蔵文化財センターとかながわ考古学財団が実施した発掘調査は11.9万 m^2 に及び、近現代に至るまでの膨大な遺物が出土している。谷戸内の低湿地では幾条もの溝状遺構や旧河道が発見されており、なかでも弥生時代の旧河道からは大量の木製品や骨角製品が検出されたことで広く知られる。古墳時代前期の遺構は、溝状遺構や土器溜りが谷戸

56　第Ⅱ部　関東地方沿岸部の海浜型前方後円墳

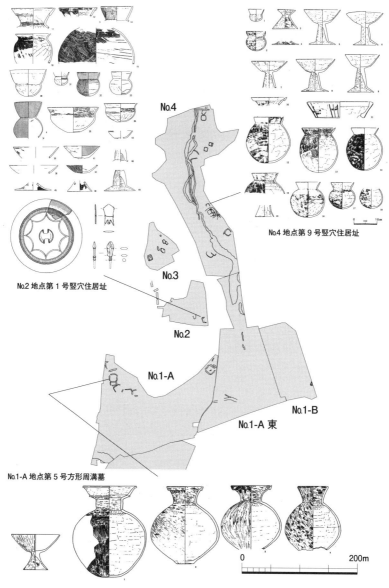

第5図　池子遺跡群の古墳時代遺構・遺物（一部）

低地部の各所で検出されている。竪穴住居や方形周溝墓は南西部の小支谷に面した段丘上から低地部を中心に分布するが、膨大な出土土器の量に比してその数は決して多いとはいえない。しかしながら、No.2地点第1号竪穴住居跡からは前期後半の土器群とともに銅鏡片、銅鏃、鉄鏃が見つかっていることや、全体に近畿系土器が目立つ点など、長柄桜山古墳群と同時期に有力な集団が存在した集落であったことがうかがえる。

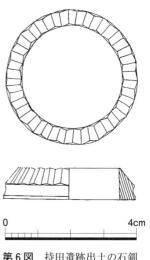

第6図 持田遺跡出土の石釧

持田遺跡 田越川中流左岸の、長柄桜山古墳群と同一の丘陵上に位置し、標高25〜40mの低位段丘上に所在する。昭和45年と48年に開発に伴い発掘調査が実施されたが、トレンチ調査が主体であったため、遺構数は明確ではない。しかしながら、宮ノ台期から古墳時代中期前葉までの土器群が検出されており、遺跡の範囲は約15,000m^2と考えられ、長期にわたって継続的に営まれた中核的な集落であったと考えられる。出土した遺構は明確でないが、緑色凝灰岩製の石釧が1点出土していることは特筆される（第6図）。持田遺跡の石製品の中には管玉未成品が含まれていることから、集落内に玉作工房が存在した可能性もある。

桜山うつき野遺跡 第2号墳北側の低位段丘上から田越川河口部にかけて桜山うつき野遺跡が広がっている。これまでにかながわ考古学財団や逗子市が行った調査により、古墳時代前期の土器が発見されているほか、長柄桜山古墳群と同形の壺形埴輪底部片と思われる破片が出土している（阿部・柏木ほか 2004、菊池 2011）。出土した土器の中には大廓式の壺や大型の平底甕もみられることから、駿河湾から相模湾にかけての沿岸部での広域交流が指摘されている。逗子湾に近い田越川河口部には古墳前期の遺跡分布は希薄な中、本遺跡の存在は注目される。興味深いのは、うつきの遺跡のすぐ近くに、近世の桜山村

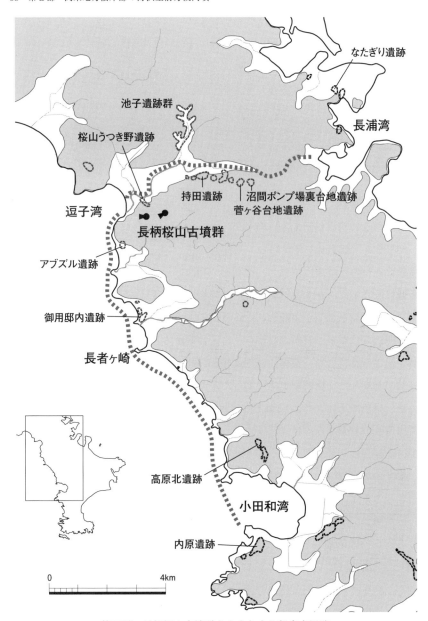

第7図　長柄桜山古墳群を中心とする想定交通路

名主の屋敷があり、屋敷前にはかつて船着き場があったと伝えられていることである（菊池 1995）。近世には、伊豆や相模からの漁獲物を舟で田越川まで運び、牛馬で東京湾岸の浦郷村榎戸へ、そこからさらに船で江戸まで輸送するルートが存在したが、桜山村名主は輸送上の責任者の一人だった。うつきの遺跡では遺構は未発見であり遺跡の性格はなお明らかでないし、近世の状況を古墳時代にそのまま適用することは当然できないものの、遺跡付近が物資の集積、積み替えを行った港湾（津）としての機能を果たし得るエリアであることは念頭におく必要があるだろう。

（3）交通の要衝

　池子遺跡群出土の銅鏃や鏡、持田遺跡出土の石釧など、一般集落で出土することは稀な品目が田越川中上流域の遺跡でしばしば発見されることは、古墳群の築造にこれらの遺跡群が関与したことがうかがわれる。これらの遺跡がこうした希少な品目を保有するに至った背景には、その地理的特性と無関係ではないと考えられる。相模湾と東京湾を画する三浦半島にあって、逗子湾から田越川沿いに半島を東西に横切るルートは約5.3kmであり、相模湾～東京湾間を最短で通過することが可能である。田越川中上流域の遺跡群は両湾をつなぐ物資流通の拠点に展開し、その恩恵に与って石釧をはじめとした品目を入手したと考えられるのである。

　また、半島の相模湾岸に沿ってアブズル遺跡（若松 1999）や三ヶ岡遺跡（長谷川・櫻井ほか 2001）、御用邸内遺跡（小川・笠野 1979・1981）などの集落遺跡が点在し、さらにその先には古墳時代前期における三浦半島屈指の大規模集落遺跡である内原遺跡を擁する長井遺跡群（小出・大塚ほか 1982、横須賀市 2010）が展開していることは、これらの遺跡間を結ぶ南北の海路、陸路の存在が想定される。

　このようにみると、長柄桜山古墳群は半島を横切る東西ルートと沿岸をつなぐ南北ルートの二つの交通の結節点と呼ぶべき位置に築造されたということができる。2基の古墳の被葬者の存立基盤はまさにこの地域の海上、水上交通を

掌握していたことにあり、その立地の意味するところは、「幹線路に対しての、古墳の存在の明示、誇示」(西川 1991) にあったのであろう。

引用・参考文献

青山博樹 2004「底部穿孔壺の思想」『日本考古学』第18号　有限責任中間法人日本考古学協会

赤星直忠・岡本勇他 1975「持田遺跡発掘調査報告　本文編」『逗子市文化財調査報告書第六集』逗子市教育委員会

阿部友寿・柏木善治ほか 2004「桜山うつき野遺跡」『かながわ考古学財団調査報告163』財団法人かながわ考古学財団

小川裕久・笠野毅 1979「葉山御用邸内遺跡発掘調査報告」『書陵部紀要第31号』宮内庁書陵部

小川裕久・笠野毅 1981「葉山御用内遺跡発掘調査報告（Ⅱ）」『書陵部紀要第33号』宮内庁書陵部

柏木善治・依田亮一 2001『長柄・桜山第1・2号墳測量調査・範囲確認調査報告書』神奈川県教育委員会・財団法人かながわ考古学財団

菊池邦彦 1995「第五章　漁獲物の流通」『逗子市史』別編Ⅱ　逗子市

菊池信吾 2011「桜山うつき野遺跡（No.90遺跡）」『埋蔵文化財緊急調査報告7—平成20年度・平成21年度—』逗子市教育委員会

小出義治・大塚真弘 1982「長井内原遺跡」『横須賀市文化財調査報告書（9）』横須賀市教育委員会

佐藤仁彦・山口正憲 2012『国指定史跡長柄桜山古墳群第1号墳発掘調査報告書』逗子市教育委員会・葉山町教育委員会

塩谷修 1992「壺形埴輪の性格」『博古研究』第3号　博古研究会

田中新史 2008「点景をつなぐ—古墳踏査学による常総式古式古墳の理解—」『土筆』第10号　土筆舎

田中裕 2005「壺形埴輪と東関東の前期古墳—土師器とは異なる壺形埴輪の周知とその系譜—」『千葉県文化財センター研究紀要』24　財団法人千葉県文化財センター

田中裕 2012「古墳と水上交通—茨城県域とその周辺及び「畿内」の古墳立地を比較して—」『第17回東北・関東前方後円墳研究　シンポジウム　東日本における前期古墳の立地・景観・ネットワーク　発表要旨資料　東北・関東前方後円墳研究会

西川修一 1991「弥生の路・古墳の路—神奈川の場合」『古代』第92号　早稲田大学考古学会

西川修一 2001「相模国の萌芽」『相武国の古墳—相模川流域の古墳時代—』平塚市博物館

西川修一 2007「相模の首長墓系列」『武蔵と相模の古墳』雄山閣
長谷川厚・新開基史 1999「池子遺跡群 No.3・No.4・No.11地点」『かながわ考古学財団調査報告44』財団法人かながわ考古学財団
長谷川厚・櫻井真貴他 2001「三ヶ岡遺跡Ⅰ」『かながわ考古学財団調査報告111』財団法人かながわ考古学財団
比田井克仁 1995「二重口縁壺の東国波及」『古代』第100号 早稲田大学考古学会
日高 慎 2002「水界民と港を統括する首長―常陸鏡塚古墳とその周辺地域の理解をめぐって」『専修考古学第9号』
日高 慎・田中 裕 1996「上出島2号墳出土遺物の再検討」『岩井市の遺跡Ⅱ』岩井市史編さん委員会
広瀬和雄 2007「相模の二つの古墳群―秋葉山古墳群と長柄・桜山古墳群―」『武蔵と相模の古墳』
広瀬和雄 2012「東京湾岸・「香取海」沿岸の前方後円墳」『国立歴史民俗博物館研究報告』第167集 国立歴史民俗博物館
広瀬和雄 2014「東国の初期前方後円墳をめぐる諸問題」『国立歴史民俗博物館研究報告』第183集 国立歴史民俗博物館
古屋紀之 1998「墳墓における土器配置の系譜と意義―東日本の古墳時代の開始―」『駿台史学』第104号 駿台史学会
桝渕規彰・高村公之 1994「池子遺跡群Ⅰ―No.2・No.1―B地点―」『神奈川県立埋蔵文化財センター調査報告27』神奈川県立埋蔵文化財センター
山口正憲 2009「神奈川県の様相―相模地域を中心に―」『第14回東北・関東前方後円墳研究会大会 前期古墳の諸段階と大型古墳の出現 発表要旨資料』東国・関東前方後円墳研究会
山口正憲 2013「国指定史跡長柄桜山古墳群」『郷土史葉山第10号』葉山郷土史研究会
山本暉久・谷口 肇 1999 『池子遺跡群Ⅹ No.1―A地点』『かながわ考古学財団調査報告46』財団法人かながわ考古学財団
若松美智子 1999『葉山町No.2遺跡発掘調査報告書』葉山町No.2遺跡発掘調査団・東国歴史考古学研究所
横須賀市 2010『新編横須賀市史 別編考古』

(山口正憲)

②磯浜古墳群（日下ヶ塚〈常陸鏡塚〉古墳）

1．古墳群の立地と概要

　日下ヶ塚（常陸鏡塚）古墳を含む磯浜古墳群は、関東平野北東部の那珂川・涸沼水系と外洋とが近接する独立した標高25～27ｍほどの高台に築造されている（第1図）。

　外洋の海岸線は、今でこそ埋立てが進み後退したが、近代に入り港湾が整備されるまでは、本古墳群の南方約400ｍに汀線を臨む立地であった。古墳時代もさほど変わらなかったのではないだろうか。ここに本古墳群の持つ外洋を臨む偏在性を指摘でき、臨外海性の古墳群といっても過言ではないだろう。

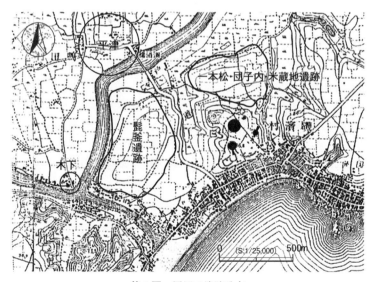

第1図　周辺の遺跡分布

磯浜古墳群は、4世紀代に築造された現存4基の古墳より構成される（第2図）。前方後円墳集成編年2期の姫塚古墳（前方後方墳・30）、集成編年3～4期の坊主山古墳（前方後円（方）墳・63）、同編年4期の日下ヶ塚（常陸鏡塚）古墳（前方後円墳・103.5）、同編年5期の車塚古墳（円墳・88）である。昭和20年代頃には、この他に車塚の北西方に2基の円墳が所在したといい、その時点で墳丘を失った古墳も存在したというから、築造された総数は6基以上であったと考えられる（大場・佐野 1956）。

　この磯浜古墳群の中でも、特に日下ヶ塚（常陸鏡塚）古墳と坊主山古墳は、外洋に面する台地の南東縁に占地しており、常陸鹿島灘を強く意識した立地をとる。常陸において、このような外洋に偏在する古墳は少なく、中期のひたちなか市三ツ塚12号墳や川子塚古墳を経て、後期以降三浜地方で増加するが、ここで扱う前期にさかのぼる例は確認されていない。

　類例を求め関東地方の中で探索すれば、相模湾岸の長柄桜山古墳群が好例である。これまでも、前期にさかのぼる臨外海性の磯浜古墳群・長柄桜山古墳群の両例の占地を、広く太平洋沿岸の海路の動線の中で捉える視点が用意された経緯があり（川西 2002）、日下ヶ塚（常陸鏡塚）古墳の立地を、坂東から陸奥へと開けた門戸としての機能を強調する立場があった（日高 2002、西川 2007）。そのような北太平洋航路上の外洋航路の門戸としての地勢を考慮した場合、後背に東京湾・香取海という二大内海をもち、なおかつ両古墳群が相互の内海との結節点に占地している点は、大いに注視されるべき立地上の特徴といえるだろう。

2．日下ヶ塚（常陸鏡塚）古墳の調査史

　江戸時代後期には、水戸藩の学者により「ヒサゴ塚」の名称で把握され、昭和戦前期まで「日下ヶ塚」あるいは「琵琶塚」として周知されてきた経緯を持つ（蓼沼 2009）。水戸藩南端の沿海の磯ノ浜・大貫の両村を介して鹿島灘を一望にできるこの地は、異船防御という当時の喫緊の課題に対処できる軍事上の

64 第Ⅱ部 関東地方沿岸部の海浜型前方後円墳

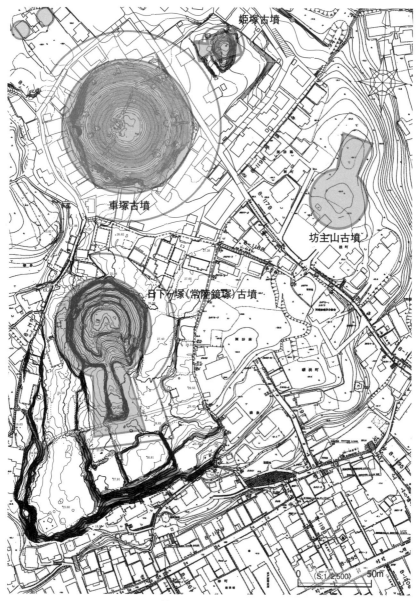

第2図 磯浜古墳群

拠点として重視され、日下ヶ塚（常陸鏡塚）古墳の前方部の土砂を三方から抉り取り、文政年間の望洋館、天保年間の磯浜海防陣屋の建設に至る。

　昭和23年10月に磯浜古墳群を踏査した國學院大學の大場磐雄は、形態が前方後円墳であることを把握し、「鏡塚」の名称を用い、那珂国造と関わる古墳と評価する（大場談 1948、大場 2010）。翌年8月の主体部を対象とした発掘調査の結果、那珂川流域に勢威をはった仲国造家の奥津城と評価しつつも、畿内と共通する豊富な副葬品が出土したため（第6図）、中央との関わりにも言及している（大場・佐野前掲）。この中央との関わりについては、出現期の刀子形石製模造品について、奈良県富雄丸山古墳例と製作者の意識や技法における均質性が指摘されるにおよび（清喜 2003）、より強化されてきたといってもよい。

3．日下ヶ塚（常陸鏡塚）古墳の構造と出土遺物

　大洗町教育委員会では、平成22年度に日下ヶ塚（常陸鏡塚）古墳の測量調査を、平成24年度には周溝部を中心とした範囲確認調査を実施してきた（第3図）。以下に、調査成果の概要を記述する。
　周溝　日下ヶ塚（常陸鏡塚）古墳は、ほぼ南北軸で、前方部が南側の鹿島灘に臨んでいる（第1・2図）。墳丘を取り巻くように、北・東・南側にめぐる周溝を検出した。周溝内部の傾斜は非常に緩やかである。しかし、西側は周溝の存在が確認できず、地山を削り出していることが確認された。
　総長　各周溝の上面は近世の海防陣屋による土地利用や近現代の農地造成により削平を受け、周溝の規模は小さくなっているものと考えられる。現況で計測すると、周溝の幅は約8.0～15.5mで、南北周溝を含めた古墳の全長は、約127.0mとなる。
　墳丘規模　南側の前方部前端は確認できたが、北側の後円部裾は近現代の削平を受けており、明確ではない。北側の周溝部内縁で計測すると、墳丘全長は約103.5mである。後円部の高さは、第6号トレンチで検出した墳裾との比高

66　第Ⅱ部　関東地方沿岸部の海浜型前方後円墳

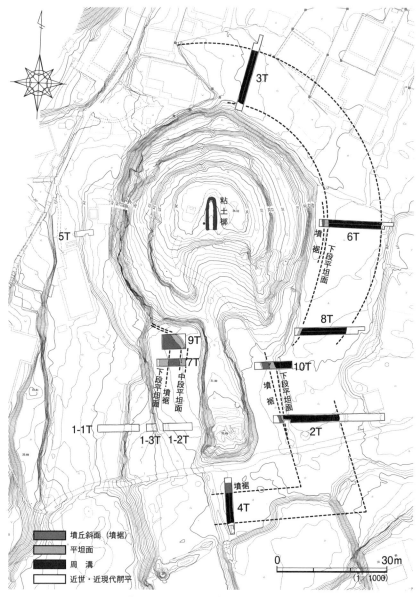

第3図　日下ヶ塚（常陸鏡塚）古墳

で約10.1m、前方部の高さは、第4号トレンチから検出した墳裾との比高で約5.5mである。

墳丘構造・樹立埴輪　前方部の墳丘は、墳頂部平坦面、上部斜面、中段平坦面、下段斜面より構成される二段築成である。東西の裾部には、埴輪樹立の見られない基壇状の下段平坦面が伴うが、前方部前端には伴わない。いずれも葺石はまったく見られなかった。

江戸時代の造成に伴う墳丘斜面の削平により、上部斜面と中段平坦面のほとんどが失われている。標高約28.3〜28.4mをめぐる中段平坦面は、第7・9号トレンチで確認されたが、削平を受けたその他のトレンチでは確認できていない。第7・9号トレンチでは埴輪基底部の樹立状態が検出された。また、下位に位置する第7号トレンチ下段平坦面や第4号トレンチ周溝部を被覆する築造後間もない堆積層からは、第4図2・3の極長胴化した壺形埴輪（薄手、有段口縁＋頸部無突帯＋窄まる基底部、口径46cm台、底径17cm前後）の破片のみが含まれている。この出土状況から前方部の西側から前端の中段平坦面には、特定の壺形埴輪が樹立されていたものと判断される。他方、両トレンチにおける上面の近世の堆積層には、突帯や方形透孔を有する破片が含まれており、江戸時代に進行した前方部墳頂に達する削平を考え合わせると、墳頂部縁辺に配列された埴輪と中段平坦面に配列された埴輪とで、組成が異なるものとみられる。

第10号トレンチの東側のくびれ部下段平坦面からは、転落したと考えられる第4図1の極長胴化した壺形埴輪（薄手、単口縁＋頸部一条突帯＋窄まる基底部、口径44cm前後、底径19cm台、器高71cm台）が、ほぼ完形の状態で確認された。このような特徴の埴輪は類例に乏しいが、隣接する髭釜4号墳例とよく似ている（井 2009）。後円部東側の第6・8号トレンチの周溝内からも同一の破片が出土している点を踏まえると、後円部の段築を中心に樹立されていたのであろう。

裾部を取り巻く下段平坦面は、標高約26.4〜27.8mの高さをもつ。東側では0.7〜1.5mと狭いが、西側の第7号トレンチでは3.2mと広い。第7・10号トレ

68 第Ⅱ部 関東地方沿岸部の海浜型前方後円墳

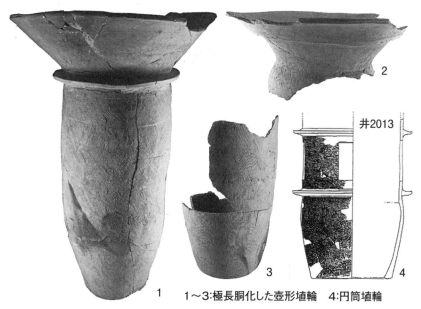

1～3:極長胴化した壺形埴輪　4:円筒埴輪

第4図　日下ヶ塚（常陸鏡塚）古墳出土埴輪（1）

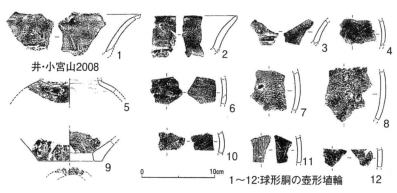

1～12:球形胴の壺形埴輪

第5図　日下ヶ塚（常陸鏡塚）古墳出土埴輪（2）

2 長柄桜山古墳群と外洋世界の海浜型前方後円墳 69

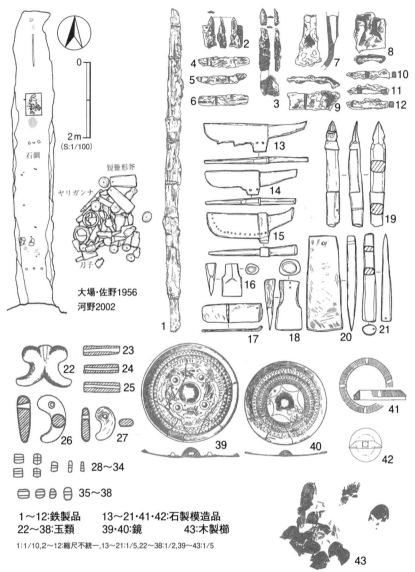

第6図 粘土槨と副葬品

ンチのくびれ部付近では、地山を平坦に削り出した後に、暗褐色土やローム土を張り、突き固めて整形している。後円部は、東側に同様の下段平坦面がめぐることを確認したが、墳丘調査を行っていないため斜面の構造は不明のまま残されている。

このときは調査の対象とはしなかったが、過去に後円部の墳頂平坦面から同図4の基底部が窄まり縦長方形の透孔を持つ円筒埴輪（田中・白井 2008）が表面採集されており、他に、くびれ部に面する前方部墳頂平坦面の第5図1～12の薄手の球形胴の壺形埴輪（井・小宮山 2008）、後円部の底部穿孔を持たない球形胴の壺形埴輪の報告（古屋ほか 2001）などもあり、多様な埴輪の樹立が予想される。

副葬品　昭和24年の主体部から出土した遺物についても触れておく。後円部墳頂の粘土槨内からは、木棺材や遺骸とともに、鏡2面（変形四獣鏡1・内行花文鏡1）、玉類4,069点以上（勾玉5・管玉27・ガラス小玉47・滑石臼玉3、989以上）、石製模造品53点（短冊形斧2・有肩斧16・刀子10・鎌2・紡錘車11・ヤリガンナ1・鑿1・鋤1・石釧6・勾玉2・異形品1）、鉄製品22点（直刀1・ヤリガンナ2・有肩斧2・袋部付不明品1・刀子10・鎌1・箆形品2・釘形品3）、木製櫛10数枚が出土している（大場・佐野 1956、第6図）。

4．日下ヶ塚（常陸鏡塚）古墳の被葬者像

これまでは、日下ヶ塚（常陸鏡塚）古墳の被葬者の仲国造家という政治的な側面や常陸以外との外洋交通路の動線が巨視的に分析されてきた。そのような視覚も踏まえた上で、最後に、本古墳を取り巻く前期後半の常陸水系における80m級以上の主要古墳の立地の偏在性に着目し、臨外海性古墳である日下ヶ塚（常陸鏡塚）古墳の被葬者像と取り巻く古墳時代の社会背景を考えてみたい（第7図）。

臨海域の香取海沿海には、湾奥より湾口に向けて、90m級前後の王塚古墳、木原愛宕山古墳、兜塚古墳、牛堀浅間塚古墳、お伊勢山古墳の前方後円墳が一

2 長柄桜山古墳群と外洋世界の海浜型前方後円墳 71

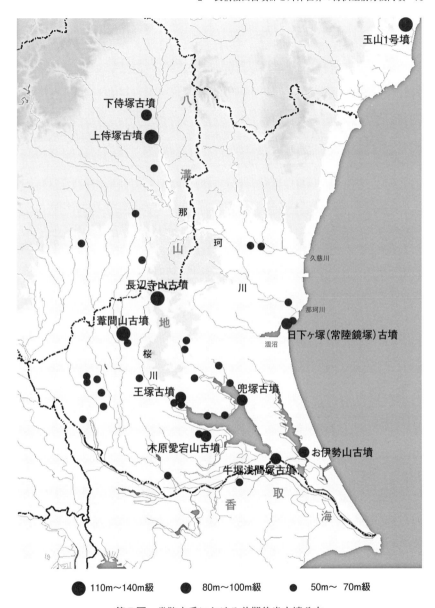

第7図　常陸水系における前期後半古墳分布

定の距離を保って築造される。同時期、同規模の古墳の築造は、那珂川河口域の日下ヶ塚（常陸鏡塚）古墳にもみられる。6墳とも内海・外洋の差はあれども、臨海性の立地という共通項を指摘できる。また、日下ヶ塚（常陸鏡塚）古墳や王塚古墳の立地は、那珂川・涸沼川・桜川の主要河川の河口部に占地し、河川交通網と海上交通網の結節点といえる。その他香取海に面する4墳の立地は、入組む浦々間を結ぶ基点となる場所であり、当時の基幹港付近と見なせる。

　他方で、那珂川や桜川の主要河川の上流域には、120〜130m級前後の臨海域よりも規模の一際大きな上侍塚古墳や長辺寺山古墳が占地する。先の海上交通網を基盤とした臨海性の首長墓とは対局を成す臨山性の立地であり、取り巻く八溝山地から生まれる山産資源による基盤形成を考慮すべきだろう。考古資料の発見はこれからの課題ではあるが、那珂川流域で古代以降流下が確認され、周辺に豊富に存在する木材などは、最も有力な山産資源であろう[1]。このように考える理由は、臨海首長が外洋や内海で操った当代の準構造船を建造するためには、河川上流域に生育する大木が不可欠なためである。

　まとめると、前期後半の常陸水系に見られる臨海首長と臨山首長の立地における二極化の背景には、船材の需給関係があったものと考えたい。下侍塚古墳・上侍塚古墳の臨山首長により、伐採され那珂川に流された木材は、磯浜古墳群近傍の髭釜遺跡や一本松・団子内・米蔵地遺跡付近に運搬され、そこで坊主山古墳や日下ヶ塚（常陸鏡塚）古墳の臨海首長により外洋船が建造されたのではないか。

　さらに、『常陸国風土記』が伝える7世紀の香島神宮創建以前、長さ6mほどの三隻の舟を造船し大船津へ奉納する内容は、お伊勢山古墳を含む宮中野古墳群の臨海首長が古墳時代を通して内海船を建造した経緯を伝えたものだろう。木材の要求は、那珂川河口域ばかりではなく、香島の香取海沿海でも常に存在した。註1で触れた古代以降確認される神宮修築材の水上輸送の初源をここにみるのであり、那須地方の木材が、日下ヶ塚（常陸鏡塚）古墳近傍から鹿島灘を通して香取海に運ばれ、内海船の建造に供された可能性を考えたい。香

取海における内海交通の基盤形成にも、日下ヶ塚（常陸鏡塚）古墳被葬者の果たした役割は小さくなかったのではなかろうか。

以上のように、日下ヶ塚（常陸鏡塚）古墳の被葬者は、那須地方の臨山首長や香取海の臨海首長と木材の需給関係で密接なネットワークを保持しつつ、外洋船を建造し、操ることで、常陸の外洋交通に君臨した人物であったと考える。玉山1号墳に至る陸奥の外洋路の存立は、こうした八溝山地と香取海内海の後背のネットワークを持つことによって成立するのである。

註
（1） 9世紀後半の『日本三代実録』によれば、鹿島神宮で20年に一度行われる修理に際しては、行路険峻な那珂郡内の山間部よりクリを中心とした15万枝余りの木材を運搬したといい（黒板 1974）、那珂川中流域から鹿島神宮に至る水上交通を中心とした運搬が予想される。16世紀前半の『那珂湊補陀洛渡海記』には、那珂川下流部で造られた舟の船材を、那珂川上流の那須野に求め、那珂川の流れを利用し運搬するとある（宮田 1985）。16世紀前半の『亀山村不動堂勧進疏』には、鹿島神宮や大洗磯前神社の修理に際し、「材を取る舟が木下の岸に着く」とあり、第1図の磯浜古墳群近傍の木下に社殿の建材が集積された記録が残る（六地蔵地編 1984）。また、江戸時代初頭には、鹿島神宮奥宮の建材が、那珂川中流の静神社の社叢から伐り出され、那珂川下流および鹿島灘を水上運搬され、神宮外洋地先の下津浜から陸上げされた記録も残る（東 2000）。

まとめると、那珂川流域における平安時代から近世初頭にかけての建材や船材として利用された木材は、那珂川上中流域を原産地とし、本流の流れを利用し、下流～河口域に運搬された。河口域の貯木場として機能したのが、涸沼水系の木下であり、外洋の鹿島灘水運との結節点として機能した。

那珂川流路を利用した木材の流通が古墳時代にさかのぼるのかどうかは今のところ明確ではないが、第1図の『常陸国風土記』に登場する駅家の置かれた平津、古墳時代前期に継続する弥生時代後期の大規模な拠点的集落である髭釜遺跡や一本松・団子内・米蔵地遺跡がこの地に集中するのは、少なくとも水利のよい地としての土地利用が奈良時代以前、弥生時代後期に遡る可能性があろう。その事は、ここで扱う直近の磯浜古墳群の成立背景を考える上で示唆的である。

引用・出典・参考文献
大場磐雄談 1948「那珂国造の古墳 大場博士ら車塚を調査」『いはらき』昭和23年10月26日朝刊　2頁
大場磐雄・佐野大和 1956『常陸鏡塚』綜芸舎

黒板勝美編 1974『新訂増補国史大系（普及版）日本三代実録 前篇』株式会社吉川弘文館
六地蔵寺編 1984『諸草心車鈔・六地藏寺法寶藏典籍文書目録他』汲古書院
宮田俊彦 1985「那珂湊補陀洛渡海記について」『常磐学園短期大学研究紀要』第14号　常磐学園短期大学　23-34頁
近藤義郎編 1994『前方後円墳集成 東北・関東編』山川出版社
東　実 2000「奈良時代以降の鹿島神宮」『鹿島神宮〈改訂新版〉』株式会社学生社　160-189頁
古屋紀之ほか 2001「川上博義氏寄贈の石器時代・古墳時代資料について」『明治大学博物館研究報告』第6号　明治大学博物館事務室　3-24頁
川西宏幸 2002「長柄・桜山の時代」『シンポジウム前期古墳を考える―長柄・桜山の地から―』逗子市教育委員会・葉山町教育委員会　5-15頁
河野一隆 2002「石製模造品」『考古学大観』9 弥生・古墳時代 石器・石製品・骨角器　小学館　331-340頁
日高　慎 2002「水界民と港を統括する首長」『専修考古学』第9号　専修考古学会　31-45頁
清喜裕二 2003「古墳出土石製模造品製作の実態に関する素描」『文化財学論集』続（第2分冊）　文化財学論集刊行会　695-704頁
西川修一 2007「相模の首長墓系列」『武蔵と相模の古墳』雄山閣　37-48頁
井　博幸・小宮山達雄 2008「大洗町鏡塚古墳・車塚古墳群の検討」『茨城県考古学協会誌』第20号　茨城県考古学協会　71-99頁
田中新史・白井久美子 2008「点景をつなぐ―古墳踏査学による常総古式古墳の理解―」『土筆』第10号　土筆舎　765-895頁
井　博幸 2009「大洗町髭釜4号墳出土の埴輪棺」『茨城県考古学協会誌』第21号　茨城県考古学協会　93-108頁
蓼沼香未由 2009「磯浜古墳群考古学事始―近世・近代を中心とした発掘前史―」『常総台地』16　常総台地研究会　272-282頁
大場磐雄（茂木雅博筆写）2010「『楽石雑筆』巻二十九」『博古研究』第39号　博古研究会　1-15頁
井　博幸 2012「茨城県央部における前期・中期古墳の展開」『婆良岐考古』第34号　婆良岐考古同人会　1-37頁
田中　裕 2012「古墳と水上交通」『第17回東北・関東前方後円墳研究会大会 シンポジウム「東日本における前期古墳の立地・景観・ネットワーク」発表要旨資料』東北・関東前方後円墳研究会　67-80頁
井　博幸 2013「日下ヶ塚古墳（鏡塚古墳）の埴輪について考える」『第35回茨城県考古学協会研究発表会資料』茨城県考古学協会　27-32頁
蓼沼香未由 2013「大洗町日下ヶ塚（常陸鏡塚）古墳の調査」『第35回茨城県考古学協会研究発表会資料』茨城県考古学協会　21-26頁
蓼沼香未由・小林佳南子 2013『車塚古墳・姫塚古墳―平成21年度測量調査・平成23

年度範囲確認調査概要報告書─』大洗町教育委員会
永森裕子・片根義幸 2013「新たな視点で見る那須の古墳」『われ、西より来たりて那須の地を治める！』栃木県立なす風土記の丘資料館・大田原市なす風土記の丘湯津上資料館　87-92頁
蓼沼香未由 2014「茨城県大洗町磯浜古墳群の調査成果と課題」『考古学研究会第35回東京例会 大洗の常陸鏡塚古墳から見た常陸の古墳社会』発表要旨　考古学研究会東京例会委員会　1-12頁

（蓼沼香未由）

3　内海世界の海浜型前方後円墳

①「香取海」沿岸

　現在の霞ケ浦は茨城県南東部に位置している湖である。現在は常陸川水門によって海と隔てられて内海（湖）となっているが、かつては現在の手賀沼・印旛沼や利根川河口（銚子）付近をも含んだ広大な香取海が存在し、太平洋とも繋がっていた。利根川の東遷（付け替え）や干拓によって、現在の霞ケ浦の姿になったのである。香取海には、鬼怒川・小貝川をはじめとして出島半島の北側の恋瀬川・園部川、同西側の桜川、北浦には巴川が注ぎこむ。そのほかにも谷筋に存在する小河川がすべて香取海に注ぎこむ様は、『常陸国風土記』行方郡に登場する箭筈麻多智による新田開発や夜刀神との戦いを彷彿とさせる世界が広がっている。

　香取海周辺はもとより、常陸には関東の他地域とくらべても前期の100mを超す前方後円墳が多く築かれている。60mを超す前方後円墳に至っては、上野地域を除くと他を凌駕する数の古墳が作られているのである。そして、中期前半には東国第2位の規模を誇る石岡市舟塚山古墳（186m：以下mを省略）が造られる。本発表では、主に常陸の中の香取海という文字通り海に面した地域に焦点を絞って、前期から中期前半にかけての前方後円墳の築造について、筆者の思うところを述べていきたい。

1．香取海の古墳時代首長墓の分布

　香取海周辺とは、古代国家成立以降の常陸南部および下総北部、すなわち現在の茨城県南部と千葉県北部に相当する地域である。常陸南部および下総北部の古墳時代前期～中期前半に築造された前方後円墳分布をみたとき、香取海沿岸地域に多く存在することがわかる。また、那珂川河口、久慈川河口などの太平洋沿岸にも同様に築造されている。一方で、鬼怒川・小貝川・桜川・恋瀬川・那珂川・久慈川をさかのぼった内陸部にも築造されていることがわかるだろう（第1図：日高 2005）。このような状況は、古墳時代前期～中期前半の時期のみに限ったものではない。中期後半は古墳が著しく築造されなくなる時期であるが、やはり香取海や太平洋沿岸地域に築造が見られるし（第2図：日高2001a）、後期～終末期も香取海や太平洋沿岸地域に築造されるが、特に香取海のなかでも玉里地域および出島地域周辺に巨大な前方後円墳がいくつも築造されるのである（第3図：日高 2001a）。

　第1表は、古墳時代前期における関東から東北地域にかけての100mを超すクラスの前方後円墳と前方後方墳を年代順に示したものである。常陸地域の古墳時代前期～中期前半の古墳分布をみると、首長墓は久慈川流域、那珂川河口地域、小貝川流域および桜川上流地域、香取海（霞ケ浦）沿岸地域に分けられる。これらのうち、墳丘長100mを超すような前方後円墳は、時期と地域を違えて順次築かれる。すなわち、まず久慈川流域に星神社古墳（100）、梵天山古墳（160）、その後小貝川・桜川上流地域に葦間山古墳（141）、長辺寺山古墳（120）、さらに那珂川河口地域に日下塚（鏡塚）古墳（103）、香取海沿岸地域北部には兜塚古墳（99？）が築かれる。その後、古墳時代中期に至り香取海沿岸地域北端地域に巨大前方後円墳である舟塚山古墳（186）が築かれる。この他、詳細な時期は未詳であるが前期古墳と思われる木原愛宕山古墳（100）は香取海沿岸西部地域であり、お伊勢山古墳（90）は香取海沿岸南東地域に所在する。

78　第Ⅱ部　関東地方沿岸部の海浜型前方後円墳

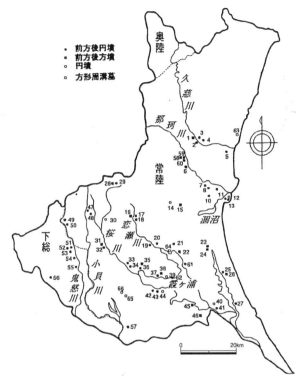

1 富士山4号墳（33）　2 五所皇神社裏古墳（60）　3 星神社古墳（100）　4 梵天山古墳（160）　5 権現山古墳（87）　6 安戸星1号墳（28）　7 水戸愛宕山古墳（137）　8 姫塚古墳（58）　9 金山塚古墳（32）　10 森戸古墳群（一）　11 日下塚（鏡塚）古墳（106）　12 車塚古墳（95）　13 坊主山古墳（85）　14 御前塚古墳（60）　15 宝塚古墳（39）　16 長掘2号墳（46）　17 佐自塚古墳（58）　18 丸山1号墳（55）　19 熊野古墳（68）　20 舟塚山古墳（186）　21 羽黒塚古墳（67）　22 勅使塚古墳（64）　23 大上1号墳（35）　24 大上4号墳（32）　25 大峰山5号墳（45）　26 大峰山1号墳（31）　27 お伊勢山古墳（90）　28 狐塚古墳（44）　29 長辺寺山古墳（120）　30 北椎尾天神塚古墳（37）　31 水守桜塚古墳（30？）　32 山木古墳（48）　33 常名瓢箪山古墳（74）　34 常名天神山古墳（70）　35 后塚古墳（60）　36 王塚古墳（84）　37 田宿天神塚古墳（63）　38 赤塚古墳（30）　39 牛塚古墳（40）　40 天王原古墳（30）　41 浅間塚古墳（84）　42 観音山古墳（74）　43 木原愛宕山古墳（10）　44 弁天塚古墳（60？）　45 原1号墳（29）　46 東大沼古墳（26）　47 葦間山古墳（141）　48 灯火山古墳（68）　49 西山古墳（20）　50 関本桜塚古墳（50）　51 香取神社古墳（71）　52 柴崎1号墳（65）　53 柴崎2号墳（55）　54 東山塚古墳（72）　55 六所塚古墳（70）　56 上出島2号墳（56）　57 桜山古墳（71）　58 二の沢B1号墳（35.1）　59 二の沢B2号墳（27.5）　60 二の沢B6号墳（31）　61 兜塚古墳（99?）　62 寺山古墳（60）　63 十王台遺跡方形周溝墓（19.5×15.4）　64 権現平2号方形周溝墓（×20）　65 姥神2号方形周溝墓（10×6）　66 泊崎城址方形周溝墓（16.6+）

第1図　古墳時代前期～中期前半の主要古墳（可能性のあるものを含む、日高 2005より）

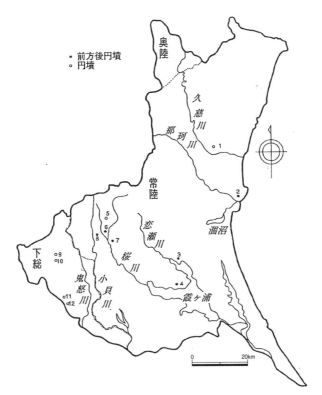

1 高山塚古墳（80） 2 川子塚古墳（81） 3 妙見山古墳（50） 4 牛度銚子塚古墳（64） 5 高森1号墳（54） 6 宮山観音古墳（92） 7 土塔山古墳（61.3） 8 台畑古墳（72） 9 仁連八幡塚古墳（45） 10 五十塚1号墳（58） 11 大明神塚古墳（20） 12 香取塚古墳（30）

第2図 古墳時代中期後半の主要古墳（可能性のあるものを含む、日高 2001a より）

　舟塚山古墳が築造されたころ、すなわち中期前半から中葉頃には全国的に古墳の規模が縮小し、墳形も帆立貝形古墳や円墳となることが知られている。一方で大阪府誉田御廟山古墳（420：全国2位）や大仙陵古墳（486：同1位）のような巨大前方後円墳も築かれるのである。巨大前方後円墳の築造とその他の古墳の規模縮小は表裏一体の出来事であったと考えられる。岡山県造山古墳（360：同4位）や作山古墳（286：同9位）、群馬県太田天神山古墳（210：同27位）、三重県御墓山古墳（188：同45位）、茨城県舟塚山古墳（186：同46位）、

宮崎県女狭穂塚古墳（177：同49位）、千葉県内裏塚古墳（144：同80位）などは、いずれもその地域で最も規模が大きく、さらにいずれも中期に築造された前方後円墳なのである。全国的な規模ランキングでみると、11位の奈良県箸墓古墳（280）までを時期別に示すと、前期2基、中期7基、後期2基であり、圧倒的に中期に巨大前方後円墳が築造されている。ちなみに、20位までは上述の岡山2例を除くと大阪と奈良に限定される。常陸地域では那珂川流域の水戸愛宕山古墳（137）、那珂川河口地域の車塚古墳（径95）、久慈川流域に権現山古墳（87）などがあるに過ぎない。

中期後半には100mを超すような古墳は見当たらない。ただし、可能性のあるものとして桜川中流地域の宮山観音古墳（92）がある。ただし、舟塚山古墳

1 神岡上3号墳（33）　2 赤浜4号墳（40）　3 水木1号墳（53）　4 西の妻1号墳（54）　5 舟塚2号墳（76）　6 舟塚1号墳（32）　7 糠塚古墳（80）　8 上宿古墳（31）　9 十林寺古墳（40）　10 牛伏4号墳（52）　11 高寺2号墳（25）　12 黄金塚古墳（80）　13 大平1号墳（48）　14 笠谷6号墳（48）　15 稲荷前1号墳（30×20）　16 虎塚4号墳（29×29）　17 虎塚古墳（54）　18 大穴塚古墳（40）　19 吉田古墳（8×8）　20 成田3号墳（21）　21 梶山古墳（40）　22 宮中野夫婦塚古墳（109）　23 宮中野52号墳（35）　24 宮中野72号墳（39）　25 宮中野大塚古墳（92）　26 宮中野99-1号墳（37×24）　27 瓢箪塚古墳（70）　28 赤坂山1号墳（52）　29 日天月天塚古墳（42）　30 大生西1号墳（71.5）　31 大生西2号墳（58）　32 大生西4号墳（58）　33 大生西5号墳（60）　34 大生東姫塚古墳（45）　35 大生東1号墳（61）　36 丸山4号墳（35）　37 要害山1号墳（100？）　38 府中愛宕山古墳（96）　39 木船塚古墳（42）　40 栗又四箇岩屋古墳（30？）　41 雷電山古墳（62）　42 舟塚古墳（72）　43 岡岩屋古墳（40）　44 閑居台古墳（70）　45 権現山古墳（89.5）　46 桃山古墳（74）　47 山田峯古墳（83）　48 愛宕塚古墳（62）　49 大井戸古墳（100？）　50 地蔵塚古墳（66）　51 三昧塚古墳（85）　52 沖洲大日塚古墳（47）　53 風返浅間山古墳（90）　54 風返大日山古墳（85）　55 風返稲荷山古墳（78.1）　56 太子唐櫃古墳（30？）　57 富士見塚古墳（90）　58 坂稲荷山古墳（60）　59 折越十日塚古墳（70）　60 富士塚山古墳（30×30）　61 加茂車塚古墳（50）　62 花園3号墳（25×25）　63 平沢1号墳（30×20）　64 八幡塚古墳（90）　65 甲山古墳（？）　66 武者塚古墳（25）　67 武具八幡塚古墳（15）　68 今泉愛宕山古墳（55）　69 松塚1号墳（62）　70 宍塚1号墳（54）　71 木原白旗2号墳（56）　72 前山古墳（30）　73 福田1号墳（50）　74 大井5号墳（46）　75 蛇喰古墳（48）　76 糠塚1号墳（32）　77 市之代3号墳（20）　78 林愛宕塚古墳（40）　79 備中瓢箪塚古墳（48）　80 古山八幡塚古墳（50）　81 備中愛宕山古墳（48）　82 弁天山古墳（50）　83 船玉古墳（35×35）　84 駒塚古墳（30）　85 茶焙山古墳（70）　86 八龍神古墳（25）　87 百戸ふき山古墳（50）　88 宿古墳（46）　89 高山古墳（35？）　90 上出島3号墳（21）　91 穴薬師古墳（30）

◀第3図　古墳時代後期〜終末期の主要古墳（可能性のあるものをふくむ、日高2001a より）

と同一企画あるいは同時期である可能性も指摘されているので（滝沢 1994、田中 1999）、そうなると那珂川河口地域の川子塚古墳（81）が最大規模となる。久慈川中流地域の円墳である高山塚古墳（80）もきわめて規模の大きいものであり、造出付円墳の可能性もある。いずれにせよ、川子塚古墳という那珂川河口地域に卓越した前方後円墳が存在することは注目しておいてよい。

後期から終末期には香取海沿岸北端の玉里古墳群に卓越した規模をもつ前方後円墳が存在する（日高 2001a・2010）。権現山古墳（90）、舟塚古墳（88）、山田峰古墳（83）、大井戸古墳（100？）、滝台古墳（83）、桃山古墳（74）などである。終末期には栗又四ケ岩屋古墳（30？）、岡岩屋古墳（径40）などがある。一方、出島半島地域には富士見塚古墳（78〜90）、坂稲荷山古墳（60）、風返稲荷山古墳（78）、折越十日塚古墳（60）、終末期に風返浅間山古墳（径

第1表 関東から東北地域の100m超・級前方後円（方）墳一覧

期	相模湾	多摩川流域・東京湾西岸	東京湾東岸	香取海沿岸	小貝川・桜川上流	那珂川河口	久慈川流域
1							梵天山A案(160)
2			箕輪浅間神社(100)				星神社(100) 梵天山B案(160)
3		宝莱山(97) 亀甲山(107) 白山(87)	姉ヶ崎天神山(130) 今富塚山(110) 飯籠塚(105) 油殿1号(93)	兜塚(99?)	葦間山(141) 長辺寺山(120)		
4	桜山1号(91) 桜山2号(88)	観音松(100?) 芝丸山(120)	釈迦山(93) 白山神社(89)	お伊勢山(90) 木原愛宕山(100)		日下ヶ塚(103) 車塚(88：円)	

集成編年の各期のなかでの前後は時期的な前後を示すわけではない。カッコ内の数字は墳丘長で小数点以下切り捨て。
ゴジック体は前方後方墳を示す。

56)、車塚古墳（径40）などが築造される。近在する園部川・玉造地域には三昧塚古墳（85）、要害山1号墳（75）、塚畑古墳（70）などが存在する。中期前半には舟塚山古墳という巨大前方後円墳が築造された恋瀬川流域には府中愛宕山古墳（96）があるが、その後の状況は詳らかでない。愛宕山古墳については中期後半にさかのぼる可能性も指摘されている（塩谷 2000）。さらに香取海沿岸南東地域に宮中野夫婦塚古墳（109）が突如として築造され、その後大生古墳群などとともに築造がつづき、宮中野大塚古墳（92）、宮中野99-1号墳（37×24）などの終末期古墳が築造される。この他、桜川中流域に八幡塚古墳（90）、久慈川中流域に糠塚古墳（80）が築造されている。那珂川河口地域に黄金塚古墳（60）、虎塚古墳（54）などがあるがやや規模は小さい。同地域に所在する大穴塚古墳（径40）、稲荷前1号墳（30×20）という終末期古墳は注目される。那珂川をさかのぼったやや内陸部には牛伏古墳群に隣接する大足舟塚古墳（80）、あるいは横穴式石室の存在が指摘される二所神社古墳（85）も存在する（井ほか 1999・田中ほか 2014）。

　これらの他にも取り上げるべき古墳が存在するが、いずれにしても香取海沿岸、太平洋沿岸に卓越した古墳が造られていることは間違いない。また、一見内陸に位置する古墳も河川を通じて沿岸地域と繋がっていたはずである。

浜通り	宮城	山梨	群馬	栃木	会津	山形
	千塚山(85)	天神山(132)	前橋八幡山(129) 元島名将軍塚(90)			
		大丸山(120)	朝子塚(124) 前橋天神山(129) 下郷天神塚(102)	藤本観音山(117) 大桝塚(96)	会津大塚山(114)	
玉山(118)	愛宕山(90) 雷神山(168) 遠見塚(110) 青塚(100)	甲斐銚子塚(169) 岡銚子塚(92)	浅間山(172) 大鶴巻(123) 別所茶臼山(165)	上侍塚(114)	亀ヶ森(127) 舟森山(90・70?)	稲荷森(96)

2．海浜型前方後円墳の築造と香取海

　香取海は太平洋あるいは小河川を通じて東京湾へと繋がる重要な場所である。広大な香取海ではあるが、南西地域は浅瀬であり葦原が広がるような状況であったと思われる（第4図：小出 1975）。古代以前の状況は『常陸国風土記』に見られる地名や事象からひもとくことができる。総記には「塩と魚の味を求めむには、左は山にして右は海なり。桑を植ゑ、麻を種かむには、後は野にして前は原なり。いはゆる水陸の府藏、物産の膏腴なるところなり（秋本校中 1958：37頁）」と記している。海の幸、山の幸に恵まれた土地であったことが知られるし、香取海周辺では行方郡を中心に多くの里や地名が記されていることから、人びとが多く住んだ土地であったことは想像に難くない（第5図：秋本校中 1958）。出島半島の北側の付け根には東国第2位の規模を誇る舟塚山古墳、後には常陸国府、常陸国分寺・国分尼寺が置かれた。奈良時代には東海道という直線道路を敷設するが、香取海すなわち水上交通との接点の位置に国府が置かれたわけである。

　中世の香取海を語る上で基本的な資料として、『海夫注文』がある（小竹森

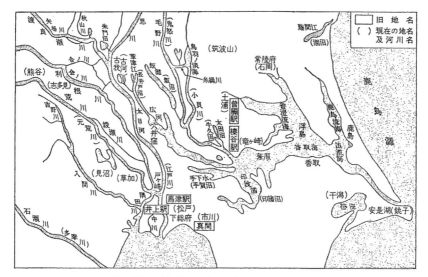

第 4 図　千年前の利根川（小出 1975 より）

1981、網野 1983)。海夫の根拠地（津々）は、常陸53津、下総24津の合計77津に及ぶ。戦国時代以降には霞ケ浦48津、北浦44ヶ津という湖の自治組織が成立しているのである（網野前掲：第6図）。中世の房総地域の水上ルートを検討した市村高男によれば、東海沖→江戸海→古利根・太日川水系→関宿→下総川・鹿島香取海→銚子沖→鹿島灘→那珂湊→久慈浜→岩城→相馬を想定することができる（市村 1992：37頁）。

　以上のような古代・中世における香取海さらには太平洋沿岸における水上交通の発達は、古墳時代にもさかのぼることができるのだろうか。試みに古墳時代前期から中期前半の主要古墳分布を示した第1図と『海夫注文』の津の位置を示した第6図を見比べてみる。そうすると、現在の霞ケ浦の北から64権現平Ⅱ号方形周溝墓—大井戸、22勅使塚古墳—羽生、61兜塚古墳—高須、40天王原古墳—牛堀、41浅間塚古墳—潮来、原1号墳—阿波崎、42観音山古墳・43木原愛宕山古墳—船子、北浦の北から25大峰山5号墳・26大峰山1号墳—沼里、27お伊勢山古墳—大船津という対応が認識できる（番号は第1図に同じ）。下総

3　内海世界の海浜型前方後円墳　85

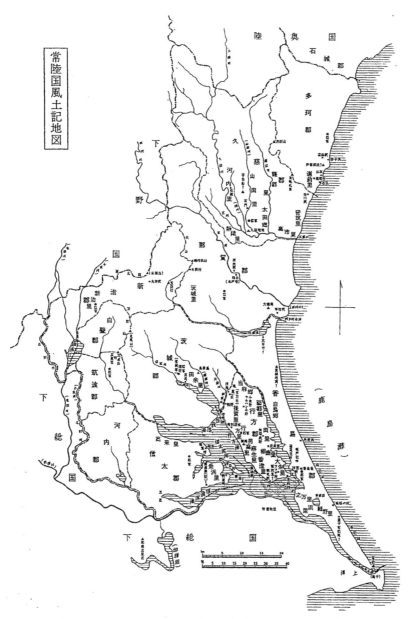

第5図　常陸国風土記にみる主要地名（秋本校中 1958より）

第6図 海夫および霞ヶ浦48津、北浦44ヶ津の津々分布（網野 1983より）

側の主要な前方後円墳である大日山1号墳は神埼に、三之分目大塚山古墳は小見川という津に対応する。広瀬和雄は「4世紀代をつうじて東京湾岸と「香取海」の一翼を担う霞ヶ浦沿岸には、舟運で結びつく首長層が形成されていて、それを大型前方後円墳で見せる—近接して港津でもあったのか—必要性が、5世紀初めごろに発生した。「もの」と人の交通が重視される事態が惹起した」（広瀬 2012：77頁）と述べたが、まさに港（津）との関係性のものとで前方後円墳が築造されたことは間違いなかろう。[2]

このうち100m前後の古墳としては兜塚古墳、木原愛宕山古墳、お伊勢山古墳、三之分目大塚山古墳である。この時期の同規模古墳は網羅していると言っ

てよい。ただし、舟塚山古墳の場所には『海夫注文』の津は存在しない。後の霞ケ浦48津の高浜に相当するわけだが、これに関連して網野善彦は「霞ケ浦48津の北津頭の津、玉造が見出し得ないこと、霞ケ浦西辺に津が著しくまばらであることなどが目立っている。あるいはこの辺の津々には、別の支配―敢て推測すれば、鹿島社の支配が及んでいたのではあるまいか」（網野 1983：284頁）と述べている。つまり、中世段階の津が『海夫注文』に存在しなくても、津としては当時から存在していた可能性が高いといえるだろう。そう考えると、霞ケ浦48津にみる田村の近傍には35后塚古墳・36王塚古墳が存在するし、田宿には37田宿天神塚古墳、有河には寺山古墳が存在する。つまり、香取海を廻る主要前方後円墳は、すべて中世以降の津所在地と重なってくることが指摘できるだろう。もちろん、中世以降の津所在地に古墳時代を通じて主要な古墳が築造されない場所もある。これらの場所は中世段階での新開地であったのか、あるいは古墳時代にはいくつかの津を束ねる形で主要な場所に首長墓が築かれたのだろうか。

　太平洋沿岸地域についても同様のことが指摘できる。すなわち、11鏡塚古墳は平津・那珂湊に、5権現山古墳は真崎浦にそれぞれ対応する。筆者は、これらの古墳の被葬者が水界民と港を統括する首長であるという位置づけを行ったことがある（日高 2002）。そのことからすれば、福島県いわき市玉山１号墳（118）の所在する近くには立屋津が所在し、近傍の荒田目条里遺跡からは「郡符　立屋津長伴マ福麿　可□召…」という木簡が出土している。文字通り津長である。香取海の津と前方後円墳の対応は、水界民と港を統括する首長すなわち津長であり、これが海浜型前方後円墳被葬者の本質であると考えられよう。

　ここまで、香取海をめぐる古墳の動向について、中世の津などをもとに、港を統括していたのが海浜型前方後円墳（首長）の本質であると述べてきた。もちろん内陸に位置する首長墓が存在することも見逃せない事実である。しかし、前述したようにそれらの内陸の首長墓も香取海あるいは太平洋へと流れ出す河川の流域に存在することも事実である。つまり、一見内陸に見えていても

沿岸地域との関係性の中で成立していた可能性が極めて高い。ただし、内陸部に古墳時代前期段階では梵天山古墳、葦間山古墳、長辺寺山古墳など最も巨大な前方後円墳が築かれたこと、それらを払拭するように舟塚山古墳が沿岸部に築造されることには、歴史的な大きな転換があったことは間違いなかろう。

註
（１）大井戸津周辺には園部川が流れている。園部川沿いには祭祀遺跡の辻微高地遺跡が存在し、須恵器、土師器、石製模造品等を使った祭祀を行っていることが知られている（日高 2004）。
（２）筆者は、後述の水界民と港を統括する首長という役割は、古墳時代を通して存在すると考えている。それは後期から終末期古墳の分布をみても同様である。さらには、中世、近世に至るまでつづく特徴であるとも考えている。ただし、舟塚山古墳という破格の規模をもつ前方後円墳の築造は大きな転換期であったことも間違いない。
（３）水界民という用語は、川喜田二郎が概念化したものである（川喜田 1980）。列島の稲作について、海岸沿いのみならず総体として「水界稲作民」と位置づけ、古墳や神社の立地は内陸水運も含めてターミナル・ステーションの付近が選ばれたとし、漁撈・水運の全てを包括したのが水界民であると考えたのである。
（４）田中広明は舟塚山古墳を頂点にした集権的機構に対して「舟塚山古墳の体制」と呼んだ（田中 1988）。

引用・参考文献
秋本吉郎校中 1958『風土記』（日本古典文學大系２）岩波書店
網野善彦 1983「海民の社会と歴史２　霞ケ浦・北浦」『社会史研究』２　271-310頁
市村高男 1992「中世東国における房総の位置」『千葉史学』21　31-50頁
井　博幸ほか 1999『牛伏４号墳の調査』国士舘大学牛伏４号墳調査団
川喜田二郎 1980「生態学的日本史臆説―特に水界民の提唱―」『歴史文化像』新泉社　109-145頁
小出　博 1975『利根川と淀川』中公新書
小竹森淑枝 1981「中世香取海における津の支配」『武蔵大学日本文化研究』２　37-53頁
塩谷　修 2000「霞ヶ浦沿岸の前方後円墳と築造規格」『常陸の前方後円墳（１）』茨城大学人文学部考古学研究室　116-136頁
滝沢　誠 1994「筑波周辺の古墳時代首長系譜」『歴史人類』22　91-112頁
田中広明 1988「霞ケ浦の首長」『婆良岐考古』10　11-50頁
田中　裕 1999「茨城県霞ケ浦町牛渡銚子塚古墳の測量調査」『筑波大学先史学・考古

学研究』10　91-106頁
田中　裕ほか 2014「二所神社古墳の測量調査」『常陸那珂郡家周辺遺跡の研究』茨城大学人文学部考古学研究室　61-77頁
日高　慎 2001a「古墳時代の岩井」『岩井市史　通史編』岩井市　183-202頁
日高　慎 2001b「東北北部・北海道地域における古墳時代文化の受容に関する一試考」『海と考古学』4　1-22頁
日高　慎 2002「水界民と港を統括する首長」『専修考古学』9　31-45頁
日高　慎 2004「辻微高地遺跡の祭祀遺構と使用具―古墳時代祭祀の一側面―」『玉里村立史料館報』9　87-93頁
日高　慎 2005「関東平野北東部―茨城県を中心に―」『東日本における古墳の出現』六一書房　155-168頁
日高　慎 2010「茨城県玉里古墳群にみる古墳時代後期首長墓系列」『考古学は何を語れるか』　263-274頁
広瀬和雄 2012「東京湾岸・「香取海」沿岸の前方後円墳」『国立歴史民俗博物館研究報告』167　67-112頁

(日高　慎)

②東京湾沿岸

　東京湾は、西側を三浦半島、東側を房総半島、北側を関東平野に囲まれた海域で、南側に幅の狭い湾口の浦賀水道を通じて太平洋にひらく内湾を形成している。広義の東京湾は、三浦半島南東端の剱崎（神奈川県三浦市）と房総半島南西部の州崎（千葉県館山市）を結ぶラインより北側を指し、南西約30km、南北約80km、湾域の面積は約1,400km^{2}になる。狭義の東京湾は三浦半島の観音崎（神奈川県横須賀市）と房総半島の富津岬（千葉県富津市）を結ぶラインより北側の海域を指し、平均水深は15m程度と浅く、二つの岬の間隔は約7kmと狭くなっている。

　東京湾は、千葉県、東京都、神奈川県に面しており、多摩川、鶴見川、荒川、江戸川、小櫃川など多くの河川が流入している。

　最終氷河期（2万年前頃）に120mほど低下していた海面は、後氷期になって急速に上昇し、今から6,000年前の縄文時代前期に海面上昇がピークを迎えており、関東地方の海水面は現在より3～4mほど高く、海が内陸深くまで侵入して溺れ谷を形成した。その後海水面は安定していくが、徳川氏が江戸に入るまでは河川が乱流し、広大な湿地帯で通行には適していなかったことが、『日本書紀』『古事記』に登場するヤマトタケルの東征記述からもうかがえる。東京湾は、江戸時代以前は単に内海ないしは内湾と呼ばれており、近代に入って東京湾と命名されており、当時の人たちの認識も開放的な広がりをもつ海ではなく、香取海と対比される内海世界であったと考えられる。

　東京湾周辺の海浜型古墳群を見ると、連続して古墳群を形成するものは東京湾東岸側にしか見当たらず、西岸では単独墳であることが特徴といえる。本稿以下では、東京湾を中心に相模湾沿いまで視野に入れて、主に海浜型前方後円墳を中心に前期から中期にかけての古墳について、主に水系ごとに見ていきたい。

1. 各地域の様相

(1) 相模湾の様相（第1図）

相模川水系首長系譜　相模川水系下流には、前期の前方後円墳が集中する。その中で、最も下流にある古墳が真土大塚山古墳で、立地を見る限り海浜型の典型例といえる。

　真土大塚山古墳は、相模川下流の右岸砂丘に造られた古墳で、西側には花水川の支流にあたる玉川が南流する。周辺の海抜は10m以下と低く、周囲の低地帯の中では一番高い位置に古墳が築造されている。昭和10・11年に調査が実施され、三角縁神獣鏡や多数の銅鏃が出土して注目された。墳形については諸説あるが、ここでは本村豪章（1974）の見解に従い前方後方墳とする。時期につ

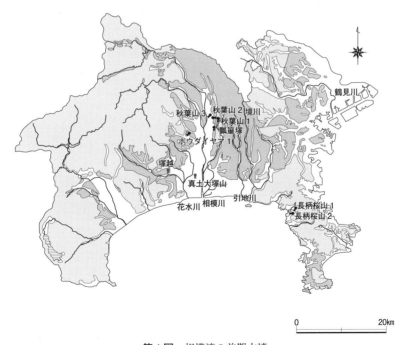

第1図　相模湾の前期古墳

いては、副葬品から3世紀後半までさかのぼる可能性はあるが、巴形銅器や大型の柳葉式銅鏃の出土を考慮すると、4世紀中頃に比定される（望月 2007）。真土大塚山古墳の周辺を見ると、近隣の砂丘・自然堤防上で方形周溝墓は認められるが、大型の前方後円墳は見当たらない。

　上流に目を向けると、相模川から約2km東方の座間丘陵に秋葉山古墳群が築造される。秋葉山古墳群は、標高75から80mの丘陵頂部に立地し、直列状に隣接した前方後円墳型墳墓1基、前方後円墳2基、前方後方墳1基、方墳1基、墳丘不明1基の合計6基で構成され、相模川流域の平野部を望む高台に立地する。古墳群のうち最古の古墳は3号墳で、古墳群中の中央に位置する。全長推定51mの前方後円墳型墳墓で、墓壙上に水銀朱の付着した高坏や台付片口鉢と礫が集中して出土しており、3世紀後半に比定される。特に水銀朱を用いる施朱行為は、弥生時代終末期の墳丘墓や古墳時代前期前半の古墳に多く見られる施朱儀礼であり、定型化した古墳成立前夜の様相が色濃く認められる（押方ほか 2002）。2号墳は全長50.5mの前方後円墳で、水銀朱の付着した片口鉢・台付甕と円筒形土製品が出土しており、3世紀末葉〜4世紀初頭に比定される。円筒形土製品は、円筒埴輪を模倣した形状を呈しているが明らかに異質であり、在地色が強い。1号墳は全長59mの前方後円墳で、4世紀前半〜中葉に比定される。秋葉山古墳群の土器を見ると、3・2号墳の段階では在地色が強い土器様相を示していることから、秋葉山古墳群は弥生時代以来の伝統的な集団が古墳造営したと考えられる。

　秋葉山古墳群の南方2.5kmの座間丘陵上に上浜田古墳群（押方 1997）が築造されている。尾根沿いに6基が確認されており、上浜田古墳群を形成する。そのうち、瓢箪塚古墳は全長75mの前方後円墳で、埴輪片が採集されている。埴輪片は、秋葉山2号墳から出土した円筒形土製品に類似しており、3世紀末葉〜4世紀初頭に比定される。また、ホウダイヤマ1号墳は、玉川と恩曽川にはさまれた丘陵上に位置し、全長65mの前方後円墳で、焼成前穿孔や無穿孔、二重口縁や単口縁など、多彩な壺形土器が出土している。また、大型の壺形土器は、埼玉県三変稲荷神社古墳や茨城県上出島2号墳に類似しており、在地色

が強い（平本 1999）。周辺では弥生時代後期から古墳時代前期の集落が展開しており、弥生時代以来の伝統的な集団が古墳造営したと考えられる。

　その他の前期古墳としては、花水川水系に位置する塚越古墳が挙げられる。塚越古墳は、北金目台地の先端部に位置し、全長58mの前方後方墳で、管玉や鉄製工具などが出土している。塚越古墳の所在する北金目台地には、弥生時代後期〜古墳時代前期の集落や方形周溝墓群、方墳が多数検出されており、前代の墓制である方形周溝墓から連続して墓制が展開している。

　上述してきたように、相模川下流域には前期の前方後円墳が集中しており、この時期の相模国情勢を考える上で重要な地域といえる。その中で、真土大塚山古墳以外は、周辺では弥生時代後期から古墳時代前期までの住居や墳墓が確認されており、前代からの連続性が認められる。また、出土土器を見ても、ホウダイヤマ１号墳や秋葉山古墳群出土の壺形土器のように在地的な特徴を有しており、畿内的な要素が見られない。唯一真土大塚山古墳のみが畿内中枢との関係性が認められる。

　真土大塚山古墳の立地を見ると、平塚市の砂丘列上に位置しているが、立地周辺では最高地点に築造しており、たとえ河川が氾濫しても影響のない立地であったと見られる。周辺の海抜が低く相模湾からも相模川からも見える位置にあったと考えられる。時代は下がるが、奈良時代に整備された東海道（第２図）にも隣接することから、相模国最大の要衝地に所在しているといえる。この要衝地に畿内様相の海浜型前方後円墳が築造されることは、畿内中枢との交流やイデオロギーを陸海へ広く知らしめる効果があったと考えられる。

田越川系首長系譜　長柄桜山古墳群は、三浦半島相模湾側にある桜山丘陵の尾根上に位置し、北側には田越川が流れている。本古墳群周辺には他に古墳が見当たらず、突発的に古墳が出現する。古墳で眺望できる景色はやや異なるが、第１号墳からは、逗子湾や東京湾を望むことができる立地で、丘陵先端に位置する第２号墳からは、眼下に相模湾、江ノ島、富士山を眺望できる要衝に位置する。第１号墳は全長90mの前方後円墳で、土器、壺型埴輪と円筒埴輪が出土している。第２号墳は全長約88mの前方後円墳で、墳丘には葺石が施され

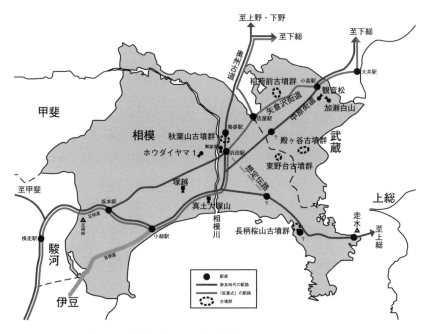

第2図 東海道推定図（神奈川県 1999を、一部改変）

ている。第1号墳と同様土器の他に壺型埴輪と円筒埴輪が出土している。

　長柄桜山古墳群の眼下には開けた平野はないが、1号墳から東京湾、2号墳から相模湾が眺望できることから、ヤマトタケルの伝説に見られるように三浦半島から房総半島への海上交通の要衝地と見られる。長柄桜山古墳群からは、円筒埴輪や段築（1号墳）、葺石（2号墳）がある点など、畿内様式の前方後円墳に近いことから、畿内中枢の強い影響下、房総方面への交通の要衝地として造墓された古墳であると考えられている。三浦半島周辺では、長柄桜山古墳群築造以前の首長墓は見当たらず、長柄桜山古墳群後も継続していない。長柄桜山古墳群は突発的に造営が開始され、2基の古墳築造後は継続しなかったことも、弥生時代以来の伝統的な集団が古墳造営したのではなく、畿内中枢の影響下での戦略的な築造が想起される。この戦略的な築造こそが、海浜型前方後円墳の特徴といえるだろう。また、神奈川県内の相模川河口近くの砂丘地帯に

あり、生産拠点には不向きな土地に築造された真土大塚山古墳とは、立地や畿内様相などの類似点が認められる。ここに海浜型前方後円墳の本質があると考えられる。

（2）東京湾西岸の様相（第3図）

東京湾周辺の古墳を見渡すと、太平洋である外海に接して立地する古墳は少なく、主要河川沿いに造られることが多い。そこで、ここでは主要河川沿いに造られた首長墓について見ていき、当地域の特徴について整理し、海浜型前方後円墳との対比を行いたい。

鶴見川水系首長系譜　最初に鶴見川流域の前期古墳について概観する。鶴見川下流域の首長墓としては、加瀬白山古墳と観音松古墳が挙げられる。

加瀬白山古墳は、鶴見川の支流にあたる矢上川の東側の独立丘陵頂に位置する。全長87mの前方後円墳で、4基の埋葬施設が発見されている。後円部中央部の木炭槨からは、三角縁神獣鏡や鉄鏃など多様な副葬品が発見されている。副葬品から4世紀後半に比定される。木炭槨から発見された三角縁神獣鏡は、京都府椿井大塚山古墳・山口県竹島古墳・福岡県神蔵古墳から出土した鏡と同笵鏡であり、畿内中枢との密接な関係性が認められる。

観音松古墳は、矢上川の南側の独立丘陵上に位置する。全長約90mの前方後円墳で、2基の粘土槨を埋葬施設にもつ。副葬品には、内行花文鏡・紡錘車形石製品・銅鏃などが出土しており、4世紀後半に比定される。副葬品の組み合わせなどから畿内中枢との密接な関係性が認められる。両古墳は鶴見川の支流である矢上川をはさんで対峙する位置関係にあり、その距離は約500mを測る。両古墳とも副葬品を見る限り、畿内中枢と密接な関係を持つ古墳といえる。

中・上流域に目を向けると、稲荷前古墳群（平野 2001）が築造されている。谷本川により形成された氾濫原に突き出た大場谷と黒須田谷にはさまれた丘陵の南側先端部に位置する。この丘陵上では、前方後円墳2基・前方後方墳1基・円墳4基・方墳3基の計10基の古墳と横穴墓9基などさまざまなタイプ

96　第Ⅱ部　関東地方沿岸部の海浜型前方後円墳

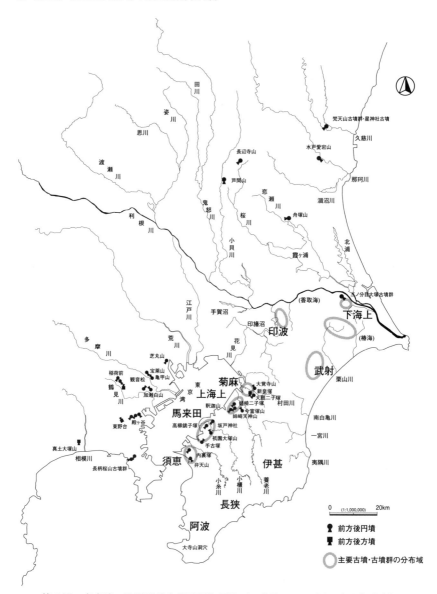

第3図　東京湾の海浜型前方後円墳と国造（田中裕 2012：図2を一部改変）

の古墳が造営されている。最も古い古墳は稲荷前16号墳で、全長約38mの前方後方墳である。墳頂部や墳丘裾部から壺形土器が出土している。壺形土器は、焼成前に底部穿孔され、外面は赤彩されている。これからの壺形土器は、大きさ形態ともに不揃いで画一性が認められない。次に築造されたのは全長32mの前方後円墳である6号墳で、前方部が撥形に開く。4世紀後半代に比定される。続く1号墳は、全長46mの前方後円墳で5世紀初頭に比定される。稲荷前古墳群は、4世紀後半から5世紀初頭まで継続後、一度古墳の造営が途絶えている。その後、6世紀になると、再度古墳の築造が開始される。

　次に柏尾川水系を見てみると、前方後方墳1基、方形周溝墓2基から構成される東野台古墳群（石川 1992）が、柏尾川上流域である阿久利川と名瀬川の合流地点北側の舌状丘陵上に築造されている。2号墳は全長54mの前方後方墳で、観音松古墳と同時期の4世紀後半に比定される。この古墳群に隣接した麓で、弥生時代後期から古墳時代前期にかけての集落が見つかっており、この集落を地盤として古墳群が成立したと考えられる。古墳群の築造順序を見ると、前方後方墳の築造前後に方形周溝墓が築造されており、定型的な古墳が造られる前段階で、方形周溝墓が同一墓域に造られ、その後に前期古墳が築造されている。また、大岡川の上流に位置する全長36〜40mの3基の前方後円墳から構成される殿ヶ谷古墳群（榊原 1977）でも、古墳盛土下から弥生時代後期の遺構、周辺からは古墳と同時期の集落が検出されており、この集落を地盤として本古墳群が成立したと考えられる。

　鶴見川水系の前期古墳を概観すると、最初に鶴見川下流域に畿内と関係の深い副葬品をもつ大型前方後円墳が成立する。その後古墳群を形成するが、白山古墳や観音松古墳ほど大型の前方後円墳は築造されていない。この様相は、多摩川をはさんだ対岸に位置する古墳群の動向ともリンクしており、古墳の小規模化および拡散現象が広範囲に認められる。また、前期古墳の立地を見ると、古墳墳丘下や隣接地などから弥生時代後期（加瀬古墳群や稲荷前古墳群など）および隣接地で古墳成立時期の集落（殿ヶ山古墳群や東野台古墳群など）が見つかっており、弥生時代以来の伝統的な集団が古墳を造営したと考えられる

〈在地性〉。伝統的な集団にも、方形周溝墓から造墓が開始するグループと、前方後円墳から造墓が開始するグループに大別される。前者は墳形が前方後円墳であるが、副葬品は貧弱で、あまり畿内との関係性が見られない。後者のグループの副葬品を見ると、畿内中枢との関係性が認められる。

多摩川系首長系譜　多摩川中・下流域には、多くの古墳群が集中しており、その形成過程を見ると下流域から上流域へと古墳群が展開する傾向が見られる。

最初に築造される地域は、多摩川下流域左岸の河岸段丘の突端や丘陵上の尾根筋で、比較的大規模の古墳群が築造されてくる。最古の古墳は扇塚古墳で、直径20ｍの円丘を想定されている（河合 2001ほか）。埋葬施設は3基見つかっており、銅鏡・鉄剣などが出土している。周溝からは元屋敷式の模倣高坏などが出土しており、4世紀前半に比定される。低墳丘の古墳であるが、多摩川から見上げると墳丘高以上に高く見えることから、川からの視線を意識した立地といえる。その後、4世紀前半に宝萊山古墳（野本 1998）、4世紀後半に亀甲山古墳が築造されている。両古墳とも全長100ｍを越える前方後円墳である。宝萊山古墳は、多摩川下流域左岸の台地上に位置し、墳丘長97ｍの前方後円墳で、粘土槨を持ち、四獣鏡・碧玉製紡錘車形石製品・鉄製品などが出土している。副葬品の組み合わせなどから畿内中枢との密接な関係性が認められる。亀甲山古墳は、全長107ｍの前方後円墳で、発掘調査は行われていないが、墳丘の築造企画の検討から4世紀後半に比定される。中期に入ると、田園調布から世田谷区野毛にかけて地域に円墳や帆立貝式前方後円墳など小規模古墳が築造されるが、亀甲山古墳の後継首長墓としては規模が小さく小規模化が認められる。

その中で、海浜型前方後円墳と見られるのは、芝丸山古墳（大塚・梅沢 1965）で、最も東京湾沿いに立地する。全長106ｍの前方後円墳で、東京湾奥に立地する（第3図）。墳丘は台地の東縁辺に沿ってほぼ南南西に面しており、東京湾海岸線に平行して構築されている。かなり東京湾を意識して立地・築造されているといえる。前方部が狭く平坦な形を呈している。後円部頂は大

規模に削平されているが、前方部と後円部との比高差は大きかったと想定され、5世紀前半頃に比定される。周辺には古墳群が展開しているが、円墳群であり小規模化している。

　多摩川水系の古墳群を概観すると、扇塚古墳や宝萊山古墳などは多摩川を意識した立地・築造であるが、芝丸山古墳は東京湾を意識した立地・築造である点で相違が認められる。時期的な変遷を見ると、4世紀代は多摩川中・下流域を中心として首長墓が展開しているが、その後継続して古墳群を形成するものの小規模化しており、大規模な首長墓の拡散現象が認められる。その先駆けとして、5世紀前半に入ると、東京湾沿岸に海浜型前方後円墳が築造されたと考えられる。線（河川）的な視座からより広い円（内海）的な視座へと戦略がシフトしたと考えられる。

（3）東京湾東岸の様相（第3図）

　東京湾東岸には、多数の古墳群が群在している。「国造本紀」を見ると、各地区に小国造が分立していた状況が認められる。東京湾を望んで村田川流域に菊麻国、養老川流域に上海上国、小櫃川流域に馬来田国、小糸川流域に須恵国があったと推察される。この記述に対応するように、各流域には、古墳群が集中する傾向が認められる。以下、流域ごとに海浜型前方後円墳について見ていきたい。[1]

　村田川水系首長系譜　村田川下・中流域には、菊間古墳群、大厩古墳群、草刈古墳群など多くの古墳群が密集している。この中で、海浜型前方後円墳を含む菊間古墳群と大厩古墳群について見てみる。

　菊間古墳群は、村田川下流左岸の台地上に展開する前方後円墳を中心とした古墳群で、海岸線からは、3kmほど内陸に位置する。村田川左岸には、台地上や河岸段丘上に点在しており、205基以上の古墳が知られている。古墳は下流域から上流に向けて時期の新しくなる傾向が認められる。台地先端部を中心とする地域は菊間と呼ばれており、「菊麻国造」の本拠地と見られる。

　菊間古墳群は部分的に発掘調査が行われており、前方後円墳3基、前方後方

墳1基、円墳13基、方墳33基が確認されている。その中で、最も古い古墳に、新皇塚古墳が挙げられる。新皇塚古墳は、削平された前方後方墳と推定される。周溝からは、焼成前穿孔の壺形土器が出土しており、4世紀中頃に比定される。親皇塚古墳は海岸平野に望む台地上に築かれた最初の大型古墳であり、初代「菊麻」首長墓と考えられる。親皇塚古墳に継続する前方後円墳は、大覚寺山古墳である。大覚寺山古墳は、村田川が形成した三角州の北側に位置する台地上に築造された全長63mの前方後円墳で、後円部の大きさと比較して前方部が短い形状を呈する墳丘形態などから4世紀後半に比定される。

大厩古墳群は、東京湾旧河口から4km離れた左岸台地上に位置する。眼下には村田川の開析した河岸平野一帯を見渡せる立地で、浅間様古墳、二子塚古墳、円墳19基、方墳6基、帆立貝式古墳1基が確認されている。その中で、海浜型前方後円墳は大厩二子塚古墳のみで、菊間古墳群とは谷をはさんだ隣接した台地上に位置する。村田川を北に望む台地縁辺に1基独立している。墳丘長約70mの前方後円墳で、葺石や埴輪は確認されておらず、墳丘形から4世紀後半代に比定される。

村田川下・中流域は古墳群が多数群在しており、首長墓は古墳群を形成しながら河川流域に乱立している。首長墓は連続して形成されず、距離をおいて点在する傾向にある。この地域は、弥生時代から継続して古墳時代まで集落を形成しており、弥生時代以来の伝統的な集団が古墳造営したと考えられる。

養老川水系首長系譜　房総半島を縦断して東京湾東岸に注ぐ養老川の河口には沖積平野が広がり、海岸線に沿って幾筋かの砂堤が形成されている。養老川流域には1,000基を越える古墳が築かれており、古墳の分布は中・下流域に集中する。特に左岸下流域から海岸平野にかけて、墳丘規模が50m級の前方後円墳が集中する。

養老川は、『万葉集』巻第十四東歌に「夏麻引く海上潟の沖つ渚に船はとどめむ小夜ふけにけり」とあり、この地域が海上潟と呼ばれた天然の良港であり水上交通の要衝であったことが想起される。

その中で、姉崎古墳群は、前期から終末期にわたる大型古墳を擁した流域最

大規模な古墳群で、その分布範囲は海岸砂堤の古墳群から約4km東へ入った今富塚山古墳まで及ぶ。この地域には、「海上」の地名が現在にも残ることから旧海上郡の領域と考えられ、『国造本紀』にある「上海上」国造の本拠地と見られる。

　最初にこの地域に古墳が築造されたのは、養老川をはさんだ国分寺台地の先端に位置する神門古墳群である。神門古墳群は、養老川下流域の北岸に位置し、眼下に養老川下流の沖積平野を見下ろせる市原台地西縁部に築かれている。3基の前方後円墳が見つかっており、5号墳→4号墳→3号墳の築造順と推定されている。築造時期は、いずれも3世紀中葉前後に比定され、短期間に築造されたと考えられる（田中 1991）。いずれも、前方部を海岸平野に向けており、東京湾を意識した立地といえる。5号墳は東京湾を見下ろす台地の斜面に位置し、全長42.6mの前方部の未発達な前方後円墳である。4号墳は全長48.8mの前方後円墳で、3号墳は全長49.1m以上の前方後円墳である。神門古墳群は、継続して首長墓を築造せず、首長墓は対岸の姉崎古墳群へ移動する。

　姉崎古墳群は、養老川下流域南岸の沖積地と標高30mから40mの台地にかけて立地し、養老川下流域南岸の沖積地と台地上では、前方後円（方）墳10基、円墳31基以上、方墳1基の存在が確認されている。台地の北縁には前方部を西に向けた全長130mの房総最大の前期古墳である姉崎天神山古墳、その北方の砂丘上には全長103mの姉崎二子塚古墳が位置する。姉崎天神山古墳の西600mのところに姉埼神社が鎮座し、その南には全長93mの釈迦山古墳が立地する。最古と見られる前方後円墳は今富塚山古墳で、養老川下流域南岸の沖積平野に近い低丘陵上に位置し、海岸から4～5km奥に入った場所に築造されている。全長約110mの前方後円墳で、後円部の墳丘は削平されており、木炭槨が露出した状態で見つかっている。周溝内の最下層から焼成前底部穿孔土器片が出土しており、4世紀前半に比定される。今富塚山古墳に継続する姉崎天神山古墳は、養老川下流域南岸の台地縁辺に位置する。墳丘全長130mの前方後円墳で、前方部が狭長な墳形や立地から4世紀前半に比定される。それに続く釈迦山古墳は、姉崎神社の南側の台地上に築かれた古墳で、全長93m以上の前方後

円墳で盾形周溝をもつ。口縁下端に刻みを持つ複合口縁の壺や坩などが出土しており、4世紀後半に比定される。

　中期になると、姉崎二子塚古墳が築造される。姉崎二子塚古墳は、養老川下流域南岸の標高5m前後の砂丘上に位置する。墳丘全長103mの前方後円墳で、盾形周溝をもつ。墳丘は3段築成で、中段と下段に円筒埴輪列が確認されている。埋葬施設は、前方部と後円部にそれぞれ1基、計2基確認されている。後円部からは、鏡・甲冑片・金銅金具片鉄鉾などの鉄製品などが出土し、前方部からは、直刀・銀製長鎖式垂飾付耳飾り・直弧文石枕などが出土している。墳丘の規模や埴輪、副葬品などから5世紀前半に比定される。出土遺物を見ると、田中新史が指摘する通り、金銅製品や垂飾付耳飾りなど、朝鮮半島系の遺物が出土しており、本地域が当時の先進的な文物の窓口であったと考えられる（田中 1975）。これらの先進的な文物は、在地のみで完結する文物ではなく、畿内との繋がりの深さが認められる。

　養老川河口に広がる平野を見下ろす台地上には、弥生時代中期から古墳時代前期にかけての住居や墳墓が多数見つかっている。中台遺跡（上総国分僧寺跡下層）では、弥生時代後期中葉から古墳時代前期にかけての集落が見つかっており、神門古墳群の母村と見られている（鶴岡・櫻井 2013）。台地上では、中期から後期の方形周溝墓、弥生時代後期から古墳時代前期まで継続して集落が形成されており、弥生時代以来の伝統的な集団が古墳造営したと見られる〈在地性〉が、畿内との交流が密であった事例といえる。

　神門古墳群では見られなかった畿内様相が、その後の首長墓では段階を追って導入されている。姉崎天神山古墳と釈迦山古墳では盾形周溝〈畿内様相〉をもち、姉崎二子塚古墳では盾形周溝・段築・円筒埴輪が採用されており、段階を追って畿内中枢との関係が親密になっているのが認められる。

　小櫃川水系首長系譜　小櫃川から小糸川にかけての海岸沿いの平野は、海岸線に沿って砂洲と湿地が幾重にも連なって形成されている。この平野は弥生時代から好んで居住し、微高地上に集落を構えて、隣接する低湿地に水田を開拓している。この小櫃川の海岸平野にも多数の古墳が築造されている。

小櫃川流域では、古墳時代前半には中流域に飯籠塚古墳や白山神社古墳など大形前方後円墳が築造されている。その後、中期になると下流域の祇園・長須賀地区に一貫して首長墓が形成されるようになる。祇園・長須賀古墳群は5世紀半ばから7世紀にかけて築造され、小櫃川流域の首長であった「馬来田」国造の本拠地と見られる。

　祇園・長須賀古墳群で最初に造営がされた古墳は、高柳銚子塚古墳と考えられている。高柳銚子塚古墳は、小櫃川左岸の河口域に広がる海岸平野に位置する。この海岸平野には、海岸線の後退に伴って数次に砂堤が形成されており、この砂堤上に多数の古墳が築造されている。高柳銚子塚古墳もこの砂堤上に構築された墳丘全長142.3mの前方後円墳で、房総最大の内裏塚古墳に次ぐ規模を誇る。周溝は盾形を呈すると考えられ、墳形はくびれ部が強く屈曲して前方部の最上段が長い形状を呈しており、畿内様相が強く見受けられる。墳丘裾部からは、長持形石棺の一類型と見られる石材、円筒埴輪が出土している。また、写実性の強い石製模造品が見つかっており、5世紀初頭から前葉に比定される。

　高柳銚子塚古墳に続いて砂丘上に築造されたのが、祇園大塚山古墳である。推定墳長110～115mの前方後円墳で、後円部と前方部の長さがほぼ等しい墳形になる。周溝は未調査であるが、現在の道路などから盾形を呈する可能性が高い。墳丘は完全に削平されているが、跡地から円筒埴輪が表採されている。金銅製眉庇付冑や銀製長鎖式垂飾付耳飾、画文帯四仏四獣鏡などが出土しており、5世紀中葉から後葉に比定される（白井 2013）。金銅製眉庇付甲冑のセットは、大仙陵古墳前方部石室しか類例は見られない（橋本 2013）。また、画文帯四仏四獣鏡の同型鏡は6面あり、長野県御猿堂古墳や伝大阪府駒ヶ谷出土鏡、福井県国分古墳などが挙げられる。銀製長鎖式垂飾付耳飾は、熊本県江田船山古墳などに類似している（高田 1998）。副葬品などから広範囲との交流が認められ、畿内中枢を通した交流だったと考えられる。

　祇園・長須賀古墳群の周辺には、他にも坂戸神社古墳や手古塚古墳など前期古墳が所在する。坂戸神社古墳は、小櫃川下流域の右岸に位置し、小櫃川低地

に向かって南西に突き出た袖ヶ浦台地の先端部にある。全長62mの前方後円墳と推定される。立地や墳形などから手古塚古墳との類似性が指摘されており、4世紀後半代に比定される。

手古塚古墳は、矢那川沿いの標高50〜60mの丘陵上に立地し、眼下には東京湾から三浦半島まで見渡せる位置に所在する一方で、海上からも墳丘を見ることができる全長約60mの前方後円墳で、埋葬施設は粘土槨を持つ。木棺からは、三角縁神獣鏡や石製模造品などが出土しており、4世紀後半代に比定される。三角縁神獣鏡は、愛知県仙人塚古墳・奈良県佐味田付近・島根県造山1号墳（第1埋葬施設）などから出土した鏡と同型鏡であり（下垣 2010）、畿内中枢との密接な関係性が認められる。

高部古墳群は、矢那川下流域左岸の海岸に最も近い丘陵上に位置し、総数60基以上の古墳が発掘調査で確認されている。出現期の古墳は、前方後方墳2基（32・30号墳）と方墳2基（49・31号墳）で、方墳は隣接する前方後方墳と主軸を同じくしており、従属的な関係が認められる。32号墳は、全長37m前後の前方後方墳で、埋葬施設が後方部中央に1基、周溝内土壙3基、壺棺1基が検出されている。後方部の埋葬施設からは、半肉彫四獣鏡・鉄槍が出土している。四獣鏡は破鏡として使用されたと考えられる。30号墳は、全長38.6mの前方後方墳で、二神二獣鏡や鉄剣が出土している。二神二獣鏡は10片ほどに割れており、意図的に破砕・抜き取りを行ったものと見られる。周辺では、弥生時代中期から古墳時代中期にかけての集落（千束台遺跡）が確認されており、弥生時代以来の伝統的な集団が古墳造営したと考えられる。

小櫃川流域では、古墳時代前半には中流域に飯籠塚古墳や白山神社古墳など大型前方後円墳が築造されるが、下流域には大型の前方後円墳は見当たらない。少し離れた地域に手古塚古墳や高部32・30号墳などの海浜型前方後円墳が築造されている。高部古墳群は、周辺に前代の集落が展開しており、弥生時代以来の伝統的な集団が古墳造営したと考えられるが、手古塚古墳は周辺に古墳群は見当たらず、やや異質な占地を示している。副葬品を比較すると、高部30号墳から二神二獣鏡が出土しているが破鏡であり、定形化した古墳成立前夜の

様相が認められる。一方で、手古塚古墳は三角縁神獣鏡や石製腕飾りなど強い畿内様相が認められ、海浜型前方後円墳には在地系〈連続性〉と畿内系〈突起性〉の２種類に大別できる。

その後、中期になると下流域に一貫して首長墓が形成されるようになる。古墳の様相も盾形周溝や円筒埴輪が採用されており、畿内様相がより一層強くなっている。

小糸川水系首長系譜　小糸川流域では、前段階に中・下流域の両地域で丘陵上に大型前方後円（方）墳が拠点的に築造される。中期以降になると、下流域に古墳時代中期から終末期に築造された古墳が築造されている。前方後円墳11基、方墳７基、円墳19基、墳形不明６基の合計41基の古墳が確認されており、内裏塚古墳群と呼称される。この地域は須恵（末）国造の本拠地と見られる。

内裏塚古墳は、小糸川下流域の沖積平野上に位置し、砂丘であった微高地上に築造されている。墳丘長144mの前方後円墳で、盾形周溝をもつ。古墳群内最大規模の古墳で、最初に築造された古墳である。埋葬施設は後円部中央に２基の竪穴式石室があり、墳丘には埴輪列が巡っている。外堤部分から初期段階の人物埴輪の頭部が出土しており（杉山 1995）、５世紀前半でも中頃に近い時期に比定される。盾形周溝・竪穴式石室・円筒埴輪など、畿内様相が強い古墳といえる。内裏塚古墳の築造後、南方約４kmのところに弁天山古墳が築造される。

弁天山古墳は、小久保川と岩瀬川の下流域にある舌状台地上に位置し、浦賀水道の最奥で見晴らしの最もよい台地上に単独で所在する。全長87.5mの前方後円墳で、自然石積みの竪穴式石室を構築する。竪穴式石室の天井石には、縄掛突起をもち、鹿角装刀子や曲刃鎌、鋲留甲冑、埴輪などが出土している。天井石に縄掛突起を有する竪穴式石室の事例には、奈良県佐紀陵山古墳、室宮山古墳、屋敷山古墳など畿内で数例知られているが、東日本では他に類例は見られない。この点からもかなり畿内中枢との関係性の深さが認められる。出土遺物などから５世紀中葉から後半に比定される。弁天山古墳は、海岸に近い丘陵上に位置し、後円部墳頂から前方部を見ると東京湾口を正面に望めることか

ら、海浜型前方後円墳の典型例といえる。この周辺には大形の古墳は見られず、かなり独立性の強い古墳と見られる。

2．突発的な古墳築造と非継続性

　以上、東京湾および周辺における海浜型前方後円墳および前期古墳を概観してきたが、広瀬和雄が指摘するように海浜型前方後円墳には、前方後円墳の偏在性と不連続性の二つの側面をもつことが認められる（広瀬 2012）。その様相は、東京湾の西東で様相を異にする。東京湾西側では、内湾側に海浜型前方後円墳はほとんど見当たらず、唯一の海浜型前方後円墳が芝丸山古墳である。芝丸山古墳は古墳群を形成するが首長墓は継続しない。

　東京湾西側および相模湾の主流域における古墳群の動向を見ると、大型の前方後円墳は東京湾沿いよりも主要河川沿いに集中している。これらの古墳を見ると、副葬品の組み合わせなどに畿内様相が認められる古墳（白山古墳・真土大塚山古墳など）と、出土土器などに在地性が認められる古墳（稲荷前16号墳・秋葉山古墳群・ホウダイヤマ1号墳など）に大別される。前者には、周辺に前代からの集落が見当たらず突発的に出現し、首長墓が継続しないことが多い（白山古墳・観音松古墳・真土大塚山古墳）。継続しても二代のみのケースが多く（宝莱山古墳→亀甲山古墳・長柄桜山古墳群）、その後首長墓は継続しない。その一方で、在地性が見られる後者には壺形土器が出土する傾向にあり、畿内的な様相を模倣する動きはあるが、畿内中枢との直接的な関係性は認められず、前代からの伝統を受け継いだ形で古墳造営を行っている。

　東京湾西岸および相模湾周辺における海浜型前方後円墳の最大のキーワードは、突発的な古墳築造と非継続性といえる。この非継続性は、大規模集落を背景とした自発的な古墳造営ではない拠点形成の結果と考えられる。地縁的な連続性が希薄な上に構築した結果、その地域における継続的発展性には繋がらなかったためと考えられる。

　東京湾東岸の海浜型前方後円墳の分布を見ると、東京湾岸の主要河川の位置

と重なっており、村田川・養老川・小櫃川・小糸川の四つの河川沿いに首長墓が集中・展開している。これらの海浜型前方後円墳を見ていくと、弥生時代以来の地縁的継続性から古墳を築造するタイプ（村田川流域の菊間古墳群・大厩古墳群、養老川流域の神門古墳群・姉崎古墳群、小櫃川流域の祇園・長須賀古墳群・高部古墳群、小糸川流域の内裏塚古墳群）、前代からの継続性がなく突起的に古墳を築造するタイプ（小櫃川流域の手子塚古墳・小糸川流域の弁天塚古墳）の二つに大別される。前者は、前代からの地縁的結合性を背景に畿内中枢から「もの」と「文化」を導入したグループであり、弥生時代以来の伝統的な集団が古墳造営に携わっていたと見られる。後者は、畿内中枢を主体としたネットワーク形成に関連する古墳造営と考えられる。この状況は、相模湾周辺地域と同様であり、後者はその後継続して首長墓を築造しない。前者を在地性の強い海浜型前方後円墳、後者を突起性の強い海浜型前方後円墳と呼称すると、前者の主体は前代からの在地集団であり、後者の主体は畿内中枢と考えられる。

　在地性の強い海浜型前方後円墳を見ると、畿内様相の強い古墳と在地様相の強い古墳が見られる。前者には、姉崎古墳群や祇園・長須賀古墳群、内裏塚古墳が挙げられる。姉崎古墳群や祇園・長須賀古墳群、内裏塚古墳には、盾形周溝や埴輪などが導入されており、先進的な文化が導入されている。後者には、菊間古墳群や大厩古墳群、神門古墳群、高部古墳群が挙げられる。菊間古墳群や大厩古墳群では、壺形土器が出土しており、相模川下流域の前期古墳（ホウダイヤマ１号墳・瓢箪塚古墳）と同じ様相を呈している。また、神門古墳群や高部古墳群の出土遺物や土器廃棄などの葬送儀礼からは、畿内中枢の文化よりも定型化した古墳成立前夜の様相が色濃く認められ、これらの状況も相模川下流域の前期古墳である秋葉山古墳群と同じ様相を呈している。

　弥生時代の東京湾東岸地域を見ると、すでに各主要河川沿いには大集落が展開しており、水運交通網の発展が認められる。小糸川下流域に位置する常代遺跡では、堰などの本格的な灌漑設備が確認されている。この地域に水田開発が進んだ背景には、浦賀水道を挟んで東京湾を横断する水路の要衝地にあたり、

他地域との交流が活発であった点が影響していると考えられる。常代遺跡からは、弥生時代中期前・中葉段階から河川の両岸に方形周溝墓が築造され、古墳時代前期まで継続して墳墓を築造している。古墳時代に入ると、この地縁的継続性を背景として地域を統括する強力なリーダーが出現し、小糸川下流に内裏塚古墳群、小櫃川下流の砂洲上には祇園・長須賀古墳群が形成されたと考えられる。東京湾東岸地域は、三浦半島から房総半島へ向かう交通の要衝地であり、畿内中枢からの文化の窓口であったといえる。この地理的環境こそが、この地域を活性化させていった要因といえる。この窓口を通じて同時期における関東各地の有力首長は、畿内中枢との関係を深めていったと考えられる[2]。

　海浜型前方後円墳は、その語句が表す通り、「もの」と「文化」のネットワークの根幹をなす水運を掌握した首長墓といえる（広瀬 2012）。その立地は、交通の要衝としての機能を果たす一方で、畿内文化の窓口になっていたと考えられる。前方後円墳は、畿内中枢のイデオロギーを反映し体現させたフォームであり、このフォームを利用した拠点作りの結果が、海浜型前方後円墳といえるだろう。

註
（1）各古墳の時期や記述については、千葉県史を参照した。
（2）内裏塚古墳群では、横穴式石室の石室石材に富津市内の海岸で採取される砂岩が用いられている。この砂岩は祇園・長須賀古墳群の金鈴塚古墳の横穴式石室にも用いられている。また、埼玉県にある埼玉古墳群の将軍山古墳でも石材に使用されており、隣接する各首長墓と遠方の首長墓らとの密接な関係が認められる。

参考文献
石川和明 1992「東野台古墳群調査報告」『調査研究集録』第9冊　財団法人横浜市ふるさと歴史財団埋蔵文化財センター　87-116頁
大塚初重・梅沢重昭 1965「東京都港区芝丸山古墳群の調査—丸山古墳の実測調査と第一号墳・第四号墳の発掘調査—」『考古学雑誌』第51巻第1号　日本考古学会　18-37頁
押方みはる 1997『瓢箪塚古墳—上浜田古墳群第7号墳—発掘調査報告書』海老名市教育委員会
押方みはるほか 2002『秋葉山古墳群第1・2・3号墳発掘調査報告—第5〜9次調

査』海老名市教育委員会
神奈川東海道ルネッサンス推進協議会 1999『神奈川の東海道（上）―時空（とき）を超えた道への旅』神奈川新聞社
河合英夫ほか 2001『扇塚古墳発掘調査報告書』扇塚古墳発掘調査団
榊原松司 1977「4 横浜市殿ヶ谷遺跡の調査」『第1回神奈川県遺跡調査・研究発表会発表要旨』神奈川県考古学会 10-11頁
下垣仁志 2010『三角縁神獣鏡研究事典』吉川弘文館
白井久美子 2013「上総地方の古墳からみた祇園大塚山古墳」『祇園大塚山古墳と5世紀という時代』上野祥史・国立歴史民俗博物館編 六一書房 3-24頁
杉山晋作 1995「内裏塚古墳付近出土の人物埴輪」『埴輪研究会誌』第1号 埴輪研究会 68-72頁
高田寛太 1998「垂飾付耳飾をめぐる地域間交渉」『古文化談叢』41 九州古文化研究会 55-75頁
田中新史 1975「5世紀における短甲出土古墳の一様相」『史館』第5号 史館同人 80-103頁
田中新史 1991「神門3・4・5号墳と古墳の出現」『歴博フォーラム 邪馬台国時代の東日本』六興出版 130-136頁
田中 裕 2012「古墳時代中期における東関東の地域社会」『平成23年度 千葉県遺跡調査研究発表会要旨』財団法人 千葉県教育振興財団 7-14頁
千葉県 2003『千葉県の歴史』資料編 考古2（弥生・古墳時代）県史シリーズ10
鶴岡英一・櫻井敦史 2013「市原市中台遺跡」『市原市埋蔵文化財センター調査報告書』第24集 市原市教育委員会
橋本達也 2013「祇園大塚山古墳の金銅装眉庇付冑と古墳時代中期の社会」『祇園大塚山古墳と5世紀という時代』上野祥史・国立歴史民俗博物館編 六一書房 57-83頁
平野卓治 2001『企画展 横浜の古墳と副葬品』横浜市歴史博物館
平本元一 1999「厚木市ホウダイヤマ遺跡」『第23回神奈川県遺跡調査・研究発表会発表要旨』神奈川県考古学会・伊勢原市教育委員会 27-32頁
広瀬和雄 2012「東京湾・「香取海」湾岸の前方後円墳―5～7世紀の東国統治の一事例―」『国立歴史民俗博物館研究報告』第167集 国立歴史民俗博物館 67-112頁
野本孝明 1998「大田区宝莱山古墳」『神奈川の古墳』神奈川県考古学会 43-47頁
望月幹夫 2007「真土大塚山古墳」広瀬和雄・池上悟編『武蔵と相模の古墳』雄山閣 151-155頁
本村豪章 1974「相模・真土大塚山古墳の再検討」『考古学雑誌』第60巻第1号 日本考古学会 18-51頁

(新山保和)

4　洞穴遺跡にみる海洋民の様相

　海蝕洞穴遺跡を題材として、神奈川県三浦半島の弥生〜古墳時代に関する「枠組み」について再考する。

　それは「三浦半島は田んぼが少なく生産性が低い」、「漁撈に依存した生活は貧しく、非定住で遊動的」という言説への根本的な疑義である。このような「考え方」に留まる限り、洞穴遺跡だけでなく、ひいては長柄桜山古墳群なども「その本質」を映し出すことはできない[(1)]。小論はこれまでとは異なった切り口で「新たな海洋民像の構築」に挑みたい。

　しかるに海蝕洞穴遺跡については、新たに紹介できる資料はほとんどないのが現実である。そのような中でも三浦半島では横須賀市八幡(やわた)神社遺跡などにおける「石棺墓」の発見など、新展開の機運が感じられる。だが検討対象資料の大半は昭和40年代以前、多くは半世紀近くの時を経ているし、典拠となる文献もそれらの概要を記したものや、概説的な『展示図録』が大半である。新情報は限られている[(2)]。

　かたや全国的にも、臨海性の遺跡群研究は、いま新たな視点からのアプローチの時を迎えていると感じている（魚津ほか 2011、高橋 2012、塚本編 2013など）。いま、まず必要なのは、アプリオリに繰り返されてきた「貧しい海洋民」像の再考であろう。

　関連して、本書の元となった2013年のかながわ考古学財団のシンポジウムで画期的だった点がもうひとつある。それは「ヤマト王権の"進出"により古墳築造が始まった」とか「ヤマト政権に組み込まれた…」という言説がまったく出てこなかった点である。筆者の歴史叙述は、「脱東征史観」という視点を強く意識している（西川 2013a）。それは古墳時代併行期の列島の政治構造形成プロセスは、列島西部勢力による「征伐・侵出」によってのみ生まれたのでは

ないというアプローチである。このシンポジウムは、その点で海上交通や物流という地平から列島史を俯瞰し、再構築しようという画期的な取り組みと評価されよう。

1. 三浦半島の地勢とその海洋性・臨海性に対する「負のイメージ」とは

　三浦半島の「地勢的特質」から説き起こそう（第1図）。まず一つ目の特質として、三浦半島を含めた相模湾岸は西から「関東へ入る門戸」、関東から「外の世界」に向かっての開かれたゲートとしての機能をもっている。

　いっぽう多摩丘陵が三浦半島に向かって北から南へ繋がっている。この丘陵は中部高地・関東山地から南の三浦半島へ、さらにその先の房総半島へ延びる「回廊」としての特徴をもつ。1180年に源頼朝が石橋山の戦いで敗れたとき、北武蔵から畠山氏らが攻めてきたルートであり、三浦半島に取り残され存亡の危機に瀕した三浦一族が房総半島に逃走したエピソードは有名である。関東山地と房総を結ぶ三浦半島の特質を象徴

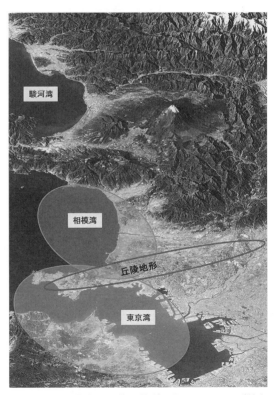

第1図　三浦半島の地勢的特質とネットワーク（県立生命の星博物館）

第2図　伝統的内陸ルートと新たな海のルート

的に表した「事件」である。この「陸の路」は、その後も1333年新田義貞の鎌倉攻め、戦国大名の攻防など、歴史上たびたび登場する。

このように三浦半島北半部の丘陵地は関東山地から中部高地、ひいては遙か日本海ルートへも繋がる陸上ルートの端末でもある。それは縄文時代以来の伝統を継ぎ、弥生時代には鉄やガラスをもたらす「基幹ルート」でもあった（第2図のIとG・Jを経てC・D）。

三浦半島は地勢的にも文化的にも「二つの内海」＝相模湾と東京湾を繋ぐネットワークの結節点に当たり、かつ北郊の関東山地と海洋世界を結ぶ「回廊」でもある。

二つ目の特質として三浦半島は、このような外内を繋ぐ「触媒・接点」であるとともに「橋頭堡」でもある。いわばバリアーとしての機能ももっている。東西文物の寄せ来る「障壁・岸壁」でもある。

このような視点から見つめ直すと、逗子市・葉山町長柄桜山古墳群のある半島基部は、この相模湾岸・東京湾岸領域の「境界」、かつこれらのネットワーク網が「交差」する位置（第2図C）にあるという地勢的特質を帯びていることに改めて気付かされる。長柄桜山古墳群の成立については、単に相模湾からのランドマークとしての景観のみならず、東京湾岸側から見た地勢的意義についても留意すべきである（西川 2010）。

冒頭に記したとおり、筆者は横須賀市長井町内原遺跡の調査（大塚ほか

第3図　三浦半島をめぐるイメージとは

1982) に参加して以来、三浦半島について語られることが多い「狭隘な水田と零細な漁撈」という言説、そして「漂海民」「貧しく・まつろわぬ海民」「縄文系」「後進性」という数々のイメージは何に起因するのか、長い間いぶかしく思ってきた。はたしてこれらのイメージは、正確な考古資料や歴史解釈から導かれた「事実」なのだろうか。

第3図左側は、神奈川県立歴史博物館にて展示されている「海蝕洞穴のジオラマ」（杉山ほか 1996）である。展示解説には「主として漁労活動を営む小規模な集団が、この洞穴を短期的に利用した遺跡…」（傍点筆者）と記されている。右側の写真は「県指定史跡」となっている三浦市毘沙門洞穴遺跡の現在の姿（2008年筆者撮影）である。その「指定件名」は「県史跡・三浦市毘沙門洞穴弥生時代住居址群」（傍点筆者）である。なるほど遺跡のある現地に立つと、この「展示ジオラマに表象」されている「前面にひろがる青い海。大きな河川流域の沖積平野に展開した先進的な農耕社会から取り残され、縄文時代と

大差ない素朴で採集経済を基本とする貧しい人々、海の幸を漁りながら細々と生業(なりわい)を送っていた非定着のマイノリティー」という巷間に流布される言説は受け容れやすい(第3図右下の写真は毘沙門洞穴からみた茫洋たる海。水平線には伊豆諸島が遠望できる)。

　展示室を訪れた観覧者は、三浦半島のなぎさに暮らした人々の「特殊性」を強く認識するとともに、「後進性」を無意識に刷り込まれる。しかし、臨海性遺跡の「特殊性」が「後進」「未開」などの「負のイメージ」といったいどこで結ばれているのだろうか。

　このジオラマは長い間、展示されているらしい。三浦半島の考古学的評価そのものが、まるで「時間が停止」したごとく「凝固したまま」であるように感ずる。はたしてこのようなイメージは「正確・正当なモノ」だろうか？

　じつは考古資料から導き出された解釈以前の「アプリオリな評価」が影響していないだろうか……。

2．海蝕洞穴を巡る「虚実」——新たな海民像の構築へ発想の転換を

　先述したとおり、ここへきて海洋民や海蝕洞穴研究に新たな視点で迫ろうという研究動向の高まりを強く感ずる。博物館など学習施設での展示企画・シンポジウムも数多く開催されている。三浦半島に限らず、臨海性・海浜性の遺跡に関して長らく「取り残され、古墳社会の周縁に漂泊」する人々に係るというネガティブな位置づけがされてきたが、再考の機運は高い。しかし長年まとわりついてきた、零細な漂海民、田畑ももたないし、貧しく「うす暗い穴ぐら」に住んでいるというイメージを脱したかとなると心許ない。

　弥生・古墳時代社会そのものへの新たな理解・解釈が進む今日、臨海性遺跡についても、まったく異なった「切り口」でのアプローチが可能である。ひとたび「視点を転回」して見れば、まったく違った地平が見えてくる。海洋にこぎ出でた人々は、後進的でも、まつろわぬ人々でもなかった、と。視点を反転させたら、まったく異なったパースペクティブが開けてくる。

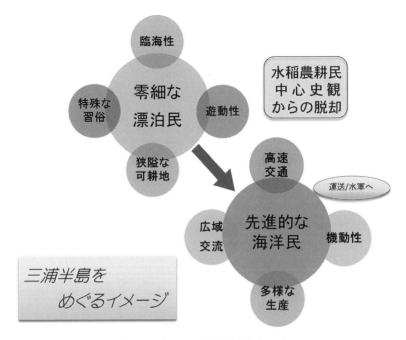

第4図　新たな「海洋民像」をめぐって

　第4図は同様の事象でも視点を変えれば、まったく異なった側面が見えてくることを概念化した図である。

　たとえば、「海に面している」＝臨海性環境とは、実は目前の海を媒介として「速いスピード」＝高速で遠隔地まで「行ける」ということである。特殊な埋葬方法や遺物が目立つこと、台地上の農耕集落とは異なった「特殊な習俗」は、交流・広域ネットワークにより、遠隔地と「異質な習俗を共有」しているのではないか。農業生産力が低い、可耕地が狭隘（これは事実ではない。三浦半島南半部は低平な台地が広がり、それを開析する深く・複雑な谷戸の織りなす農耕適地が広がっているのが事実である。はたして三浦半島が食料生産力で「貧しかった」という史実はあるのだろうか？）であるという観点、逆にそれは「多様な生業・資源利用」の可能性をもっていたということである。たえず

「広域を移動」している、それは「惨めな漂泊・遊動」ではなくて「機動性・高速性をもった高度な移動手段を持つ」ことではないか。同じ事象でも、違う観点・視点から見ると、これほど異なった価値観で切り取ることができる。

　現今の海蝕洞穴・海洋民に対する「再考の機運」は、館山市大寺山洞穴群の調査がひとつの契機になっていることは間違いない。誘引となったのは田中新史・白井久美子らの過去の出土資料に対する再評価とされている（岡本 2003 ほか）。かつては弥生時代の海蝕洞穴遺跡は少ないとされていた房総半島南端部においても、勝浦市こうもり穴洞穴など三浦半島と同様の弥生時代後期の遺物が明らかになってきたことも重要だ（岡本ほか 2002）。三浦半島の資料群に対する再評価も急がねばならない。

　しかし、未だに巷間で取りざたされるイメージは「貧しい海洋民」にしては、「意外にも豊か」という評価に留まっていないだろうか。海洋民は後進的でも、貧しくもない。むしろ海洋・航海等に係る技術・知識体系は「時代の先端」であり、フロントランナーだったと考える。ただ「土地に縛られない人」たちであった。

3．海蝕洞穴利用の再開と弥生時代後期の集団関係の変動

　「海辺に暮らす人々が短期的に居住したのが海蝕洞穴遺跡」という「解釈」を白紙に戻して考えたとき、三浦半島各所の海蝕洞穴遺跡は、実は台地上の大規模な集落とセットになっているという姿相が浮かび上がってくる。海蝕洞穴遺跡とは、半島南端の岩礁性の海岸が広がる範囲に集中的に営まれている。いわば特定海域に偏在している。そしてその至近には定住的な大集落がひかえている（第5図）。

　台地上には横須賀市の久里浜湾周辺や鴨居の遺跡群（B・C）、三浦市赤坂遺跡（E）、西海岸では横須賀市長井遺跡群（F）、佐島の丘遺跡群（G）など大規模な遺跡が居並ぶ。逗子市池子遺跡（H）の至近、半島西岸の相模湾に面したエリアや、半島東側の三浦海岸以北は極端に数が少ない。そのエリアには弥

生時代の集落遺跡も分布していない。また海蝕洞穴は存在しても、活用されていない事実がある。また列島各地を俯瞰しても海蝕洞穴＝洞穴遺跡でないことは論をまたない。

いっぽう房総半島の海蝕洞穴は勝浦市周辺と館山湾周辺に集中しているが、三浦半島南端部にくらべると限定的であり、数も少ない。しかし弥生時代後期になって急に利用されるようになっているのは三浦半島との同調をうかがわせる。三浦半島と房総半島南端の遺跡群の動静を一つのものとして考えるべきであろう。

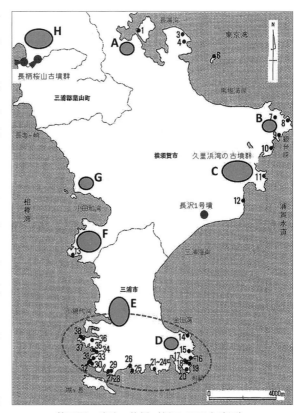

第5図　遺跡の位置（須田 2002を改図）

弥生時代になり、洞穴の活用が盛んになるという事実。この時期、台地上のムラの変貌と軌を一にしている。縄文時代以来、長いあいだかえりみられなかった洞穴利用が突然活発化する（第6図）。その利用再開の端緒は、わずかに出土する土器片などから、弥生時代中期までさかのぼるが未だ判然としない。海蝕洞穴の出土資料が顕現化してくるのは後期以降である。特に後期後半にはその利用は極限に達すると考える。これは南関東地方各地で「大きな変動」が展開していた時期に符合する。半島南部の三浦市赤坂遺跡（第5図E）

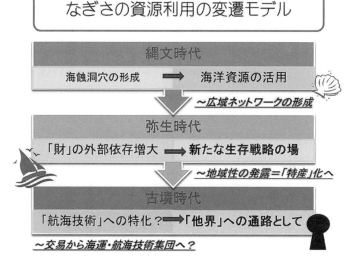

第 6 図　海洋資源の活用の変遷モデル

も規模が巨大化する時期である。弥生時代後期後半期、筆者はこれを「臼久保・山田橋段階」（第 1 表）、初源的な高塚墳（出現期古墳）が登場する前段階の社会姿相と理解している（西川 2011a）。この段階には南関東の沿岸部の拠点的な集落で「規模拡大と極端な集住現象」が確認される。それと同時進行の現象として物流の広域ネットワークが形成され、物流が活発化する（土屋・西川編 2014）。

　この前段階の弥生時代後期前半期～中葉、相模湾岸には東海西部から人が移住してくるが、これが「相模湾インパクト」である。綾瀬市神崎遺跡や厚木市御屋敷添遺跡などには、東三河集団が陥入してくる。ほぼ同時期に浜名湖周辺の西遠江からも、相模川左岸の海老名市周辺に大量のヒト・モノが流入する。現在調査・出土品整理が進行中の海老名市河原口坊中遺跡などの調査成果も注目される。さらに西相模の北金目台地周辺の金目川水系には、天竜川以東～駿河湾岸の広範な地域から移住が認められる。

　この段階、相模湾岸の遺跡群相互の距離は10km以内、時にはわずか数km

第1表　本論に用いた土器編年観の概要

時代区分	弥生時代					古墳時代
	中期末	後期前半	中葉	後半	出現期	前期
相模湾岸 （西川1993） （立花2002）	宮ノ台	?	真田・北金目			王子ノ台
			神崎	臼久保	千代南原	
			相模1 V-2	相模2 V-3	相模3 V-4	相模4	相模5
三浦半島		赤坂		佐島の丘	鴨居上ノ台	長井内原
東京湾東岸		久ヶ原		山田橋	中台	草刈
東京湾西岸 南武蔵		下戸塚 ?	朝光寺原	弥生町 （二ツ池）	寺谷戸	豊島馬場 神谷原
	弥生社会的な枠組み				古墳社会的な枠組み	
東海西部	（参考）	八王子古宮　山中	廻間Ⅰ	廻間Ⅱ	廻間Ⅲ	松河戸
関西		Ｖ様式	庄内Ⅰ	庄内Ⅱ	庄内Ⅲ	布留

の距離をおいただけの集落遺跡間において土器様相が全く違う状況が現出する。遺跡ごとに「土器の顔が違う」といわれる所以である。このような移動は、人口希薄エリアに人がやってきて、新たな生活領域の開発を行なった事象と理解される（西川 1991・2013b など）。

　いっぽう東京湾岸では、宮ノ台式土器集団の継続的な営為が認められるが、後期・久ヶ原式期には大きなエポックを迎えたらしく、明らかに領域を沿岸部の台地縁辺部に移している。相模湾岸の変動に呼応するがごとく、人々は沿岸部に「集約」し始める。空疎になった領域には、中部高地系統の集団が時を待たず流入してくる。同様の事象は、千葉県北半部の下総台地でも認められよう。

　関東地方の弥生時代中期後半の宮ノ台式期、土器様相はかなり均一な状態であるが、エリア内の集住度はさほど高くない。南関東に拡大した農耕集団は、

分節的かつ文化的に「均質な状態」であったが、人口圧は「散在的」であった。しかし弥生時代後期になると、土器様相には明らかに地域圏が成立する。さらに後期中葉以降＝「臼久保・山田橋段階」になると、まるで細胞分裂するようにモザイク状の「地域色が発色」する。そしてこの細かい地域ごとに、人口を吸収・集約したような「巨大かつ集住化したムラ」が形成される（西川 2011b・安藤 2013）。

　この弥生後期後半に顕著となる集落遺跡の激変は、単なる人口増としてではなく、「極端な集住現象」と評価できる。個々の遺跡の発掘調査成果から、同時に建てられていた建物数を正確に割り出すことは困難であるが、神奈川県・千葉県の数多くの集落遺跡で「臼久保・山田橋段階」という時間幅の中で、膨大な竪穴建物が検出されており、相当数が同時に営まれていたと推定される。「自然発生的な農耕集落」の域を超えた人口圧を抱えたムラが東京湾岸・相模湾岸に展開しつつあった。このように相模湾岸と東京湾岸、それぞれ来歴は異なるが、ほぼ同時に「極端な集住状態」が現出する。それぞれ別々に進行した出来事ではなく、一体的に起こった事象と理解できる[3]。

　ではこのような現象は、何に起因していたのであろうか。生産性が高まり、人口支持力がアップした結果、飛躍的に人数が増大したという「従来型の解釈」による理解は可能だろうか。しかし根本的にヒトが無防備に集住することは衛生上、かつ精神的にも好ましいことではない。大勢がひしめき合って暮らすことは、快適とは言い難い。これを犠牲にしてまで、何らかの「必要に迫られ」集住したと考えられる。関東の湾岸エリアでは弥生的な農耕社会は、宮ノ台式期の「外への拡大路線」を捨て去り、逆転した「集約を志向」する社会へと生存戦略をシフトチェンジしたのである。

　その「必要」こそ、生活必要財や奢侈品など、器物調達における外部依存度の拡大と推定する。この段階、社会を成り立たせるための「財」は、日常的な生活圏域の外から大量にもたらされてくる構造に急激な変質を迫られていた。外部から調達されたとしか考えられないモノ＝考古資料が飛躍的に増大する。腐食して遺存しない器物を含めると、私たちが考古資料として認識できる遺物

以外にさらに多くのモノが、外部から相模湾岸・東京湾岸に運ばれていたと想定される。列島西部からもたらされる「新来の文物」に目を奪われがちだが、北方からの自然資源物資の流入も軽視すべきでない。北と西を繋ぐ「機能」も関東各地の重要な役割と考える。

　出土資料としては、弥生時代後期には鉄製品やガラス製品などの関東地方への流入が急増する。特に房総半島西岸には、小銅鐸や長大な鉄剣・鉄ヤリ、多量のガラス製品など外部からもたらされたと思われるモノの集積が顕著である。しかし希少性が高いと目されていた器物には、腐食して遺存しない有機質のモノも多々含まれていたと思われる。むしろ威信的な交易関係においては、非実用品がプレミアムな器物として交易されている可能性が高い。それが「生産力の向上」や「攻撃力・殺傷力」などのために役立つ「実用品」であったかどうかは別問題、単に「見せびらかしのシロモノ」かもしれない。むしろ日常性を超越した価値こそ、強い威信が発揮されたと思われる。外部依存的な器物の相模湾岸・東京湾東岸への偏在ぶりは、従来的な同心円的な文化伝播理論では説明不能である（斎藤 2014）。

　また考古資料として残りにくい事物に関しては、食料や織布などの実用的なモノも広範な流通を想定する必要がある。茨城県東部の十王台式土器分布圏内では、顕在化する土製紡錘車から紡織生産が開始されているのではとの推論もされている（鈴木ほか 1999）。

　このように広範な交易が行われ、かつ集住が進んだ「人口過多の集落」では、集団内で惹起される種々の問題の調整、他のコミュニティーとの交際・交渉など、多様な利害を調整する機能に対する必然性が高まったと想像に難くない。集団内でこのような担務を果たしたヒトへの依存性は高まり、その威信も高まった（安藤 2011）。威信的器物の大量流入を重視すると、集団内でのビビッドな「威信の高揚」は後期末に顕現化していたのではないかと考えられる。しかしそれは、特定個人墓の突出性が顕在する以前である。弥生後期後半段階、階層的突出性をもった厚葬墓、つまり高塚墳墓の成立へは直結しない。

　突出性の顕著な墳墓の出現は次の段階、古墳出現期以降である。相模湾岸に

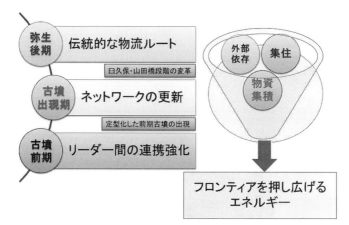

第7図　弥生〜古墳時代の地域間ネットワークの変質モデル

おいて秋葉山古墳群、東京湾岸においては君津市高部古墳群、市原市神門古墳群、この段階に至って突出した規模・形態の高塚墳墓が相前後して南関東地方の各地沿岸部に現れる。定型化した大形の前期古墳の出現は、さらに次の段階である。大型の前方後円墳の成立とは、むしろ当時の社会で厚葬墓の風習がかなり定式化・形骸化し、硬直的な儀礼と化した段階であろう。弥生後期後半〜古墳出現期にかけて、物資の流通をめぐる新たなシステムが稼働し始めたと推定する（第7図）。

　器物調達の外部依存増大と、そのネットワークの広域化・緊密化が進むなか、地域社会が、土器文様などの地域色をむしろ個別化させていることは重要である。周知のとおり「臼久保・山田橋段階」には、まるで細胞分裂するがごとく、小地域色が発色し、繁辱な文様を多用し、かつ個性的な土器文化が顕現される。外部との接触・交渉が緊密化すればするほど、地域の個性が鮮明に発色してくるのはなぜか。この点に関しても整合的な理解が必要とされる。集住という内向きのベクトルと、外部世界への触手を広げようという外向きのベクトルとの相反する構造、このパラドクスな構造（第8図）こそ、この段階を読み解くカギである（西川 2011b）。

外へのベクトルが強まるほど、必要とされ明確化するニーズとは、「地域の紐帯」や「アイデンティティの明確化」であろう。土器地域色の細分化・顕現や、人々の極端な集住という事実はこのニーズの一端を表していると思われる。抽象的な概念のようであるが、この「相反する＝パラドクスな構造」こそ、南関東の弥生時代後期後半の社会で現出していた各事象を整合的に理解する手立てである。

文化人類学的な研究成果からの安易な参照は慎重であるべきであるが、弥生時代の後期後半とは「集権化に抗する社会」の段階であったと考えている。数多くの事例から、政治権力構造の萌芽期においては、集団内の「威信」がストレートな道のりをたどり「権力」に結びついていったわけではない事実を知ることができる（クラストル 1987）。日本列島における階級社会の形成期、各地でこのような現象が惹起していた可能性に魅力を感ずる（溝口 2012）。

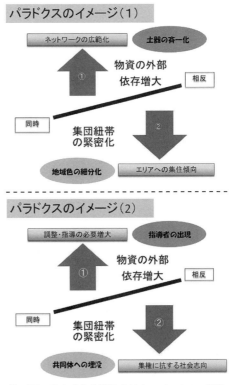

第8図　弥生時代後期後半社会のパラドクス構造

4．弥生時代の洞穴利用の再開とその意味

このような弥生後期の変動期、ひとり三浦半島の海蝕洞穴の営みが無関係で取り残されていたとは考えにくい。

まず三宅島ココマ遺跡の研究成果が注目される。小規模な調査により、ごく一部の内容が明らかになっているだけであるが、三浦半島の海洋民が腕輪素材を求めて外洋にこぎ出していると推定されている（橋口 2001、杉山 2010・2014）。縄文時代以来長らく途絶えていた外洋島嶼部の資源利用の再開、この消長は三浦半島の海蝕洞穴遺跡の動静と軌を一にしている。ココマ遺跡におけるオオツタノハなどの海洋資源の開発、さらに洞穴内での膨大な量の貝輪生産やアワビ貝の加工処理が、三浦市雨崎・大浦山・海外海蝕洞穴など各所で遂行されている（中村 1997）。この臨海性の岩礁エリアでの縄文時代途絶えていた海洋資源利用のリバイバルな再活性化は、先述の弥生時代後期の物資ネットワークの緊密化・活性化が惹起した事象とみて間違いないだろう（第6図）。

　弥生時代後期に活性化する物流・交通ネットワークを超克することによって、弥生時代末期には新たなシステムが稼働し始め、それが新たな集団間の連携を育み、それをコントロールする窓口として、西日本に萌芽した政体と新しい関係が形成されたというモデルを想定している（第7図）。

　このように弥生時代に突如として活況を呈する洞穴利用に対し、ファクトリー（製作所）とか、アトリエ（工房）と呼ぶのが相応しい場所として、新しい価値体系を創り出し、臨海性の特質を活かし海洋資源を「特産化」していた弥生集団の戦略性を見出したい。前記の海蝕洞穴で確認されている累々と堆積した「互層となる地業面（硬化面）」は、その頻度の高さ、活発な「営為の痕跡」として理解される。そこにいたのは、世情に取り残され、岩礁性の海浜を遊動する零落した民ではなく、台地上の大規模集落の生存戦略と一体的な人々だったと解釈した方が整合的である。

　定型化した高塚古墳の出現の契機については、この弥生時代後期の物流に対するニーズの高まりの延長線上にあると考えると、今までのよう列島西部の政治勢力の拡大というような一面的な理解とは違った切り口となる。列島東部の各勢力からすれば、半島から九州・近畿経由で入ってくる主要な器物の供給側にあたる列島西部勢力により「生殺与奪のカギ」が押さえられており、これにいかにアクセスするかが重大な関心事となっていた。このような変動こそが

「新たな社会の枠組み」が形成される要因になった。物流ネットワークの掌握が「すべてではない」と思うが、重大な要素であったことは間違いない。

弥生時代後期、地域の紐帯を強化した各集団は、列島各地で地域生産的な特産的な物資を創出し始めた。これは外部から供給される物資を調達するニーズの高まりに対する代償の確保をはかった結果であろう。それは後代の律令制下の「調・贄」のような、「交易」の端緒になったと想像する。

定型化した前期の高塚古墳は、交通の要衝に占地する場合が大半であり、外部からの可視性が極端に重視されていると評価される（広瀬 2013）。三浦半島においてもランドマーク性が濃厚な長柄桜山古墳群が成立する事実は象徴的である。古墳時代的枠組みの到来は、物資の調達のシステムとともに、共同体内で発揚した威信の外的承認と深く関わった事象であったと思われる（西川 2013a）。海蝕洞穴の活発利用による海洋資源開発戦略とその流通の活性化の行く手に、長柄桜山古墳群に象徴される「外部世界」との新たな社会的枠組みが構築されていったと考える。

3世紀以降の古墳出現期になると、今までの弥生時代の中部高地から日本海を経てきた、このような伝統的な物流ルートであった「鉄の道」（第2図のIから南下するルート）に加えて、太平洋沿岸の海上物流ルートが急激に明確化する（野島 2009、豊島 2010など）。古墳時代の始まり、今までの弥生時代以来の伝統的な物流ルートは更新され、新しい物流ネットワーク、それを統括する新システムが模索されつつあった（第2図のAから沿岸部を東へ伸びるネットワーク）。

弥生時代の卜骨や骨角製品は、韓半島南部から列島各地の洞穴遺跡で広く発見される。有機質資料が残りやすい環境下であることも一因ではあろうが、骨角製品の複合体としての文化的な共通性を示す器物であると考えられ、列島各地の海洋性遺跡を繋ぐネットワークの証左であると考えられる。

ともあれ前近代における「海上交通の優位性」をもっと高く評価すべきである。海上航行の技術やノウハウ、または遠方との交信する能力や知識は、今日私たちが考えている以上に戦略的、かつ「最先端の知的体系」だった。海上交

通に長けた集団は、想像以上に遠距離を移動する能力をもっていたと理解される。もちろん航海術に長けた人びとはリスペクトを享受していだろうし、その中には遠方との往来を繰り返す航海民も含まれていたかもしれない。

　これらの三浦半島の臨海集団が古墳時代以降も「製塩」をほとんど手がけていないことは不思議である。多角化ではなく、すでに「産品の特化」を志向していたのかもしれない。[(4)]

5．古墳時代への変質——生産遺跡から葬送の場への大転換

　海蝕洞穴の利用は、古墳時代前期中葉に再び大転換する（第6図）。

　この間、海洋資源利用価値が希薄化した、ないしは利用されなくなったことは考えがたい。海産資源の消費ニーズは、引き続き高かったはずであるし、高速移動の知識体系は重要なスキルであったはずである。しかし海蝕洞穴での生産の痕跡は跡形もなくなる。三浦半島の「磯・海岸」利用の様相は一変する。墓域としての利用、つまり「あの世＝黄泉の世界」と濃密な関係のある「空間」に激変する。これはひとり三浦半島に限った事象ではなく、列島規模で軌を一にして生起しており、衆目の一致するところである。

　ところで弥生時代の洞穴利用は、「生産活動」に軸足をおいたものと強調したが、三浦市大浦山洞穴では、「弥生時代」とされる大量の人骨が出土している（中村ほか 1997）。しかも「人為的破断」が徹底的に行われているとされており、解釈をさらに難しくしている。山岳部の洞窟遺跡も含め、すでに弥生時代から洞穴・岩窟には「死後の世界」との関係が濃厚に立ちこめているのもまた事実である。「穴」と「死後の世界」との関係、それは古墳時代になり「突如として始まったこと」とは言い切れない。

　三浦半島に限らず、各地の洞穴遺跡では調査歴が古いものが多々あり、またその遺跡形成においては、開口し土層堆積がほとんどなかったり、盛り土や覆土がなく露天のままだったり、かたや落盤崩落なども絡み、その遺跡形成プロセスは複雑怪奇である。この独特の要素による調査の難しさも加わり遺跡の解

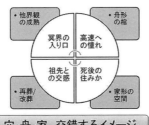

第9図　高塚墳と異質な葬送観モデル

釈を難しくしている。過去の調査事例の再検討や、今後の調査・研究に期待する所以である。

　このような弥生時代の洞穴遺跡と「墓の問題」を念頭におきつつ、やはり大きな流れとして「生産の場」から「死後の世界」への繋がりをもった場への転換という理解を示しておく。洞穴遺跡研究において、現代人が簡単に理解できない領域があることは事実だ。弥生時代とは「異なった価値観」への転換が進んだことは確実である。しかし「死後の世界」と濃密な関係が窺われるエリア化したといっても、それはうら寂れた「静寂のエリア」とはなったことを意味しない。そこは多くのヒト・モノが頻繁に往来する「入り江や湊」だったはずである。複雑な要素が交錯した「海洋民独特の葬送観」（第9図）が展開していた可能性を提示し、今後の研究への展望としておく。

　このような変化に関わり、海上交通を取り仕切っていた人びと、海を自由に走行し船を操るという技術の専業化＝職能に特化していった人たち、漠然とした「水上航行技術に長けた者」から海運専業的集団＝海部への編成（薗田 1970）へのプロセスが進んだ可能性がある。筆者はかねてより、列島東部の諸勢力が「軍事力のプール」になっていく可能性が高い（西川 2002ほか）と推定しているが、馬匹生産や陸上交通をつかさどる人びとも含め、古代末期に姿を現す「東国武士」も考慮しつつ、「海の軍事力」として総合して考察する必要がある。

　現今の考古資料から、活き活きとした海洋民の「生き様」を描くことは十分

でないが、海蝕洞穴出土品のなかに、首長墓にひけをとらないような希少な軍事的器物が見受けられる事実がその証左と考えられる。海に面した領域に生活し、海産物生産や物流へと多様な生業に従事していた状態から、「舟の操舵に係る」専業集団へ再編されていった者もいたのではないか。

　古墳時代中期後半以降は、王権の地方への関与も列島規模で大きく変化している。交流関係についても確実に陸上交通＝「大道」にシフトして行くと予想される。そのような変化に伴い、三浦半島の磯に暮らし、「海洋資源の活用」「物資の流通」という多様な側面を持つ海洋民集団から、新たな時代に則した「海人・海部」へと転身した者もいただろう。もちろん「体制の束縛」をよしとせず、ノマドな海洋民としての生き様を貫くという選択肢もあり得た。そのようなとき、支配者層からは「まつろわぬ者」と映ったに違いない。

6．「舟葬」を取り巻く諸相——臨海性墳墓の多様性

　ところで古墳時代になると古墳文化全般にわたり、「舟の形」をした棺が普遍化する。第10図は古墳出現期から中期の舟形木棺の分布図を示している。ま

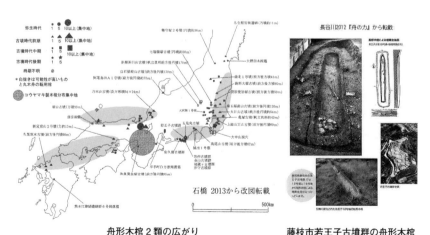

舟形木棺２類の広がり　　　藤枝市若王子古墳群の舟形木棺

第10図　舟形木棺の広がり

た装飾古墳の壁画などにも「舟の意匠」が頻出するという事実もある。「舟の形」を模したもの「舟形木棺」を含め、舟をモチーフとした「舟のイデア」の流行も汎列島的な事象として把握される。行田市埼玉稲荷山古墳の石槨や静岡県藤枝市若王子古墳群の舟形木棺などは、海蝕洞穴の「舟葬」と通底した価値観と認められる。

「海」や「舟」に対する社会全体の「考え方」の変化とともに、横穴式石室の導入にも関係するのか、「来世観」の変質と複雑に関わっている可能性がある。そのようななか、今までの岩礁部＝「波打ち際・磯」という領域に対する「考え方」も変わっていった。

1．1号石棺墓1号人骨風景（北側から）

2．1号土坑墓2号人骨風景（西側から）

第11図　横須賀市久里浜・八幡神社遺跡の「舟葬」（中三川 2013）

　三浦半島では古墳時代後期には、多様な埋葬法が併存し確認されるようになる。このような多様性についても、かねてより洗骨や再葬などの「後進的な遺習」との評価を下すことが常であったが、高塚古墳・横穴墓も含め多様な葬送法を併存させている事実について、整合的な解釈とはなっていない。

　前述のとおり、海洋民とは決して因習に縛られた後進的な存在ではないとすると、むしろ列島各地との広範な情報共有がゆえ、「多様な墓制が併存」すると理解したい。このところ三浦半島では、たて続けに新知見が明らかとなっている。

　東京湾の入口の「馳水」（走水）に近接する横須賀市久里浜の八幡神社遺跡では「特異な石棺埋葬」が確認されている（第11図1）。調査地はかつて深く入り込んでいた内湾に面した砂丘上である。石組みの端部が尖っており、「舟

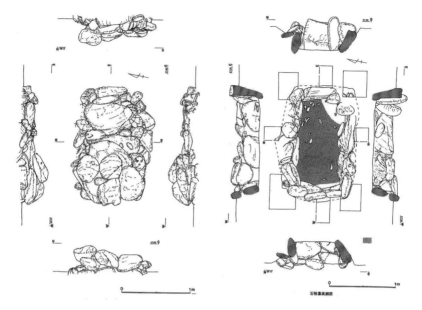

第12図 横須賀市長井台地佃嵐の「石棺」(稲村 1990)

形」を呈している。

　ちなみに「石組み」の尖端部が尖っているだけでは、偶然という可能性も残るが、尖端部の外側で「碇石」が据えられて発見されている。間違いなく「舟」と係わった埋葬所作である。副葬品が皆無で時期比定は難しいが、古墳時代後期の遺構と推定されている。この「碇」がこの死者（筋骨隆々とした成人男子であり優れた水主であったか）をこの世に「留め置こう」としたイカリなのか、それとも「船出」をするために「イカリを外して船出した」のかはわからない。しかし確実に「舟に乗せ冥界へ旅立つ」という思想性が確認できる興味深い事例である。私見では埋葬棺（おそらく舟そのもの）を石組みで取り込んだ、または舟そのものが棺蓋として被せてあった可能性を想定しているが、木質は遺存しておらず推定の域を出ない。同調査区では断面形から舟形木棺埋葬と思われる別遺体の土壙墓（第11図2）や小児骨埋葬も発見されている。石棺の主との血縁関係の有無など興味は尽きない。

さらに三浦市雨崎洞穴に隣接する勝谷（かっちゃ）という地点では、旧浜堤上に「石棺状の石組み」が並んだ状態で確認されている（中村 2013）。同様の事例は三浦半島南半部の各所に広く点在するようであるが、マウンドを持つ構造でないため見過ごされているものも多いと思われる。前記の久里浜・八幡神社遺跡例も、マウンドをもった「高塚墳」ではないと判断されており、強い共通性を認めることができる。いずれの事例も伴出遺物が皆無で、古墳時代であろうという以外、詳細は不明な点が多い。

　その中で、過去に詳細な発掘調査・報告されたものとして横須賀市長井遺跡群佃嵐（つくだあらし）の「石棺」（第12図）がある（稲村 1990）。これまで評価が定まらなかった事例であるが、あらためて「石組みの埋葬」という視点から検討すると、海蝕洞穴で頻出する石組み墓を含め類似性が確認される。

　「埋設を伴わず、露天のままであった」と注目された房総半島の大寺山洞穴などの舟形による「葬法」も、三浦半島でも雨崎洞穴などでもいくつか確認されている。

7．海洋民の独特の葬送法とその広域性解明への展望

　このように臨海遺跡における石組み墓・舟形、という葬法については、多様なバラエティを含みつつも、ひろく列島各地での類例が確認できる。

　管見による限り、海浜部に接する「石組み墓制」については、紀伊半島南端部から淡路島にかけての臨海部の遺跡において酷似した事例を指摘できる（浦上 2013、藤敷 2013）。雨崎洞穴に顕著な岩陰における石組み葬法は、宮城県五松山洞穴遺跡〜和歌山県磯間岩陰遺跡、さらに南西諸島まで太平洋沿岸地域を点々と結ぶことができるのは周知のとおりである。

　なかでも、ひたちなか市の北東部、酒列磯浜神社周辺の磯崎東古墳群など「阿字ヶ浦」に北面する台地上には、群在する小高塚古墳群と共に、墳丘をもたない石室墓が群集して確認されており刮目される（稲田 2013）。マウンドをもたないシンプルな石室墓が、崖線際に営まれている様相は、三浦半島の長井

佃嵐石棺や勝谷遺跡の事例と酷似している(5)。

　これら臨海遺跡に独特の石組を用いた葬送法については、年代観や型式分類や変化など未解明の領域が残されているが、広域交流を念頭にした検討が必要である。この独特の葬法は、より広範な範囲にわたり分布しており、広く東シナ海やオセアニアにまで対象として比較検討する必要がある（石野 2003、新里ほか 2013）。

　いっぽう古墳時代の列島各所に通有の古墳墓制＝円墳など高塚古墳や、横穴墓も広く三浦・房総半島の海浜部で認められ、それは列島各所でも同様である。また骨鏃・鹿角製刀装具など骨角製品や漁具（釣針・土錘など）の広がりにも、多様性を含みつつも、共通する海洋民の要素とすることができる。

　これらの地域では、多種多様な葬送風習をはじめとした文化的要素が併存し、かつ少しずつ異なっている。つまり部分集合的に重なったレイアーを形作っており、特定文物領域の外縁をトレースして「有意なエリア」を括ることはできない。

　そもそも列島各地に広がる横穴墓も、その分布の偏在性は、明らかに海洋性を帯びた広がりを呈しており、かつその分布傾向が近畿地方からの同心円状拡散を示していない点は重要である。この点は前記の舟形木棺の分布傾向とも類似する。単に「海蝕洞穴の利用」や「石組み墓」の分布するエリアを囲むことにより、考古学的に有意な意味を付与しえないことを示している。

　つまり海洋性を帯びた諸要素とは、沿岸部を「飛び石」的、かつ「点と点を結ぶ分布」を呈しており、決して同様の構成要素で括ることがかなわない。海洋民の機動性と遠隔地交信を表象しているとともに、その強固な帰属意識と、その往来が複雑に交差していることを意味しているのだろう。このような海洋民の風俗を、一刀両断に論ずることは難しい。しかし冒頭で述べたとおり、「零細な漂泊民」というアプリオリな「海洋民」像を捨て、「先端的・戦略的な海の民」という新たな切り口で眺めたとき、彼ら・彼女らが多種多様な情報に接し、高速性を備え、広範な世界と関係をもつ「進取の精神に富んだ存在」であったと評価できる。これをスタート地点とし、さらなる検討を進める必要が

ある。

　物質資料から歴史のあり方を探る考古学というアプローチ法は、海に面しそこに生業を求める人びとの複雑な状況について、すべてについて明快に解決できるわけではない。ここでは、海蝕洞穴のある「なぎさ」の景観が、古墳時代前期の中頃以降、「あの世とのつながる場」または「祖先とのつながりの場」、「生産の場所」というよりも「冥界とのつながりの場」へと変質していったという確実性のある理解にとどめておこう。その段階で、今まで「海洋資源活用して多様な財を生み出し、かつ「舟運」というスキルを以て広域ネットワークを担っていた人々の集団は、今度はその技術を生かしてより広範に活躍するようになったのではないかと推定する。

　臨海性環境を最大限に活用した暮らしは継続していたのだろうが、磯辺は「死後の世界」と関係のある場所＝人々の帰属意識に深く関わった場所に変わっていったと総括したい。

　時代の推移によるニーズの変化は、かつて多様かつ高価値の「財」を生み出していたホットスポットとしての「磯辺」から、古墳時代には大量の物資が行き交う地域内の特定の場所＝「湊」「港湾」へとシフトしていったのではないだろうか。それに対応しスキルを特化し、海の職能集団＝海部・海人として、水軍や運送従事者（水主）として活躍する、そういう変化を被っていった可能性を考えたい。そのとき、かつての生業の場だった洞穴は、人びとの帰属意識やアイデンティティを表象する「磁場」を帯びた場へと変化した。海蝕洞穴の利用法の激変が長柄桜山古墳群に表象される定型化した前期古墳の成立期と軌を一にしていることが暗示的である。しかしそのような「想像」を、現状の考古資料で立証することは難しい。引き続き資料の充実をはかり、考察を続けたい。

　海蝕洞穴の性格や三浦半島の古墳時代像については、これまでは正確な情報で分析されたものでなく、「裏寂れた、貧しいイメージ」という評価が先験的に下されてきた。小論では、そのような「後進性を帯びたもの」では決してなかったことを明らかにすることを主眼とした。今回のシンポジウムのような

「臨海性の遺跡」を新たな視点で分析しようという取り組みが進み、臨海性遺跡の豊饒なイメージが具体的に明らかになってくることを期待している。

註
（1）長柄桜山古墳群の二墳の発見は、それまで語られてきた「生産力の低い三浦半島には有力首長墓は発展しえない」という「思い込み」に対する猛省をもたらした。しかし今度は、この間に明らかになった逗子市池子遺跡などの成果などを取り込み、逗子湾に注ぐ田越川河口周辺低地の「意外にも高い生産性」を大きく評価したり、あるいは「農業生産基盤は脆弱でも、交通の要所を押さえた地域首長の卓越性・優位性」として語られることが多くなった。まるで今までの解釈を反転したかのような資料操作・評価となった感がある。このような「浅薄な発展史観」に留まるかぎり、しょせんそれは「表裏一体の鏡像」に過ぎない。三浦半島や相模湾岸の弥生・古墳時代像を俯瞰するとき、とうてい正鵠を得ているとは思われない。
（2）海蝕洞穴遺跡やそれを取り巻く臨海性の遺跡についての各説は、既出報告や展示図録などに譲り、小論では個別資料への言及は省略する。なお1960年代に繰り返し調査された三浦市雨崎洞穴の膨大な資料については、横須賀考古学会の中村勉・諸橋千鶴子・劔持輝久らの各氏が鋭意報告書刊行に向けて献身的に整理作業を進めており、小論執筆にあたりその研究成果から多くのことを学んでいる。近刊とされる待望の研究報告書により、詳細不詳の点が多い海蝕洞穴遺跡に関する情報が飛躍的に増大し、その解明も進展すると確信する。拙稿も訂正を余儀なくされる点も多々あるかもしれない。さらに中村氏からは、後述の三浦市勝谷遺跡など三浦半島海岸部に点在する石室墓制・石組墓などについても数多くの教示を得ている。また横須賀市八幡神社遺跡の石棺葬については、横須賀市教育委員会・中三川昇氏より、調査発見の当時から数多くの情報提供・教示を受けている。その他にも多くの方々との「海・古墳・交通・交易・ネットワーク・舟…」などめぐる議論から、貴重な教示・示唆を得ている。いちいちお名前を掲げないが、深く感謝したい。
（3）弥生後期後半の関東地方沿岸部での極端な人口増・集住現象については、集団の地域内移動、さらに広域移動を含めたダイナミックな動態でしか理解できないと考える。長年の調査・整理報告が完了した千葉県市原市草刈遺跡群の総括（山口他 2013）の最新成果によると、弥生時代の総竪穴数は弥生中期82棟に対し、後期1177棟と14倍以上の数値が示されている。筆者はすでに1990年代から相模湾岸の事例を中心に流動的な集団関係についていくたびか論じてきた（西川 1991ほか）が、弥生後期後半期には、相模湾岸と同様に東京湾岸でも「極端な集住」という「特異な事象」が惹起されていた事実が鮮明化されてきた。
（4）三浦半島や房総半島における弥生時代の海蝕洞穴利用について、すでに多くの

研究蓄積・論議があることは中村勉が詳論している（中村 2008）。小論は中村の卓見に導かれ、海蝕洞穴を生産遺跡、アトリエ・ファクトリーの機能をもつ遺跡と推定したが、その判断材料は資料的な制約により乏しいのも事実である。いわば三宅島ココマ遺跡の研究成果など数少ない新知見に導かれつつ、「南関東の集落遺跡の激変」という事象から導き出した推論である。台地上の集落との関係を示す考古学的証拠が明確とはいえないのも事実である。海蝕洞穴出土土器の大半が「地元の土器」であることは状況証拠ではあるが、出土資料には広域なエリアから運ばれた文物も数多いのも事実である。遠隔地からの機敏な航行により到来し、三浦半島や伊豆諸島で「略奪的な操業」をしていた「よそ者」的海洋民の存在は否定しきれない。近世末の事例であるが、遠隔地の漁場を略奪的に遠征・周回する丹後半島の漁民の事例も紹介されている（宮本ほか 1959）。機動性を備えた太平洋沿岸の海洋民の活動範囲の驚異的な広さを考慮すると、海蝕洞穴遺跡を形作った人びとも遠隔地との往還を繰り返していたことが十分に想定される。ここでは海蝕洞穴における生産活動とは、台地上の集落遺跡と不可分な関係にあったことを確認することに留めたい。

　いずれにしても「零落・遊動する貧しい漁撈民」というイメージはぬぐい去れたものと確信する。
（5）ひたちなか市や隣接の大洗町を含めた那珂川河口域については、日下ヶ塚古墳（ひさげづか）群や虎塚古墳・十五郎穴横穴墓群など遠隔地との交流と関わる海洋性遺跡の集中するエリアとして注目され、北方世界へ開かれた門戸としての機能を帯びた地域と理解される。冒頭に述べたとおり、西方世界への開かれた門戸としての相模湾・三浦半島の地勢的特質を考えた時、関東地方の太平洋沿岸領域の東西端に位置し、門戸的特質を具備したスポットとして対峙していると解釈される。このような視点での両地域の比較検討が急務と考える。

参考・引用文献
赤星直忠 1970『穴の考古学』学生社
安藤広道 2011「集落構成と社会」『講座　日本の考古学』6　弥生時代　下　青木書店
安藤広道 2013「南関東地方における弥生時代後期の超大型集落遺跡について」『弥生時代政治社会構造論』柳田康雄古稀記念論文集　雄山閣
網野善彦 1998『海民と日本社会』新人物往来社
石野博信 2003「海洋民の住居と祭場と墓」『古代近畿と物流の考古学』学生社
石橋　宏 2013「高尾山古墳出土舟形木棺の提起する問題」『西相模考古』第22号
石村　智 2011『ラピタ人の考古学』渓水社
石村　智 2012「日本古代港津研究序説」『文化財論叢Ⅳ』創立60周年記念論文集　奈良文化財研究所学報　第92冊
稲田健一 2013「川子塚古墳と磯崎東古墳」『ひたちなか埋文だより』38ひたちなか市埋蔵文化財調査センター
稲田健一 2014「イワキとヒタチ」『海の古墳を考えるⅣ—列島東北部太平洋沿岸の横

穴と遠隔地交流―』海の古墳を考える会
稲村　繁 1990『長井台地遺跡群』横須賀市文化財調査報告書 第20集 横須賀市教育委員会
稲村　繁 2013「海人と洞窟葬」『古墳時代の考古学』6　同成社
岩井顕彦他 2008『公開シンポジウム 岩陰と古墳―海辺に葬られた人々―発表要旨』和歌山県文化財センター
魚津知克他 2011『海の古墳を考えるⅠ―群集墳と海人集団―発表要旨』海の古墳を考える会
浦上雅史 2013「淡路島の海人の墓」『海の古墳を考えるⅢ―紀伊の古代氏族と紀淡海峡周辺地域の古墳を考える―発表要旨集』海の古墳を考える会
大塚真弘他 1982『長井町内原遺跡』横須賀市文化財調査報告書　第9集
大賀克彦 2010「ルリを纏った貴人―連鎖なき遠距離交易と「首長」の誕生―」『小羽山墳墓群の研究』小羽山墳墓群研究会
岡本東三 2003「大寺山洞穴遺跡」『千葉県の歴史』資料編　考古2（弥生・古墳時代）千葉県
岡本東三他 2002『原始・古代安房国の特質と海上交通』千葉大学文学部考古学研究室
小川裕久他 1984『三浦半島の海蝕洞穴遺跡』横須賀考古学会
忍澤成視 2013「東日本における弥生時代の貝輪―現生貝調査成果からみたその様相と展開―」『横浜市歴史博物館紀要』17
後藤　明 2010『海から見た日本人―海人で読む日本の歴史―』講談社選書メチエ463
劔持輝久 1996「三浦半島南部の海蝕洞穴遺跡とその周辺の遺跡について―洞穴遺跡の共通性と特殊性および周辺遺跡との関連―」『考古論叢 神奈河』第5集 神奈川県考古学会
小林青樹 2009「海人の性格― アワビオコシと銛頭―」『弥生時代の考古学』5　同成社
斎藤あや 2014「関東地方における玉類の流通と画期―ガラス小玉を中心に―」『久ヶ原・弥生町期の現在―相模湾／東京湾の弥生後期の様相―』西相模考古学研究会
齋藤瑞穂 2013「洞窟・洞穴・岩陰と弥生時代の人々」『弥生時代のにいがた 時代がかわるとき』新潟県立歴史博物館
薗田香融 1970「古代海上交通と紀伊の水軍」『古代の日本』第5巻 近畿　角川書店
杉江　敬 2010『館山湾の洞窟遺跡―棺になった舟 黄泉の国への憧憬―』館山市立博物館
杉山和徳 2014「東日本における鉄器の流通と社会の変革」『久ヶ原・弥生町期の現在―相模湾／東京湾の弥生後期の様相―』西相模考古学研究会
杉山浩平 2010「弥生時代における伊豆諸島への戦略的移住の展開」『考古学雑誌』第94巻第4号 日本考古学会
杉山浩平 2014『弥生文化と海人』六一書房
杉山徳光他 1996『神奈川県立歴史博物館 総合案内』神奈川県立歴史博物館

鈴木素行他 1999「十王台のコメ―十王台式土器とともに検出された炭化種子・Ⅱ―」『十王町民俗資料館紀要』第 8 号
須田英一 2002『海蝕洞穴遺跡の世界―海辺の遺跡、台地の遺跡―』平成14年度三浦市文化財展 三浦市教育委員会
瀬口眞司 2014「縄文文化論の理論的基盤の整理―M.サーリンズ『石器時代の経済学』再読―」『紀要』27 滋賀県文化財保護協会
髙橋　健 2012『企画展 海にこぎ出せ！弥生人』横浜市ふるさと歴史財団
辰巳和弘 2011『他界へ翔る船「黄泉の国」の考古学』新泉社
田中広浩 2008「磯間岩陰遺跡の再検討」『公開シンポジウム 岩陰と古墳―海辺に葬られた人々―発表要旨』（財）和歌山県文化財センター
塚本浩司編 2013『弥生人の船　モンゴロイドの海洋世界』大阪府立弥生文化博物館
土屋了介・西川修一編 2014『久ヶ原・弥生町期の現在―相模湾／東京湾の弥生後期の様相―』西相模考古学研究会
樋泉岳二　「縄文文化的漁撈活動と弥生文化的漁撈活動」『弥生時代の考古学』5　同成社
豊島直博 2010『鉄製武器の流通と初期国家形成』塙書房
中村　勉 1997「アワビの考古学―三浦半島の海蝕洞穴から出土するアワビについて―」『研究紀要』第 1 号　横須賀考古学会
中村　勉 2008「漂海民からの回帰―海蝕洞穴と集落遺跡―」『地域と文化の考古学』Ⅱ　六一書房
中村　勉 2013「勝谷遺跡覚書」『横須賀考古学会会報』№104　横須賀考古学会
中村　勉 2014「三浦市雨崎洞穴―三浦半島の弥生黎明期を告げる洞穴遺跡の調査―」「三浦市勝谷遺跡―砂丘につくられた墳丘を持たない墳墓群―」『第38回神奈川県遺跡調査・研究会発表要旨』神奈川県考古学会
中村　勉他 1997『大浦山洞穴』三浦市埋蔵文化財調査報告書　第 4 集
中三川　昇 2013「八幡神社遺跡（№.248）」『埋蔵文化財発掘調査概報集』ⅩⅩ 横須賀市教育委員会
新里貴之 2013『徳之島トマチン遺跡の研究』文部科学省科学研究費（若手研究Ａ）「島嶼地域における先史葬制の系譜」鹿児島大学
西川修一 1991「相模後期弥生社会の研究」『古代探叢』Ⅲ　早稲田大学出版部
西川修一 2002「南関東における古墳出現過程の評価」『月刊 文化財』第470号　第一法規出版
西川修一 2010「古墳出現期の文物ネットワークについて―越中・能登と相模湾岸の比較―」『西相模考古』第19号
西川修一 2011a「土師器の編年 ⑤関 東」『古墳時代の考古学』1　同成社
西川修一 2011b「南関東からみた列島史―フロンティア拡大の視点から―」『シンポジウム 東日本からみた時代移行期の考古学 予稿集』考古学研究会東京例会
西川修一 2013a「列島東部の古墳出現に関する視角―高塚古墳の出現は発展・進歩か―」『西相模考古』第22号

西川修一 2013b「2・3世紀のサガミの集落と古墳」『邪馬台国時代の関東と近畿』ふたかみ邪馬台国シンポジウム13　香芝市二上山博物館友の会　ふたかみ史遊会

西川修一 2014「「海洋民」について―漂泊・零細・停滞・後進性…その呪縛を解く―」『海の古墳を考えるⅣ―列島東北部太平洋沿岸の横穴と遠隔地交流―』海の古墳を考える会

野島　永 2009『初期国家形成過程の鉄器文化』雄山閣

橋口尚武 2001『黒潮の考古学』ものが語る歴史5　同成社

長谷川秀厚 2012『特別展　舟の力～古代人があこがれたノリモノ』静岡市立登呂博物館

早野浩二 2005「臨海の古墳時代集落―松崎遺跡の歴史的素描―」『研究紀要』第6号　愛知県埋蔵文化財センター

広瀬和雄 2013『古墳時代像を再考する』同成社

藤敷勝則 2013「田辺湾周辺地域の古墳と岩陰墓―箱式石棺の評価と海人の動向―」『海の古墳を考えるⅢ―紀伊の古代氏族と紀淡海峡周辺地域の古墳を考える―発表要旨集』海の古墳を考える会

溝口孝司 2012「出自と居住をめぐる弥生集落論―「成層化に抗する社会」とその変容―」『考古学ジャーナル』№631　ニューサイエンス社

三宅宗議他 1988「五松山洞窟遺跡」『石巻市文化財調査報告書』第3集　石巻市教育委員会

宮本常一他 1959『日本残酷物語』1　貧しき人々のむれ　平凡社

森　浩一 1986「潟と港を発掘する」『日本の古代』第3巻海をこえての交流　中央公論社

山口典子他 2013『千原台ニュータウンⅩⅩⅩ　市原市草刈遺跡（F区）』千葉県教育振興財団調査報告 第695集　千葉県教育振興財団 文化財センター

山口正憲編 2012『東日本における前期古墳の立地・景観・ネットワーク 発表要旨』東北・関東前方後円墳研究会

クラストル，P.（渡辺公三訳）1987『国家に抗する社会　政治人類学研究』叢書言語の政治 2　風の薔薇社

（西川修一）

5 横穴墓にみる海洋民の様相

　横穴墓は海上から開口部が視認できるものや、海蝕洞穴と近在する立地のものもある。全国には4,806群35,480基の横穴墓があるという推計値が示されるが、但し書きとして現状で確認された数であり、実際はその数倍であろうと記される（柳澤 2012）。

　分布は沿岸部では九州地方と富山県より西側の日本海沿岸、静岡県以東宮城県までの太平洋沿岸にあり、内陸部では奈良県や岐阜県、埼玉県、栃木県などにある。

　神奈川県には550群3,200基があるとされる（上田 1991）。そのうち、古代律令制下の相模地域を例に墓制の様相をみれば、沿岸部から丹沢南麓などへ築造範囲が拡大するという様相がある。また、出土遺物は7世紀前半頃を境として、それ以前が装飾大刀や馬具という威信財の副葬が盛んで、以後は少なくなるという状況がある。

　このような横穴墓築造の特徴をふまえ、多くは沿岸部の都府県にある群集墳の一端を担う横穴墓について、海洋性という側面がみえてくるのか、古墳との差異があるか、という視点でみていきたい。

　方法として、数量の希少性という観点から、小型鏡と空玉をみて、主に横穴墓築造の前半となる6世紀後半から7世紀にかかる時期の特性を探る。その後に東海地方東部から関東地方南部の太平洋沿岸都県の副葬品をみて特徴を抽出し、ケーススタディーとして神奈川県西部地域において古墳との対比をしていく。

1. 出土遺物の特異性

(1) 小型鏡

　小型鏡は後期以降の古墳・横穴墓からも出土するが、築造数に比した副葬数はとても少ない。国立歴史民俗博物館は、弥生・古墳時代遺跡出土鏡に関するデータ集成を各地の研究者と共に実施したが、全国で4,679面、古墳時代の遺跡からは3,675面とされる（国立歴史民俗博物館 1994）。このうち、古墳時代後期以降の横穴墓と地下式横穴墓、洞穴からの出土は34枚である（第1図）。

　古墳時代後期以降は小型の仿製鏡(ほうせいきょう)が多いが、鏡が副葬されるものは群中や周辺地域と比しても副葬品の組み合わせが優れているといえ、鏡の面径の大小および仕上がりの精緻さや良し悪しに、ゆるやかな比例関係がうかがえる。

　横穴墓や洞穴から出土した鏡を県別にみると、宮崎県で14面と多く、神奈川県6面、福岡県3面、福島県と静岡県が2面、茨城県、福井県、島根県、山口県、熊本県、大分県、鹿児島県がそれぞれ1面である。

　分布をみると沿岸部の県で出土していることがわかる。内陸部でも横穴墓が集中して築造される地域ではみられず、宮崎県の他は、九州地方北部や山陰地方、東海地方東部から東北地方南部という太平洋岸にある。

　このうち本州において小型鏡が出土した横穴墓で、状況がある程度わかっているものを概観すると次のようなものがある。

　糘塚(すくもづか)横穴墓は山口県長門市の仙崎半島にあり、周囲には西ノ木横穴墓群や森ヶ岨横穴墓群など、多くの横穴墓が存在する。標高約72mの凝灰岩からなる独立丘陵南側丘腹に、14基の横穴墓が4段にわたって築造されていたが、このうちの12基は未調査のまま消滅したという。調査された横穴墓の一つは玄室長2.5m前後の単室構造で、扁平な石により閉塞される。出土遺物には土器、馬具、武器、装身具があり、金銅製壺鐙が2対、銅鈴、頭椎大刀、素文鏡、鉢形銅器、イモ貝製貝輪、砥石が出土したとの記録がある。6世紀末〜7世紀初頭とされる。

5 横穴墓にみる海洋民の様相 141

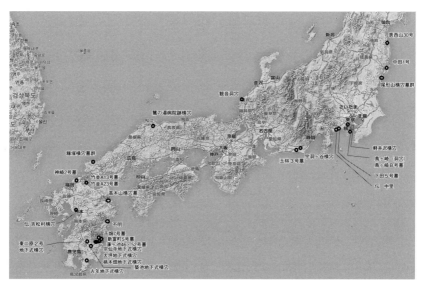

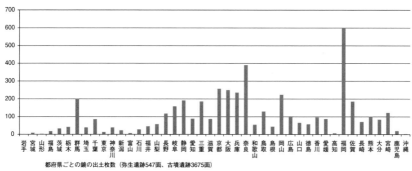

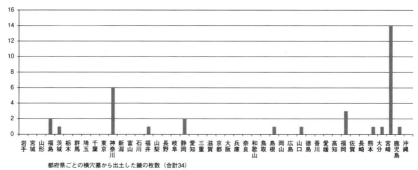

第1図 横穴墓出土鏡の分布と列島における鏡の出土数量

鷺の湯病院横穴墓は、かわらけ谷横穴墓群と同一丘陵上に所在する。玄室内に凝灰岩製（荒島石）の組合式家形石棺（9枚の組合せ）があり、棺内は赤色塗付がされ、二遺体が内部にあったという。出土品には珠文鏡・ガラス製小玉、琥珀製棗玉、金銅製空玉、単鳳環頭大刀、円頭大刀、大刀片、金銅製冠立飾、鹿角装刀子、金環、銀環、金銀環、金銅製太環式耳飾、轡、鞍金具、雲珠、辻金具などがある。単鳳環頭大刀の柄は銀線巻きで、鞘口や責金具、鞘尻は金銅製、鞘身は鱗状文の銀板巻きで、円頭大刀の鞘身の金銅板には唐草文による。冠立飾は鶏冠形で忍冬文の透かしを施し、多くの歩遙が付され、これらから6世紀後半とされる。
　宇洞ヶ谷横穴墓は静岡県掛川市の低丘陵の裾に所在する。玄室は全長6.4mで、築造時に掘り残して成形された造付け棺が中央にある。棺の中央部は長さ2.8m、幅1mの隅丸長方形に掘り込まれ、側面三方向には合計12個の縄掛突起状の意匠が施され、蓋石とみなせる粘土板が玄室内にある。出土遺物は棺の内外から変形四神四獣鏡、金環、銀製空玉、ガラス製丸玉、単龍環頭大刀、銀製円頭大刀、鉄鏃、鉄鉾、刀子、三連式銜の鉄地金張製鏡板轡、鉄製轡ほか二組の馬具、須恵器蓋坏・高坏・壺、土師器坏・高坏・脚付坩などがある。6世紀中頃とされる。
　中田横穴墓群は福島県いわき市の凝灰質砂岩の丘陵西北斜面にあり、6基以上が確認されている。1号墓は複室で全長6.67m、玄室は隅丸方形のドーム状で、玄室と前室入口には閉塞施設があり、羨門端部直下に基壇と呼称される墓前域が造られる。玄室内は装飾され、奥壁は赤色と白色、その他は赤色による三角文が連続して描かれ、床面も赤色塗布されている。出土遺物には珠文鏡、瑪瑙・硬玉・碧玉・水晶製の勾玉、碧玉製管玉、琥珀製棗玉、ガラス丸玉・小玉、金環、銀環、銅釧、金銅装大刀装具、鉾、鉄鏃、挂甲小札、刀子、砥石、紡錘車と、轡、鉄地金張製鞍縁金具、木芯鉄地金張製壺鐙、鉄地金張製鐘形杏葉、三鈴杏葉、馬鈴、鉄地金張製雲珠・辻金具・飾金具などの馬具類、銅製蓋、須恵器提瓶・甕と土師器片がある。これらから6世紀後半とされる。
　表西山横穴墓群は、福島県相馬市の相馬城が築城された丘陵から西に派生す

る尾根の南斜面に所在する。1959・60年の調査時に現存33基で、26基の調査がされた。玄室はドーム状で玄門の内側に排水溝が設けられるものが多く、墓前域は広くて須恵器大甕が置かれていたものも複数基ある。出土遺物は30号墓が豊富で、乳文鏡、銅製馬鈴、硬玉製勾玉、ガラス製小玉、土師器坏などがあり、7世紀初頭とされる。

このように、時期は6世紀後半〜7世紀初頭が多く、副葬品も優品が多い。宇洞ヶ谷横穴墓がある静岡県の東遠江を中心とする地域には、横穴式石室を埋葬施設とする古墳がみられず、横穴墓が排他的に築造される地域であるという（鈴木 2008）。破片ながら金銅製冠帽を出土した地蔵ヶ谷横穴墓群などとともに、副葬品の組成からは、首長墓としての位置づけが可能なものがある。

そのほか、鷺の湯病院跡横穴墓でも出土した冠についてみると、集成された数値では50基から64個体とされるが、そこでは横穴墓は2点のみであった（毛利光 1995）。そこで取り上げられた茨木県日立市の赤羽横穴墓群B支丘1号墓では、金銅製冠飾金具（立飾・銀帯）のほか、大刀、鉄鏃、挂甲、馬具が出土し、6世紀後半とされている。この赤羽横穴墓群の周囲にも顕著な古墳による首長墓はない。冠という遺物からも、横穴墓が排他的に築造される地域の墓制として横穴墓の優位性はみえてくる。

（2）空　玉

横須賀市の長浜(なはま)横穴墓群からは、複数基から空玉が出土している。周辺域ではみられず、金銅製空玉が6点、金銅製中空勾玉が1点という数量は卓越している。関東地方において空玉は、古墳でもいわゆる首長墓からの出土に限られる。この地方では特異な副葬品といえる空玉が、なぜ長浜横穴墓群から出土しているのか。この回答からは、汀線に近い崖に群集する横穴墓被葬者の性格の一端がみえてくる。

空玉を副葬している古墳・横穴墓を145基以上抽出したが、その中から墳形や墳丘規模がわかっているものについて第2図に提示した。墳形等は前方後円墳・前方後方墳・帆立貝形墳とそれ以外とし、地域は日本海沿岸と瀬戸内海沿

第Ⅱ部　関東地方沿岸部の海浜型前方後円墳

前方後円墳／前方後方墳／帆立貝形墳

時期	日本海沿岸 (山陰・北陸)	瀬戸内沿岸 (九州北部・山陽・四国北部)	近畿北部	太平洋沿岸 (九州南部・四国南部・近畿南部)	太平洋沿岸 (東海・関東)
5c前半					
5c中			大阪　風吹山　71		
5c後半	石見　狐山　56 島根　毘売塚　42				
5c末〜6c初	福井　十全の森　67	愛媛　三島神社　45 佐賀　玉島　45	奈良　慈恩寺1　45 奈良　兜塚　45 奈良　市尾墓山　66 大阪　峯ヶ塚　96	和歌山　花山6　49 和歌山　大日山35　96	群馬　前二子　94
6c前半		熊本　国越　63 福岡　日拝塚　43 愛媛　播磨天神山　33 愛媛　猿ヶ谷2　39	奈良　新庄二塚　60 大阪　富木車塚　45 大阪　芝山　26	和歌山　晒山10　35	茨城　舟塚　72
6c中		愛媛　経ヶ岡　30 香川　菊塚　65 香川　王墓山　46 岡山　二万大塚　38	京都　物集女車塚　46 奈良　ダケ　48 奈良　新沢千塚272　35 奈良　高塚山　40 兵庫　西宮山　35	和歌山　天王塚　86	千葉　城山　68 千葉　九条塚　103
6c後半	島根　岡田山1　22	長崎　双六　91 広島　唐櫃　41	京都　長池　50 奈良　珠城山1　50		岐阜　ふな塚　45 群馬　古城稲荷山　55 埼玉　将軍山　90 千葉　法皇塚　55 千葉　西原　60
6c末〜7c初			兵庫　見手山1　35		群馬　観音山　100 埼玉　黒田　41 千葉　三条塚　122 千葉　菊水山2　43

円墳／方墳／長方形墳／横穴墓／その他

時期	日本海沿岸 (山陰・北陸)	瀬戸内沿岸 (九州北部・山陽・四国北部)	近畿北部	太平洋沿岸 (九州南部・四国南部・近畿南部)	太平洋沿岸 (東海・関東)
5c前半			奈良　赤尾熊ヶ3　16		
5c中			大阪　珠金塚　28		
5c後半			奈良　新沢千塚126　22		
5c末〜6c初		岡山　<u>狩谷1</u>　−	滋賀　円山　28 滋賀　**播磨田東**　− 奈良　赤尾崩谷1　16 奈良　巨勢山75　11 兵庫　毘沙門1　20		
6c前半	福井　大谷　28	鳥取　松原10　12 香川　タヌキ山　19	奈良　ホリノヲ5　15 奈良　額田部狐塚　50 大阪　青松塚　20 大阪　寛弘寺75　16	宮崎　持田56　20	三重　天保1　15 静岡　大門大塚　25
6c中		長崎　高下平　20 熊本　塚原山平　14 広島　山の神　12 愛媛　正光寺山1　16 愛媛　正光寺山2　14	滋賀　甲山　30 奈良　鴨山　不 奈良　八釣マキト1　18 奈良　小山口　30 奈良　新沢千塚204　14 大阪　一須賀B7　19 兵庫　箱谷4　19		
6c後半	島根　**鷺の湯病院**　− 島根　築山2　13	福岡　川島11　15 熊本　日明一本松家　15 岡山　八幡大塚2　35 香川　親子塚　48 山口　岩谷　13	滋賀　和田8　13 奈良　藤ノ木　50 奈良　与楽鑵子塚　28 奈良　ホリノヲ6　14 大阪　沼山　18 奈良　北今市　20 奈良　牧野　55 奈良　細川谷上5　17 大阪　海北塚　不 大阪　白雄　30 兵庫　宇山　14	高知　小蓮　28 三重　秋葉山1　13	愛知　磯辺王塚　25 **金塚**　− 静岡　**宇洞ヶ谷**　−
6c末〜7c初	石川　三室まどかけ2　12	福岡　笹塚　40 福岡　山王山　18 福岡　元岡G1　18 福岡　**津古生掛1**　−	京都　桃谷　不 大阪　龍王山D1　15 奈良　シショツカ　12 大阪　大平寺3-2　12 兵庫　東山1　30 兵庫　西脇丸山2　12	和歌山　八幡塚　20	岐阜　大牧1　30 愛知　馬乗2　15
7c前半	島根　北長迫　−		兵庫　東山10　20		愛知　口明塚南　22 神奈川　**長浜**（なはま）　−
7c中					
7c後半			奈良　平野塚穴山　15		

註　○○は土坑墓　　**太字**は横穴墓　　数字は墳丘規模

第2図　空玉出土古墳および横穴墓

岸、近畿地方北部、太平洋沿岸の西日本と東日本に分けた。

　それによると、副葬は5世紀前半から始まり、7世紀後半まで一部でみられる。近畿地方北部が最も類例が多く、初期から脈々と副葬が続く。瀬戸内海沿岸も5世紀末〜6世紀初頭以降は一定数を占めるようになり、九州地方北部から瀬戸内海地域をふまえて近畿地方という一帯に副葬が集中する。そのほかとなる日本海沿岸の山陰地方と北陸地方では、5世紀後半の狐塚など初現は古いもののそれ以降空白期間をもつように推移し、6世紀後半以降小規模墳を中心として少数に導入される。東海地方では前方後円墳等への副葬は知られないが、6世紀前半以降円墳等小規模墳を中心として少数に導入される。

　関東地方は6世紀初頭の前二子古墳など首長墓による導入に始まり、6世紀以降、各地の首長を中心に副葬が継続される。前方後円墳等の首長墓以外では、長浜横穴墓群のみから出土し、関東地方以西での小規模古墳からも出土している状況とは異なるという特徴がある。空玉にかかる関東地方での様相は、地域を代表する首長墓と横穴墓から出土しているという状況である。海上から目視できる長浜横穴墓群からの出土例は、地域を代表する首長へ与える（配布する）と同程度の政治的な背景も斟酌される。三浦半島という地形をみれば、耕地面積も狭く、農耕生産による地域の優位性はみえてこない。むしろ海洋における生産性や船に関する技術が必要とされたとみなされる。

　横穴墓では、福岡県津古生掛横穴墓群1号墓、島根県鷺の湯病院横穴墓、同県北長迫横穴墓群、三重県金塚横穴墓、静岡県宇洞ヶ谷横穴墓、神奈川県長浜横穴墓群であり、山陰地方、東海地方、関東地方と散在する。いずれも周囲に卓越した古墳は築造されず、横穴墓が首長墓として位置づけ可能であろう。

　津古生掛1号墓では須恵器と土師器、ガラス製玉、棗玉、空玉、耳環。北長迫横穴墓では須恵器と土師器、直刀、鉄鏃、耳環、釣針、銅製空玉ほか玉類。先述した鷺の湯病院横穴墓では珠文鏡、金銅装冠立飾、太環式耳飾、歩揺付空玉、交差銀環、琥珀製棗玉。宇洞ヶ谷横穴墓では須恵器と土師器、変形神獣鏡、金銅装単鳳環頭大刀、鉄製円頭大刀、矛、鉄鏃、刀子、両頭金具、馬具、耳環、銀製空玉、ガラス製丸玉、トンボ玉が出土している。

長浜横穴墓群では金銅製中空勾玉1、金銅製空玉6以上があるが、各横穴墓について、少し詳しくみていきたい。

2号墓では金銅製柄飾片、金銅製鞘飾片、須恵器坏6・蓋4、3号墓では採取品の直刀片、鉄鏃片、轡片（立聞付素環鏡板引手）、鉸具2、鉄釘1、土師器甕片、須恵器片、防空壕改造部より勾玉、水晶玉、金銅製空玉、ガラス玉、耳環、直刀、槍、須恵器壺、直刀2、鞘金具片？、鉄片、人骨、4号墓では直刀片、6号墓では水晶切子玉1、金銅製耳環2、耳環片、直刀1、鉄鏃、刀子片、須恵器提瓶2・壺1・平瓶1、8号墓では水晶切子玉3、琥珀棗玉3、ガラス小玉10数個、滑石丸玉1、金銅製空玉片、銅釧2、鍔片、金銅製大型鳩目1、鉄鏃片、弽金具1、刀子片、須恵器小型壺、9号墓では直刀片、10号墓では直刀片、鍔片、刀子片、三脚形銛状鉄製品1、土師器坏2、須恵器高坏1、赤焼き壺2、大型アワビ貝2、A号墓では土師器鉢（D号墓の注記がある）、須恵器片、（三浦型甕）、B号墓では直刀片・金銅製鳩目1、金銅製責金具3、鉄鏃片、土師器片、須恵器片、C号墓では滑石丸玉4、ガラス小玉2、直刀片、鍔片、鉄鏃片、刀子片、土師器坏2、須恵器高台付長頸壺・フラスコ瓶1・坏2・蓋3（土器類は土師器坏1点を除いてA号墓の注記がある）、D号墓では直刀片、鉄鏃片、他群内では瑪瑙勾玉（他遺跡？前期～中期）、水晶切子玉3（うち2点は8号墓出土か？）、琥珀棗玉2（うち1点は8号墓出土か？）、金銅製中空勾玉1、金銅製空玉6（3号か8号墓出土か？）、ガラス小玉18、金銅製耳環5、耳環2、銅釧1、直刀片（9号墓出土か？）、金銅製鳩目2（B号・8号墓から出土）、六窓鍔・八窓鍔（C号・8号墓から出土）、無窓鍔、直刀、刀子3、鉄鏃片18、引手片2（3号墓出土か？）、須恵器蓋2（A号・2号墓出土か？）・長頸壺1、土師器坏5がある。群全体で馬具と複数基からの装飾大刀や金銅装中空勾玉と空玉の出土があり、地域内でも優品を出土する横穴墓として特筆される。

空玉を副葬する古墳は、近畿地方と瀬戸内海沿岸を除いては特に数量が少なく、関東地方をみても首長墓への副葬が多い。そのようななかで横穴墓に副葬されることは、横穴墓総体における他の副葬品の状況を勘案しても、海洋性を

具えた横穴墓群という群集墳の長への厚遇という状況がみえてくる。

2．海浜部の横穴墓出土遺物

　東海地方東部から関東地方南部という静岡県・神奈川県・東京都・千葉県の太平洋沿岸にある都県について、横穴墓群の出土遺物をみた。
　副葬品は、馬具、大刀などの武器、挂甲などの武具、金属製・石製・ガラス製などの装身具、刀子、須恵器、土師器などがある。組成自体は古墳で構成される群集墳と差異はないが、すべてのセット関係を具えているものが少ない、群中の副葬比率が低い、鉄鏃などは古墳に比して本数が少ないという特徴があげられる。
　副葬品が出土した横穴墓について440群の集計をし、副葬品ごとの出土群数、都県単位での総数に占める比率などをみた。
　集計の内訳は、静岡県83群、神奈川県225群、東京都69群、千葉県63群である。限られた資料からの抽出であり網羅的とはいえないが、東海地方東部〜関東地方南部にかけての沿岸部の傾向を知ることができる。
　副葬品等の出土遺物は、須恵器、土師器、金属製装身具、石製／ガラス製装身具、大刀／鉄鏃等武器、馬具、刀子と分けた。武具は数量がほとんどないこと、刀子は武器類の刃物と分けるために設定した。それぞれの数量は第4図に示したが、須恵器が最も多くて1都4県全体で327群から出土している。武器類が258群と続き、馬具は最少で43群からの出土に限られる。
　それぞれの遺物の全体群数に占める比率をみると、刀子が3割前後と数値が揃い、どこにおいても一定数が副葬されていたことがわかる。須恵器の使用比率が高いのは静岡県で93％であり、遺物が出土する横穴墓においては、ほとんどの横穴墓で使用されている。馬具についても比率がやや高く、関東地方沿岸部の様相と異なる。
　東京都はほとんどの数値が低いことがうかがえ、それに対して神奈川県と千葉県は各比率が同じような数値を示す。神奈川県と千葉県では須恵器は70％以

上、土師器50％以上、石製等装身具40％前後、武器類60％以上、馬具10％程度と数値が合い、遺物が出土した横穴墓群では似た傾向を示すといえる。

このような通常みられる出土品のほかに、数量が限られる遺物がある。静岡県では砥石や鉄鎌、鉇(やりがんな)などの工具と、伊豆半島の田方(たがた)平野にある柏谷(かしや)横穴墓群で亀甲の出土が知られる。神奈川県では紡錘車、砥石、骨角器（鏃、鳴鏑、矧、装身具、鹿角製柄鉄鈎）、貝輪、土錘、釣針のほか、大形のアワビ貝やカキ、ハマグリなども出土している。鹿角製柄鉄鈎は俗称イナダの角と呼ばれ、鹿角製の扁平な柄に鉄製の鈎がつけられるもので、疑似餌とみられている。これが三浦半島を中心として、鳥ヶ崎横穴墓群、高山横穴墓群、江奈横穴墓群などで出土している。東京都では紡錘車、火打鎌、鉄滓、千葉県では鉄斧、鋸、釣針、骨角器（鏃、矧、矢筈、弓柄(ゆづか)、矢筈(やはず)、刀子柄、鞘尻、刺突具、鈎、垂飾品）、貝輪がある。

工具の出土は静岡県と千葉県、漁具及び貝製品の出土は神奈川県と千葉県で類似する。漁具の出土は古墳で形成される群集墳ではほとんどみられず、沿岸

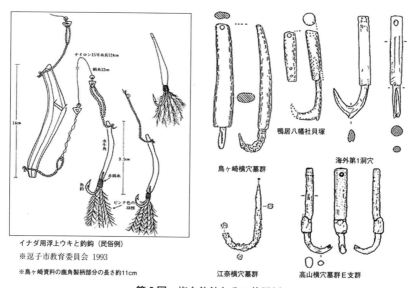

第3図　複合釣針とその使用例

都県	抽出群数
静岡県	83
神奈川県	225
東京都	69
千葉県	63
全体	440

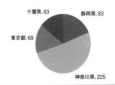

	都県	須恵器	土師器	金属製装身具	石製/硝子装身具	大刀/鉄鏃等武器	馬具	刀子
群数	静岡県	77	37	24	30	38	13	23
	神奈川県	165	119	83	98	155	24	84
	東京都	38	28	10	9	26	1	23
	千葉県	47	38	16	24	39	5	20
	全体	327	222	133	161	258	43	150

	都県	須恵器	土師器	金属製装身具	石製/硝子装身具	大刀/鉄鏃等武器	馬具	刀子
%	静岡県	93	45	29	36	46	16	28
	神奈川県	72	52	36	43	67	10	37
	東京都	55	41	14	13	38	1	33
	千葉県	75	60	25	38	62	8	32
	全体	73	50	30	36	58	10	34

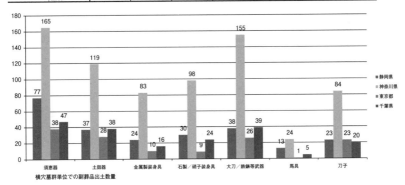

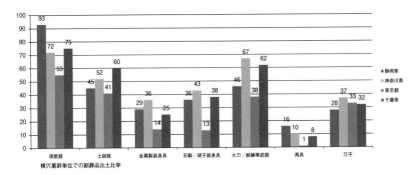

第4図　沿岸都県の横穴墓出土遺物

部に存在する横穴墓の特徴ともいえる。鹿角製柄鉄鉤の出土からは、海洋に出て漁をしたことが読み取れ、操船技術に長け、海洋状況にも熟知していた横穴墓被葬者という背景も窺える。

3．古墳と横穴墓の出土遺物

　副葬品にみる階層が探れるか、古墳と横穴墓を比較していきたい。3市3郡（10町）について古墳・横穴墓の基数を集計した。方法は、「神奈川県埋蔵文化財包蔵地台帳」を用い、これまでに行われた分布調査や、報告書にて補正した。律令期の郡では余綾郡、足上郡、足下郡が該当する。現在の3市3郡は神奈川県の面積のおよそ1／3を占める広さである。地理は、酒匂川が貫流する足柄平野や大磯丘陵、秦野盆地などと変化に富む。

　古墳337基、横穴墓1260基、総計では1597基が集計できた。古墳と横穴墓の築造比率は1：4である。箱根町と開成町には、古墳・横穴墓がなく、3市8町に分布がある。市町別にみると、古墳は小田原市が127基、横穴墓は大磯町で630基と最多である。地域内では、西に古墳が多く、東に横穴墓が多い。この地域は、師長国造の領域とほぼ同じであるとみなされる。

　ここで古墳・横穴墓の基数と副葬品の比率等を、同じく余綾・足上・足下郡を対象にみる。副葬品出土比率を装飾大刀、馬具、直刀、鉄鏃について数値化する（第5図）。副葬品とともに、土器も含めて遺物の出土の有無により出土基数／調査基数という計算をして比率を算出する。

　100％はいずれも古墳である。横穴墓でも高比率はあるが、50％以下も目立ち、平均値は64.5％である。古墳の方が副葬品の出土する割合は高い。横穴墓は古墳の3.75倍の基数であるが、古墳の方が装飾大刀の出土数が多い。

　また、組成比率について装飾大刀、馬具、直刀、鉄鏃に分けて、遺物が占める比率を出土基数／調査基数という計算をして算出する。その4種の比率を足した指数を比較することにより、三つに類型化できる。たとえば久野古墳群は200、薬師原古墳群は201、諏訪脇横穴墓群は86という指数になる。指数の数値

5 横穴墓にみる海洋民の様相 151

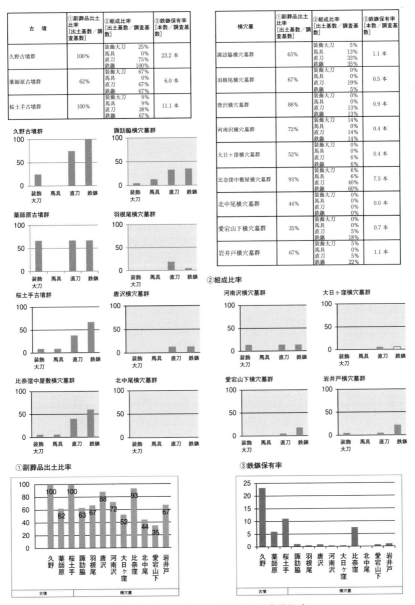

第5図 余綾・足上・足下郡の副葬品比率

が高ければ、一基あたりの副葬品数が多いということになる。

　この比率から、次のようなことがいえる。

　A類は指数200前後の一群で、久野古墳群や薬師原古墳群があり、古墳のみである。

　B類は指数100前後の一群で、桜土手古墳群や比奈窪横穴墓群などがあり、古墳と横穴墓がある。

　C類は指数がそれ以下の一群で、横穴墓のみである。

　C類は、副葬品が極端に少なくなる、7世紀後半以降に築造された横穴墓が大半であるが、圭頭大刀を出土した、河南沢1号墓のような例もある。A・B・C類は、副葬品に表出した序列といえるが、群の全体像がうかがえる資料は、いずれもB類ながら桜土手古墳群と比奈窪横穴墓群、諏訪脇横穴墓群などがあげられる。

　次に鉄鏃保有率についてみる。鉄鏃の出土本数から、1基あたりがもつ出土本数を鉄鏃本数／調査基数という計算で算出した。

　久野古墳群で23.2本と最も多く、桜土手古墳群で11本、比奈窪横穴墓群で7.5本と続き、北中尾横穴墓群では0本である。これをみても古墳で多く、横穴墓では少ないといえる。大きくは10本以上とそれ以下に分けられ、全掘された古墳を対象にすれば、いずれも10本以上となる。鉄鏃は束にして喪葬にかかる儀礼等に用いられたとみなされるが、横穴墓の平均値は1.4本でありとても少ないことがわかる。

　この地域に限れば、傾向として古墳の副葬品出土率が高くA類には古墳しかないこと、鉄鏃の保有が古墳で多いことなど、古墳と横穴墓の群形成において等質ではないが、そのうちの一部ではB類のように副葬品組成比のグラフがほぼ同じになる。

　横穴墓の出土遺物には小型鏡や空玉を副葬する横穴墓が沿岸部の地域に多く、古墳と横穴墓の立地をみると、古墳による著名な首長墓がなく、地域のなかでは横穴墓の方が卓越している状況がみてとれた。小型鏡や空玉などの優品

を出土する横穴墓は装飾大刀を複数本もっていたり、馬具も副葬されるといった、総体的な副葬品の優位性がうかがえた。このような特徴からは、沿岸部の横穴墓被葬者は、政治的空白地域の長という役割を担っていたとみなせる。

東海地方東部〜関東地方南部の横穴墓出土遺物からは、伊豆半島北西部の田方平野あたりを境として須恵器の使用頻度が異なり、馬具などの副葬状況にも数量の多少がみられた。また、組成比率が神奈川県と千葉県で似ているという沿岸県での共通性もみられた。この集成からは他に、通常は出土しない遺物も見出せた。そのなかで海浜部の特徴として挙げられるものでは、漁具の鹿角製柄鉄鉤がある。これは三浦半島において俗称「イナダの角」と呼ばれ、出世魚であるブリの若魚であるイナダの漁具に似る（第3図）。ブリは北大西洋に生息する回遊性の大型肉食魚で、通常はやや沖合の水深100m程度を遊泳する。春から夏には沿岸域を北上し、初冬から春に沖合を南下する。副葬品として鹿角製鉄鉤をもつ、横穴墓被葬者の生前の様子がうかがえる際立った遺物である。この副葬品からは、三浦半島を中心として横穴墓は海洋性を示し、操船技術に長けた集団の存在が見出せる。

酒匂川が貫流する足柄平野、大磯丘陵、秦野盆地という地形的な特性をもつ神奈川県西部地域において、古墳と横穴墓の出土遺物の対比から、古墳は群集墳でも装飾大刀に代表される直刀や鉄鏃、馬具という遺物が副葬品のセットとして用いられる状況であり、鉄鏃を副葬しないものも多々見受けられる横穴墓とは様相を違えていた。鉄鏃の本数が多く、副葬品の組成が充実している古墳は、埋葬にあたっての儀式的側面がより高かったことがうかがえる。横穴墓においても古墳と同じ様相を呈するものは、儀式的側面を強く求められたものとみなされる。

このことからは、海浜部における一部の横穴墓被葬者は、操船に長けた集団の長やその一員で、漁労という生産的な行為をしながらも、海道（黒坂2003）という搬路を運営するための重要な担い手であったとみなせる。併せて副葬品の優位性からは、政権による優品の授受による緩やかな掌握という背景もみえてくる。

註
(1) 基本的には1990年度の調査に基づくが、1993年10月末までのデータを追加し、集成報告されている。

引用・参考文献

伊藤雅文 1991「5 装身具 C 玉類」『古墳時代の研究』8 古墳Ⅱ副葬品 雄山閣 111-116頁

上田 薫 1991「神奈川県1 横穴墓の分布」『関東横穴墓遺跡検討会資料』茨城県考古学協会シンポジウム 1-3頁

小田原市 1995『小田原市史』史料編 原始古代中世Ⅰ

神奈川県県民部県史編集室1979『神奈川県史』資料編20 考古資料

黒坂周平 2003「「海道」と「山道（仙道）」」『日本歴史』第661号 82-90頁

劔持輝久 1993「三浦半島の弥生時代から室町（戦国）時代の漁撈具について」『逗子市文化財調査報告書』第15集 逗子市教育委員会 65-79頁

国立歴史民俗博物館 1994「共同研究「日本出土鏡データ集成」2」『国立歴史民俗博物館研究報告』第56集

斎藤 忠・杉山博久 1983『古墳文化基礎資料 日本横穴地名表』吉川弘文館

(財) 千葉県史料研究財団 2003『千葉県の歴史』資料編考古2（弥生・古墳時代）

静岡県 1990『静岡県史』資料編2 考古二

逗子市教育委員会 1993「小坪の漁労具」『逗子市文化財調査報告書』第15集

鈴木一有 2008「後期古墳の調査と特質」『東海の古墳風景』季刊考古学 別冊16 69-70頁

東京都大田区史編さん委員会 1974『大田区史』（資料編）考古Ⅰ

東京都世田谷区 1975『世田谷区史料』第8集 考古編

中村 勉 1993「「角」とよばれる釣針について」『考古学研究』158 94-118頁

平塚市博物館市史編さん担当 1999『平塚市史』11上 別編考古（1）

宮路淳子 2012「隣接科学と古墳時代研究 ②動物利用」『古墳時代の考古学』8 同成社 156-172頁

毛利光俊彦 1995「日本古代の冠 ―古墳出土冠の系譜―」『文化財論叢』Ⅱ 奈良国立文化財研究所創立40周年記念論集 65-129頁

柳澤一男 2012「日本の横穴墓―横穴墓の出現過程と主要分布域の横穴墓―」『公州丹芝里横穴墓にあらわれた百済の国際性』―韓・日間横穴墓比較研究国際学術会議―公州大学校 資料集 57-88頁

横須賀市 2010『新横須賀市史』別編考古

吉田 格・高麗 正ほか 1997「出山横穴墓群8号墓発掘調査報告書Ⅱ」『三鷹市埋蔵文化財調査報告』第19集

（柏木善治）

第Ⅲ部　列島の海浜型前方後円墳

1　太平洋沿岸

　ここでは、太平洋沿岸を中心とした海浜部についてみていきたい。古墳の立地について海との関係を早くに指摘したものとして、三友国五郎の研究があげられよう。各地で平野との対比をしながらも、福岡県の石塚山古墳で「前方は東面して海に臨めり。明治初年迄は海潮土壇の下迄通ひたりしと云ふ」として海浜を意識した立地に注目した（三友 1938）。また、臨海性を具える古墳について近藤義郎は、岡山県牛窓湾を例にとって、大和政権の朝鮮半島進出にあたり瀬戸内海航路の港湾として機能した可能性を指摘する（近藤 1956）。

　最近の研究では、広瀬和雄が東京湾岸・「香取海」沿岸の前方後円墳をまとめている。中央─地方の秩序に基づき東京湾と「香取海」へのつよい指向性をもった、中期の大型前方後円墳と後期の複数系譜型古墳群は、中央政権の統治方式を表した。5世紀後半頃の第一次は大首長を、5世紀末〜7世紀初めの第二次は小首長を対象に実施され、ともに対朝鮮政策の一助を東国首長層に求めるものであったとする（広瀬 2012）。このように沿岸部の古墳には、海路を用いた水上交通の要衝に築造され、その首長は対外政策に関与していたという理解がある。

　今回のシンポジウムであげた海浜型前方後円墳の定義は、第一、各地域のな

かで最大級であること。第二、偏在性をもって前方後円墳が築造されているものが多い。第三、首長墓としての連続性が乏しいものが多い。第四、海から見えるような交通の要衝に立地する、とした。

まず、過去の海岸線（汀線）を潟などの情報や自然災害などの記録も用いて確認し、それぞれの地域ごとに古墳の分布状況をみる。そして、段築や葺石と埴輪を用いた表象や出土遺物において、どのような類似や相違があるか対比してみたい。

1．記録にみる海岸線

ここでは海浜型前方後円墳を考えるうえで、海浜部の記録や、当時の海岸線がどのように復元されるのかといった状況をみていく。

（1）古代律令期の交通網

古代律令期を参考にすると、太平洋沿岸では五畿七道の地域区分がある。そこでは、交通網も整備されて駅伝制が施行され、国府や郡衙の外港なども整備された。太平洋沿岸は、東山道、東海道、南海道、西海道が該当する。

東山道は遠国の陸奥国が太平洋沿岸で、養老2（718）年に石城国・石背国の二国を分国したが、数年後には旧に復したという。これは常陸国から東海道を延長して陸奥国に通じた駅路に由来し、福島県浜通り地方の旧石城国域は海岸寄りを通行していたという。また、中世に特別の名称で呼ばれたものに、仙台平野の東海道（あずまかいどう）がある。[1]

東海道は伊賀国から常陸国までの太平洋岸の15国からなる。このうち、武蔵国は宝亀2（771）年までは東山道に属し、田中卓の指摘では尾張国も当初は東海道から外れ東山道に属していたとされる。駅路は伊勢湾口を横断して参河国に上陸していた可能性がある。[2] 東海道も初期は相模国の走水から上総国の富津までは海路をとっていた。

南海道は6国からなる小路だが、太平洋岸では紀伊国・淡路国・阿波国・土

佐国が該当する。淡路国から土佐国へは、伊豫国経由の路線から養老2（718）年に四国周回路線が新設されるが、延暦15（796）年には廃止されてしまう。

西海道は大宰府を起点とし多くの路線があった。そのうち太平洋岸にあるのは西海道東路が中心で、豊後国・日向国・大隅国が該当する。

千田稔によると、この沿岸部の著名な港津として東山道では香津（塩釜市）、大津（いわき市南端境）。東海道諸国では那珂湊（大洗町）、高浜（石岡市）、海上潟（市原市）、真間の入江（市川市）、湊（館山市）、国府津（小田原市）、今之浦（磐田市）、船津（豊川市）。南海道では紀伊水門（和歌山市）、船津（徳島市）、日和佐（美波町）、宍喰（海陽町）、室津（室戸市）、奈半泊（奈半利町）、大湊・大津・浦戸（高知市）。西海道東路では、国崎津（国東市）、坂門津（大分市か佐賀関町）、国府津（霧島市）などがあるという（千田 2001）。

これら港津は、律令制下に機能していたが、なかにはそれ以前の港津としての機能が継承されたことも推測されよう。律令制下の舟運を用いた納税は、陸路に比して危険度が高いためかなりの遠路に限る定めがあったが、次の土佐国の被災報告記事にあるように、当時の舟運の様子もうかがえる。

（2）地震と津波被害記録

『日本書紀』には允恭天皇の御代から地震の記事がみられるが、天武天皇の時代には各地からの報告も記されるという被災記事が現れる。地震の影響による津波等の災害痕跡をみると、当時の低地の状況がわかる例がある。地震の記録は、『日本書紀』に7世紀後半代の筑紫国や土佐国などの被災状況が記される。

筑紫国については、『日本書紀』巻第29、天武天皇7（678）年「（十二月の）是の月に、筑紫國、大きに地動る。地裂くること廣さ二丈、長さ三千餘丈。百姓の舍屋、村毎に多く仆れ壞れたり」とある。

土佐国については、『日本書紀』巻第29、天武天皇13（684）年「（冬十月の）壬辰（14日）に、人定に逮りて、大きに地震る。國擧りて男女叫び唱ひて、不知東西ひぬ。則ち山崩れ河涌く。諸國の郡の官舍、及び百姓の倉屋、寺

塔神社、破壊れし類、勝て数ふべからず。是に由りて、人民及び六畜、多に死傷はる。時に伊豫湯泉、沒れて出でず。土左國の田菀五十餘萬頃、沒れて海と爲る」という。関連して土佐国からの追加報告がある。「（十一月の）庚戌に、土左國司言さく、「大潮高く騰りて、海水飄蕩ふ。是に由りて、調運ぶ船、多に放れ失せぬ」とまうす」。

　この地震は南海地震とみられるが、白鳳期の被害は甚大であった。土佐国の田畑が水没して海になったと記され、海没した範囲は約12万 km^2、1946年の昭和南海地震による高知市の浸水面積とほぼ同じであるという。「調運ぶ船、多に放れ失せぬ」という追加報告からは、その津波の規模を知るとともに、当時の舟運の一端もうかがえる。筑紫国の地震記録は最も古い文字記録とみられるが、もちろんそれ以前にも地震はあった。

　土佐国の記録からは、平野部の様相がうかがえるが、潟の存在とその周囲にかかわる水辺の様相が看てとれ、平野という低水域の脆弱性とともに、その周囲に展開する古墳についても、現代の海岸線とは違った当時の地勢を考慮する必要がある。

（3）海岸線を復元する

　現在の海岸線（汀線）と古墳時代におけるそれは、隆起や沈降などの自然現象、さらには干拓などの近現代諸事情により異なっている場合が多い。砂丘（浜堤）や潟、浦の存在を確認し、主には地質の研究状況を考慮して、まずは当時の海浜部について例示したい。

　①**大淀川下流域**（宮崎県宮崎市）　宮崎市の市街地が広がる大淀川下流域は、過去には4本の流路に分かれ、河口部は潟のような様相で日向灘に臨んでいた。その流路に挟まれた沖積地の中には広い島状の微高地があり、流れの変化から河跡湖である弦月湖や江平池、西池などが後に形成された。微高地には、内行花文鏡などの出土が知られる広島古墳群や後期の下北方船塚古墳などが築造されている。

　また、大淀川下流域の北側に接して、海岸に平行して4本の砂丘列が形成さ

れ、内陸から2本目、第2砂丘列南端には檜(あおき)1号墳が築造されている。

②**あゆち潟**（愛知県名古屋市）　名古屋市の南に位置する熱田区の南東部や緑区、東海市北部にかけては、以前は湾のように入りこんだ遠浅の海があったという。濃尾平野南部に接する熱田台地の海岸線は、ほぼ陸と海が直接する区域であり「アユチガタ」と呼ばれ、海岸線が極めて不安定な低湿地帯であったことがわかる。干拓が江戸時代以降に施工され、現代にみる海岸線はそれにより造られたものである。

濃尾平野の地形発達史は研究が盛んだが、石黒立人は、濃尾平野の沖積低地は弥生時代に至ってもなお形成途上であり、伊勢湾周辺では沖積平野に限っても主要河川の河口部には砂堆が形成され、潟や後背湿地が点在する複雑な海岸線であったとする（石黒 2006）。東に接する瑞穂台地には八高(はちこう)古墳、高田古墳、熱田台地には断夫山(だんぷさん)古墳や白鳥古墳などがある。

③**藤潟**（三重県津市）　現在の相川河口付近で、『日本書紀』巻第14にも「伊勢国藤形村」の記述がある。中世の頃の内海はさらに大きく帯状となって北部の安濃川につながり、現在の阿漕浦付近に三津七湊のひとつである安濃津という港があったとされるが、江戸時代の干拓で消滅した。周囲には池の谷古墳があり後期になると、おこし古墳や鎌切1号墳などの前方後円墳が築造されている。

④**今之浦**（静岡県磐田市）　藤岡謙二郎によると、遠江国府は現在の磐田市見付付近にあり、南に今之浦という港湾があったとする。「磐田原台地の末端部より以南、海抜2ｍより低地の部分が水域として存在したと推定され、その位置より以南を今の浦としたものと考えてよいだろう」という（藤岡 1964）。今之浦は遠州灘の海岸線から内陸に約7㎞近い奥行きがある。この水域は、海岸沿いに東西に形成されている砂丘と砂洲によって囲まれた潟湖とみられ、大乃浦・今之浦などの港を擁した仮称大乃潟に面しては、松林山古墳や堂山古墳、庚申塚古墳などの東海地方の代表的な前方後円墳が築造される。

⑤**海上潟**（千葉県市原市）　東京湾に面した房総半島の付け根付近、養老川下流左岸に潟湖があったことが想定されている。先にふれた千田は、国府の外港

であったとみなす。養老川の下流域には、姉崎二子塚古墳などがある。

⑥**浜堤**（宮城県仙台市・名取市）　仙台平野には大きく分けて3列の浜堤が知られるが、その最も海側に面する第Ⅲ浜堤列の形成開始時期は、約1,300cal.BPとされる（伊藤 2006）。現在の閖上地区にある広浦は未だ形づくられておらず、汀線はもっと内陸寄りにあったことになる。現在の海岸線から約2km離れた鏡ノ塚古墳や下増田飯塚古墳群は、汀線に近い立地であったといえる。

2．各地の沿岸部の古墳

　地域を九州地方南部、四国地方〜関西地方、東海地方西部、東海地方東部、東北地方南部と分けたが、いずれの地方も太平洋沿岸を対象とする。なお、関東地方の状況は本書別項に譲る。なお、古墳を記すうえでの編年観については、各地域の研究を参考にした。[3]

（1）九州地方南部

　九州地方のうち太平洋に面した宮崎県・鹿児島県には、古代律令体制の日向南部と大隅地域に前方後円墳が多い。大隅地域の志布志湾には横瀬古墳群や神領古墳群が、日向灘周辺では持田古墳群などがある。

①**志布志湾**　大隅半島の北東に志布志湾があり、肝属川流域には肝属平野が広がる。その海浜部にある飯盛山古墳は、前川河口のダグリ岬に築造された前方後円墳で、現在は消滅しているが墳丘長80mとされる。壺形、円筒埴輪などのほか、ガラス勾玉などの装身具も出土した。横瀬古墳は汀線からおよそ1km離れた低地にあるが海がよく見える。墳丘長は約140m、段築の有無は不明だが、部分的な二重周溝の存在も推定される。後円部には竪穴式石室があり、過去の盗掘で直刀や武具、勾玉などが出土したという。円筒埴輪には菱形を重ねた線刻などもみられる。初期須恵器の筒形器台の破片などから、5世紀前半の築造とされる。神領古墳群は横瀬古墳の北側台地上に位置し、前方後円墳、円墳、地下式横穴墓により構成される。近年調査された10号墳は墳丘長54

mの前方後円墳で、群中最大規模である。後円部の埋葬施設は刳抜式舟形石棺で、石棺外の副葬品埋納施設からは鉄剣、短甲、鉄鏃が出土した。攪乱土からの金銅装眉庇付冑なども知られ、短甲・冑が2セット、頸甲・肩甲・籠手1セットの副葬が想定されている。ほか、盾持人や朝顔形埴輪も墳裾付近から出土しており、5世紀前半とみられる。

　海浜部以外にも、肝属川流域の塚崎古墳群と唐仁古墳群などの著名な古墳群がある。塚崎古墳群は志布志湾で最初に築造が始まった古墳群で、4世紀中頃という39号墳は、群中最大となる墳丘長67mの前方後円墳で、日本列島最南端に築造されている。円墳の18号墳では、前期後半〜中期前半に九州地方で出土が多い壺形埴輪がみられる。同じく円墳の31号墳周溝内には地下式横穴墓の竪坑があり、そこから出土した須恵器は大阪府の陶邑産と愛媛県の市場南組窯産とされている。唐仁古墳群は前方後円墳数基と、円墳約120基がある前期〜後期の古墳群である。唐仁大塚古墳は墳丘長154mの前方後円墳で、竪穴式石室内の舟形石棺から武具などが出土したといい4世紀末とみられる。群中の前方後円墳は薬師堂塚古墳や向塚古墳、役所塚古墳などがある。

　4世紀代から塚崎古墳群が先行し、4世紀後半〜5世紀にかけて大型前方後円墳が築造されるが、後期になると肝属平野には前方後円墳がなくなり、地下式横穴墓の築造も少なくなる。

　②日向灘周辺　宮崎県の中部にある持田古墳群は、小丸川下流域左岸の日向灘を望む台地上に前方後円墳9基、帆立貝形古墳1基、円墳80基以上で構成される。前方後円墳の48号墳から築造が始まり、全長81.5mで4世紀前半〜中頃、後円部の竪穴式石室から画文帯神獣鏡1面、仿製鏡2面と、直刀が出土したという。現在の海岸線からはおよそ2km離れるが、台地の南東縁にあり、小丸川の河口に向けて低平な地形が続く。1号墳は群中最大の前方後円墳で墳丘長120m、後円部には竪穴式石室があり、副葬品には獣文縁獣帯鏡1面、盤龍鏡1面などがあったとされ、4世紀中頃の築造である。5世紀以降は、近在する西都原古墳群などで巨大な前方後円墳が築造されるようになり、持田古墳群では規模が50m程度と縮小する。ただし、26号墳で三葉環頭大刀が出土する

など、古墳時代後期まで首長墓系譜は継続したとみなされる。

　海浜部以外では大淀川流域の生目古墳群、下北方古墳群、一ツ瀬川流域の西都原古墳群、小丸川流域には川南古墳群がある。生目古墳群では1号墳が墳長136mで3世紀末〜4世紀初頭、3号墳が墳長143mで4世紀中頃であり、同時期では九州地方最大規模の墳丘である。それ以降、4世紀後半から持田古墳群と同じく50m前後の規模へと縮小していく。4世紀後半〜末の14号墳や5号墳では段築で葺石が施され、壺形埴輪が出土している。西都原古墳群の盟主である女狭穂塚古墳と男狭穂塚古墳は、近年陪塚と思われる周辺の古墳の調査成果により女狭穂塚古墳が先行して築造された可能性が高いとみられている（柳沢2014）。総数300基を超え、3世紀後半〜7世紀代まで築造される。墳丘長は女狭穂塚古墳が180m、男狭穂塚古墳が175mで九州地方最大級であり、墳丘規模が隔絶している。これら2基の築造は、群内に限らず当地域に大きな影響を与えたことがうかがえる。

　後期とされているものでは、宮崎市の下北方船塚古墳がある。墳丘長約77mの前方後円墳で、周囲には幅約13mの盾形の周溝がめぐる。葺石・埴輪は確認されていないが、墳丘の形状から6世紀代とされる。そのほか、日向市の細島町古墳は円墳で、現在の海岸線からは300m程度の距離しか離れず、米ノ山北側斜面に立地する。墳頂や裾部が削られるが、周囲から6世紀後半頃の須恵器が採集される。日南市の狐塚古墳は墳形・規模は不明ながら7世紀代の築造とされる。現在の海岸線からは250m程度の距離しか離れず、横穴式石室は玄室長5.6mで、県内最大規模を誇る。石室内からは銅鋺や銅鈴、装身具のほか、刀剣、鉄鏃、馬具、須恵器などが出土している。

　前期初頭の生目1号墳は墳丘長136mで、九州地方北部最大である墳丘長約130mの豊前石塚山古墳より大きく、生目3号墳は前期において九州地方最大である。4世紀後半から5世紀にかけての九州地方における最大の古墳を比較すると、女狭穂塚古墳が墳丘長180mであり、九州地方の北部・中部の最大規模を誇る、6世紀前半の岩戸山古墳の墳丘長138mを大きく凌ぐ。唐仁大塚古墳や男狭穂塚古墳、生目3号墳、横瀬古墳などをみれば、この地域の前方後円

墳が大きいことがわかる。

　白石太一郎は、地域ごとの首長墓というにはあまりにも大きすぎると指摘する。4世紀後半の古墳では、宮城県の雷神山古墳、山梨の甲斐銚子塚古墳、群馬県の浅間山古墳が墳丘長170m前後と共に最大級であり、太平洋を介した東北地方北部との交易拠点と評価し、前方後円墳の築造圏外を意識した築造とする（白石 2012）。このような意識は、遠交近攻という政策までもが背景にうかがえよう。

　九州地方南部を中心に展開する墓制の一つに地下式横穴墓がある。その被葬者にみる上位階層の首長墓はいずれも中期後葉に集中し、後期中葉以降も前方後円墳が築造され、群としての継続性はあるが、傑出した遺物がなくなる。

　地下式横穴墓のなかでも規模が大きく副葬品が豊富なものは宮崎平野に多く、猪ノ塚地下式横穴墓、下北方5号地下式横穴墓、西都原4号地下式横穴墓などが墳丘をもつものとしてあげられる。いずれも妻入構造の玄室で、九州地方でも最高首長層に位置づけられる副葬品をもつ単体埋葬である。また、えびの盆地では、突出した首長層の存在はみられないが甲冑や刀剣類を中心とする副葬品がきわめて豊富である。

　橋本達也は地下式横穴墓について、出現時期や構造の類似から、その出現は朝鮮半島を経由する横穴墓制の導入があり、外的な影響をもとに地域の地質的環境に適応して発展したものと評価する（橋本 2008）。

（2）四国地方〜関西地方

　太平洋に面した土佐湾では後期から古墳の築造が増え、紀伊半島南部では和歌山県を中心に県北部で前期〜中期の古墳が散見され、後期以降南部の海浜部に小規模な円墳が多数築造される。

　①土佐湾　土佐湾に面する高知県と、一部徳島県の海部川河口の浅川湾周辺についてみる。高知平野にあり鏡川と国分川の河口に広がるのが浦戸湾で、先に記したように土佐国からの被災報告が『日本書紀』に記された地である。この地域の古墳については、清家章が通時的に整理している（清家 2011）。

前期には、高知県西南部の幡多地域にのみ存在するが、海浜部の古墳は知られない。前期後半に、幡多地域の内陸部で高岡山古墳群、曽我山古墳が築造される。高岡山１号墳は18ｍ規模の円墳ないしは方墳とされ、埋葬施設は礫槨で、筒形銅器や鉄刀、装身具が出土する。葺石と埴輪がなく、２号墳では内行花文鏡が副葬されている。曽我山古墳は直径30ｍの円墳で、獣首鏡片、獣形鏡片、鉄刀などが出土している。
　中期には、新たに高知平野で長畝古墳群や挟間古墳などが築造される。長畝２号墳は２基の木棺直葬で、鉄剣や鎌、鍬、斧などが副葬される。調査された３基の古墳は、２号墳が中期前葉、３号墳が中期後葉、４号墳が後期前半である。
　後期になり埋葬施設として横穴式石室が導入されると築造数が増加し、高知平野の浦戸湾を取り巻くように分布する。横穴式石室は明見３号型（明見彦山３号墳）、舟岩型（明見彦山１号墳）、角塚型（朝倉古墳）と類型化されて変遷する。高知平野では、後期後半〜終末期にかけて伏原大塚古墳、小蓮古墳、朝倉古墳という盟主的首長墳が小地域を移動しながら継起的に築造される。
　高知平野以東は前期〜中期には築造されなかったが、小さな湾に点在するように後期〜終末期の古墳が少しある。大木戸古墳群は安田町にあり、３基の横穴式石室の古墳があったが、採土により消滅したという。須恵器が出土しており、子持ち壺も含まれていた。大里２号墳は、徳島県海陽町の海部川左岸に堆積した砂質の台地上にあり海を臨む。直径20ｍの円墳で周溝がめぐり、横穴式石室は玄室長約６ｍで、耳環や須恵器などが出土し、６世紀末頃の築造とみられる。舞子島古墳群は徳島県阿南市の舞子島にあり、島の南西部の海岸沿いに10基の古墳がある。直径10ｍ程度の円墳が多く、埋葬施設は横穴式石室、箱式石棺、竪穴式石室などがある。土師器や須恵器が出土し、６世紀末〜７世紀初頭の築造とみられる。
　前期から中期は内陸部に小規模墳が散見され、後期には土佐湾の東側で海浜部に円墳が点在する。
　②紀伊半島南部　和歌山県の海浜部を中心に前方後円墳や円墳などが点在し

ている。前期〜中期では前方後円墳が少数あり、車駕之古址古墳(しゃかのこし)や下里古墳がある。後期以降は小規模な円墳のみで海浜部に点在するが、洞穴も多く、代表的なものには磯間岩陰遺跡がある。

　車駕之古址古墳は和歌山市の紀ノ川河口部右岸にあり、墳丘長86mとされる前方後円墳で、県内最大級である。車駕之古址古墳は、二段築成で葺石と埴輪を具え、くびれ部南側に造出が付く。周溝は盾形とみられ、5世紀中頃の築造とされる。内部主体は不明だが、金製勾玉・ガラス小玉などが出土し、金製勾玉は国内で他に例がない。そのほか円筒や形象埴輪がある。隣接する釜山古墳と茶臼山古墳とともに釜山古墳群を形成する。また、紀淡海峡に近い大阪府岬町の宇度墓古墳、西陵古墳とは、直線距離で8km程度と近在する。

　下里古墳は、和歌山県那智勝浦町の玉之浦に面し、太田川河口部左岸にある墳丘長約50mの前方後円墳である。葺石があり、周溝の存在も指摘される。4世紀後半〜5世紀初頭とみられ、和歌山県内では最古の築造とされる。内部主体は竪穴式石室で、管玉、ガラス小玉、鉄剣などが副葬される。また、多くの鏡が出土したともいわれるが詳細は不明である。

　後期になると、小規模な円墳の築造が海浜部でみられる。産湯古墳は日高町の海に面した丘陵突端部にあり、広畑古墳群や秋葉山古墳は御坊市にあり、秋葉山は直径13mの円墳で、南西方向に開口する両袖式横穴式石室で、玄室長は約2.8m、耳環や鉄剣、須恵器などが出土し、6世紀後半の築造とされる。切目崎塚穴古墳群や崎山古墳群は印南町にあり、崎山18号墳は直径8mの円墳で、横穴式石室は玄室長2m、装身具と土器、土錘などが出土したと伝えられる。小目津古墳や東岩代古墳群はみなべ町にあり、海岸段丘に分布する群集墳で一部の古墳から土師器や須恵器が出土している。

　火雨塚古墳やオリフ古墳は白浜町にあり、オリフは安久川の河口付近で権現平突端、熊野神社北斜面に築造された直径10mの円墳。石室の約半分は破壊されているが、6世紀後半の築造と推定され、須恵器、刀子、ガラス玉、釣針（5点）などが出土している。上ミ山古墳はすさみ町のオン崎にあり、直径40mの円墳とみられ、玄室長2.3mの片袖式横穴式石室が南に開口する。直刀や

鏃、工具、装身具などが出土し、6世紀代の築造で、本来は横穴式石室が2基あり、箱式石棺が1基あったという。

磯間岩陰遺跡は田辺市にあり、紀伊水道に面した田辺湾の奥にある。海蝕岩陰を利用した遺跡で、5世紀後半〜6世紀後半とみられる竪穴系の石室8基から、人骨や鹿角製品、鉄剣、漁具、貝輪、須恵器などが出土している。

このように前期から中期は海浜部に前方後円墳が単発的に造られ、後期の紀伊半島南西側は円墳が比較的多く、なかには岩陰遺跡などもみられる。

(3) 東海地方西部

律令期の原東海道は、伊勢湾を横断して渥美半島を経由していたという。伊勢湾では熱田台地の西側で庄内川や日光川が、養老山地の東側で揖斐川、長良川、木曽川が合流する。以前はあゆち潟と呼ばれ、熱田台地およびその周囲に前方後円墳がある。三重県の志摩半島から養老山地までも海浜部に古墳があり、松阪市の宝塚1号墳からも海が見渡せる。また、渥美湾には海を見下ろす正法寺古墳があり、三河湾では後期の古墳が多い。

①伊勢湾　(第1図)　南伊勢の松阪市には三角縁神獣鏡を出土した久保古墳があるが、それにつづく時期の宝塚古墳群は、金剛川流域で海岸線からは7km離れるが伊勢湾が見渡せる。1号墳は墳丘長110mの三段築成の前方後円墳で、葺石を具え、くびれ部北側には土橋で連結される造出しがある。大型の船形や家、盾、靫、短甲、蓋、導水施設型の形象埴輪、円筒埴輪、朝顔型埴輪などが多く出土し、4世紀末の築造とされる。導水施設型埴輪は、この時期の首長儀礼を象徴する製品とみられ注目される。2号墳は墳丘長89mの三段築成の帆立貝形古墳で、葺石、埴輪を具え、5世紀初頭の築造である。

中伊勢では前方後方墳の築造からはじまり、その中で最大である向山古墳が雲出川の南岸に沿って東に派生する台地先端部、海岸線より5.5kmの地に築造される。全長71mの前方後方墳で、墳丘の一部が段築で、葺石、円筒埴輪を具えるという。主体部は粘土槨で内行花文鏡や重圏文鏡など銅鏡4面のほか、石釧、車輪石、鍬形石、筒形石製品、鉄刀などがあり、4世紀後半の築造とされ

る。池の谷古墳は伊勢湾を見下ろす垂水の丘陵先端に築造され、対岸の知多半島までが見渡せる。南側で東流する相川と天神川の合流点に近い藤方が、古くは藤潟と記され、潟の周囲に立地している。段築による全長90ｍの前方後円墳で、出土した三角形透孔の円筒埴輪から4世紀後半とみられる。明合古墳は安濃川流域にあり、一辺60ｍの方丘に二つの造出しが付く双方中方墳で、方丘部は二段築成で葺石と周溝がある。円筒埴輪や家、盾などの器材埴輪と須恵器などが出土し、5世紀前半の築造で、周囲には、陪塚とみられる方墳が5基確認されている。

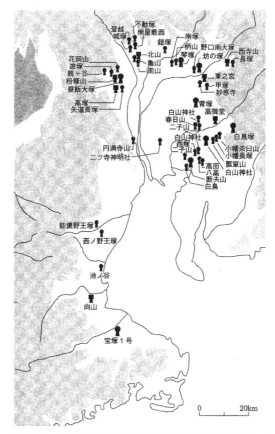

第1図　あゆち潟と伊勢湾を取り巻く古墳（中井・鈴木　2001：321頁図2）

　北伊勢では四日市市に志氐神社古墳があり、海蔵川流域で海岸線からは1.5kmと近い。前方後円墳だが、前方部は明治時代に削り取られたという。周溝と葺石があり、江戸末期に発掘されて、後円部墳頂から内行花文鏡や車輪石などが出土したといい、4世紀代の築造とみられる。能褒野王塚古墳は亀山市にあり能褒野は「能煩野」とも書き、鈴鹿郡北部の広大な台地の総称であった。全長90ｍの前方後円墳で古くは丁子塚と呼ばれ、伊勢湾台風時の木の倒壊により、後円部の前から鰭付朝顔形埴輪と器財埴輪の円筒部が出土し、4世紀

末の築造である。白鳥塚古墳は、鈴鹿市の鈴鹿川流域にある全長92ｍの二段築成の帆立貝形古墳で、葺石や埴輪を具え、最下段には基壇があり、5世紀前半の築造とみられる。

　尾張地域の海部郡には二ツ寺神明社古墳がある。現在は内陸に位置するものの、当時はあゆち潟に面していたものとみなされる。海部郡で最大という墳丘長約80ｍの前方後円墳で、4世紀前半の築造である。周囲には大型墳はほかにないが、二ツ寺神明社古墳のやや北側に稲沢大塚古墳がある。直径40ｍの円墳で、周溝を具え、円筒、形象埴輪が出土し、5世紀頃の築造とされる。そのほか、奥津社古墳がある奥津神社には、3面の三角縁神獣鏡が奉納されている。直径25ｍの円墳で、4世紀初頭ともされるが、墳形も諸説あり定かではない。

　八高古墳は名古屋市の瑞穂台地北側にあり、墳丘長70ｍの前方後円墳で、4世紀後半とされる。埋葬施設は粘土槨で、墳頂付近で円筒埴輪が採集されている。高田古墳も名古屋市瑞穂区にあり、墳丘長87ｍの前方後円墳で葺石があり、埋葬施設は粘土槨、鉄剣や鉄鏃と円筒、形象埴輪片が出土し、4世紀末〜5世紀初頭の築造とされる。八幡山古墳は名古屋市昭和区にあり、東海地方最大の直径82ｍの円墳で、御器所台地に立地する。かつて埴輪が出土したという伝聞があり、5世紀前半の築造という。

　5世紀末〜6世紀初頭には、熱田台地に東海地方で最大級の断夫山古墳が築造される。名古屋市熱田区にあり、墳丘長151ｍの三段築成の前方後円墳で、埴輪、葺石がある。西側くびれ部には造出しが存在して周溝がめぐり、円筒埴輪や須恵器が出土している。断夫山古墳に近在する白鳥古墳は墳丘長70ｍの前方後円墳で、埴輪の出土が知られる。江戸時代には石室が開口し銅鏡や馬具が出土したといい、6世紀初頭の築造とされる。

　この時期の古墳は三重県の海浜部にもあり、西ノ野王塚古墳は鈴鹿川流域にある墳丘長62ｍの前方後円墳で、周堤と周溝がある。おこし古墳は津市の岩田川流域で、海岸線からは5ｋｍ程度の距離をもつ墳長29ｍの前方後円墳だが、埋葬施設は未調査のため不明である。近在して墳丘長50ｍの前方後円墳の鎌切1号墳などがあり、こちらはやや先行する5世紀末の築造とされる。

海浜部以外も含めた主要古墳の分布をみると、古墳時代前半期の主要な大型前方後円（方）墳の分布は濃尾平野山麓側から犬山扇状地北部域に分布し、それ以降、名古屋台地周辺部に移っていく。また、この時期の美濃地域には昼飯大塚古墳が大垣市にあるが、墳丘長は150m、三段築成で葺石を具え、円筒、形象埴輪などが用いられる。4世紀後半〜末とされ、伊勢湾から琵琶湖への要地に築かれる。この期はあゆち潟の汀線付近では、70〜80m規模の前方後円墳が築造されるのみであり特筆される。

内陸部の評価としては次のような研究がある。庄内川は伊勢湾から名古屋台地の縁を抜け東谷山の麓を流れ東方へと繋がる道になり、志段味古墳群は境界の流通網を意識して築造された。また、木曽川が濃尾平野に流れ込む地に築造された東之宮古墳も同様の評価ができるとする（瀬川 2012）。そのほか、尾張地域の埴輪は、5世紀後葉に尾張型埴輪として斉一性がみられるようになるという（赤塚 1991）。熱田台地に築造された断夫山古墳などが契機となり、尾張としてのまとまりと序列化が可視化された現象と評価される。

伊勢・志摩地域に最初に築かれた横穴式石室は、志摩市志島古墳群のおじょか古墳とされる。太平洋を望む高台にあり、石室の開口位置が周囲の地形より高く、開口部を前方部側に向ける前方後円墳の可能性も想定される。この石室は竪穴系横穴式石室とされ、北部九州系と評価される。埴輪が伴い、鏡2面のほか武器、武具、農耕具、玉類や櫛が出土し、5世紀後半の築造である。

答志の岩屋山古墳は鳥羽市にあり、海岸線からは400mと近い。直径約22mの円墳で、両袖式横穴式石室が海に向かって南東に開口する。石室の全長は8.7mと大きいが、副葬品は確認されていない。後期の熱田台地では高蔵1号墳が直径18mの円墳、横穴式石室で副葬品として釣針が出土し、6世紀末〜7世紀初頭の築造とされる。

伊勢地域の海浜部では、4世紀後半〜5世紀初頭に大型前方後円墳が築造される。その後、期間を空けて北伊勢・中伊勢では小規模な前方後円墳が5世紀末〜6世紀初頭にかけて集中的に造られる。熱田台地周辺では断夫山や白鳥古墳築造後は前方後円墳が築造されず、小規模な円墳のみになる。

②三河湾・渥美湾　この地域は前方後方墳の築造から前方後円墳の築造へと変わっていくが、市杵嶋神社古墳は三河地域で最古級の前方後方墳とされる。豊橋市の柳生川流域で、海岸線からは1.5km、牟呂地区はもともと三河湾に突き出した半島状の地形と推定されているため、当時の海岸線を考慮すれば、汀線に近い立地といえる。墳丘長55mで、後方部には葺石が確認され、くびれ部からは底部穿孔二重口縁壺などが出土し、3世紀末〜4世紀初頭の築造とされる。海を見渡せる象徴的な古墳に正法寺古墳がある。西尾市にあり、渥美湾を見下ろす矢崎川の河口域で、海岸線からは750mである。墳丘長95mの段築による前方後円墳で、海側の側面が重視され、葺石や埴輪により表象され、くびれ部南側には島状遺構がある。主体部は未調査のため不明だが、4世紀後半の築造とみられる。船山古墳は豊川市にあり、音羽川流域で海岸線からは4.5kmの距離である。墳丘長95mの前方後円墳で東三河地域最大である。前方部先端から埴輪棺2基が発見され、かつては墳丘北側に陪塚らしき方墳が存在したという。5世紀後半の築造とみられる。三ツ山古墳は豊橋市牟呂町の柳生川流域で海岸線からは3.5kmにある。全長31.5mの前方後円墳で、墳丘から円筒埴輪が出土し、5世紀末の築造とされる。

中ノ郷古墳は西尾市の八幡川河口部で、海岸線からは175mという汀線沿いの立地である。墳形や規模は不明だがおそらく円墳とされ、横穴式石室が開口している。1842（弘化2）年に羨道部分に観音堂が建てられたといい、穴観音古墳との別名もある。両袖式石室で、土生田純之によると「佐賀県東松浦郡浜玉町横田下古墳に系譜の源流をたどることができる」という（土生田 1988）。玄室部の石積みなどに北部九州系の特徴があり、近在では最古の横穴式石室とされる。人骨とともに銅鏡や刀剣、鉄鏃、馬具などが出土し、5世紀後半とみられる。

三河地域では中ノ郷古墳、矢作川を遡った岡崎市経ヶ峰1号墳、東山1号墳、志摩地域のおじょか古墳などに北部九州系の竪穴系横穴式石室が採用される。分布は点的であり、継続はしない。中ノ郷古墳の副葬品には独立片逆刺長頸鏃と瓢形引手壺付の轡、鉄製鞍金具が知られ、鈴木一有によると「鉄製鞍金

具は日本列島で出土例が乏しく、朝鮮半島からの搬入品の可能性がある」という（鈴木 2008）。築造の契機は王権による半島進出と経営とし、海と直接結びつく地域の首長が航海技術を持ってその任にあたったと推考する。

　古墳の分布において三河地域は、5世紀を待たずに各水系の比較的小さなまとまりがほぼ一斉に終焉していく。この現象は尾張地域と似るが、その後の中心地への集合はなく、拡散的で中核的な地域が見えない。

　後期には豊橋市域に6世紀初頭とされる車神社古墳があり、豊川下流域東岸で前記した三ツ山古墳に続く系譜とみなせる。海岸線からは2.5kmの墳丘長33mの前方後円墳である。

　妙見古墳は田原湾に面した紙田川河口部の墳丘長51mの前方後円墳で、主軸と直交して横穴式石室があり6世紀中葉の築造とされる。牟呂大塚古墳は柳生川河口部の墳丘長27.5m以上の前方後円墳とされ、葺石はなく、横穴式石室がある。玉類、銅鈴、金環、圭頭大刀、心葉形杏葉、須恵器が出土し、6世紀末〜7世紀初頭の築造とみられる。

　前方後円墳以外では、磯部大塚古墳が三河湾を望む立地である。推定される汀線に近い立地といえる。直径20m程度の円墳で、断片的に遺存した横穴式石室から装飾大刀が4振出土し、東海地方で最多という。そのほか銀製空玉なども出土し、6世紀末の築造とされる。宮脇1号墳は田原湾に面し、海岸線からは1.5kmにある。直径14mの円墳で、横穴式石室は全長約7m、組合式石棺がある。双龍環頭大刀、金環、鉄鏃などが出土し、7世紀前半の築造とみられる。西尾市にはとうてい山古墳があり、直径21mの円墳で、馬具、須恵器などが出土する。山の神塚古墳は佐久島にあり、白浜に面して築造される。直径12mの円墳で、いずれの古墳も横穴式石室内部に石棺があり、須恵器から6世紀後半〜7世紀前半の築造とされる。藤原古墳群は渥美半島の西端、田原市の西ノ浜海岸砂丘上にある。円墳18基が確認されており、金銅装圭頭大刀、耳環、鉄鏃、須恵器などが出土し、6世紀〜7世紀の築造とされる。

　内陸部で著名な古墳に豊橋市の馬越長火塚古墳がある。三河湾と浜名湖を結んだ線の中間に位置し豊川を溯上して陸路浜名湖へ向かう中継地点の立地とい

える。全長70mの前方後円墳で、後円部は段築で葺石を具える。埋葬施設は後円部南側に開口する全長約17mの横穴式石室で、県内最大規模で複室構造である。石室内外から棘葉形杏葉金銅装馬具や玉類、土師器、須恵器などが出土し、6世紀後半の築造とされる。

前期の大型前方後円墳の立地は、交通上重要な地点に築造される。中期は築造が低調だが、木曽川中流域、東三河地域では、6世紀後半には再度前方後円墳の築造が増加し、旧郡よりも狭い範囲で前方後円墳が築造される。

村木誠は、東西間の交流にかかる、もの・情報が集積された地が奈良盆地南東部へ移ったことから、伊勢湾地方圏の意義が低下したという。「巨大な前方後円墳が築かれる頃には近畿地方南部が東西日本間の結節点という位置を確定したことによって、伊勢湾地方圏というまとまりはその役割や意義を失っていった」とする（村木 2012）。

伊勢湾地方にみる動向からは、定型的な古墳の出現から地方の独自性が消失していった状況と、古墳時代前期を中心としては水系ごとに境界を意識した古墳の立地という現象がうかがえ、その一端として海浜部の畿内的要素を具えた前方後円墳の築造があげられる。一つは4世紀後半の正法寺古墳であり、いま一つは5世紀末の断夫山古墳の築造である。

（4）東海地方東部

静岡県磐田市にある太田川の河口域は現在陸地化されているが、もとは潟があり今之浦と呼ばれていた。御厨古墳群は磐田原台地の東南部に位置し、今之浦に面した古墳群である。松林山古墳が前方後円墳、高根山古墳が大型円墳で、両者は隣り合っている。6世紀以降、小規模な前方後円墳の築造が増えるが、今之浦の周辺では、二子塚古墳以降大型墳が築造されない。

駿河湾は静岡市域と富士市～沼津市にかかる、浮島ヶ原低地の周囲に前方後円墳が築造される。伊豆半島沿岸部は後期以降小規模な円墳が少数築造されるのみで、前方後円墳などは内陸部に立地する。

①遠州灘（第2図）　御厨古墳群の松林山古墳は、磐田市の太田川流域で、現

在の海岸線からは7km離れるが、かつての今之浦に面した立地である。墳丘長107mの前方後円墳で、段築で葺石が施され、埴輪を伴い周溝がめぐる。後円部に竪穴式石室があり、三角縁神獣鏡などの銅鏡4面や琴柱型石製品、南島産の水字貝の腕輪が副葬され、4世紀後半の築造とされる。ちなみに水字貝の腕輪は、さらに駿河から陸路で北上し山梨県中道町の甲斐銚子塚古墳、さらに長野県須坂市にある積石塚の鎧塚にも運ばれている。松林山古墳に隣り合う高根山古墳は直径52mの円墳で、墳丘は段築で壺形、円筒埴輪が出土している。稲荷山古墳は墳丘長46mの前方後円墳で、墳丘は段築で葺石があり、壺形埴輪により表象される。秋葉山古墳は直径50mの円墳で、葺石を具え、4世紀中頃の築造とみられる。二子塚古墳は墳丘長55mの前方後円墳で、埋葬施設は礫槨とみなされる。鏡のほか、剣菱形杏葉、三環鈴、馬鐸、円筒および形象埴輪などが出土し、5世紀末の築造とされる。

今之浦の西側には、堂山古墳が磐田市の倉西川流域にあり、墳丘長110mの

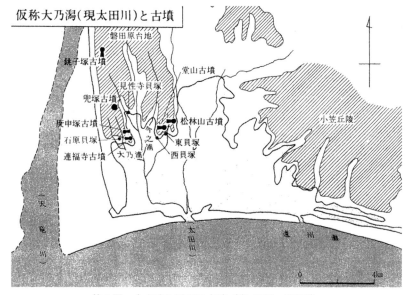

第2図　今之浦と周辺の古墳（森　1996：335頁）

前方後円墳で、段築で葺石が施され、円筒、靫などの形象埴輪により表象される。木棺直葬のほか埴輪棺が知られ、内行花文鏡のほか埴輪棺からは武器、工具、漁具などが出土し、5世紀前半の築造とされる。庚申塚古墳は墳丘長83mの前方後円墳で、斜縁二神二獣鏡や車輪石、石釧などと、埴輪片が出土している。澄水山古墳は今之浦川流域で、これも今之浦に面していたとみなされる。全長55mの帆立貝形古墳で段築により、埴輪片と大刀の出土があり、5世紀前半の築造とされる。土器塚古墳は澄水山古墳に隣接し、直径36mの円墳で周溝があり、管玉や武具などが出土している。

　内陸部では浜名湖の北東岸には、前期に前方後方墳の北岡大塚古墳や前方後円墳の馬場平古墳、中期の方墳である狐塚古墳や前方後円墳の陣座ヶ谷古墳が築かれ、いずれも浜名湖を望む。陣座ヶ谷古墳が最も規模が大きく、墳丘長55mで、埋葬施設は粘土槨とみられる。大正時代に変形獣文鏡や刀が発見され、墳丘からは埴輪が出土し、5世紀後半の築造とされる。

　天竜川流域にも大型古墳の築造がある。右岸の赤門上古墳は墳丘長56mの前方後円墳で、三角縁神獣鏡が出土し、4世紀中頃の築造とされる。左岸は小銚子塚古墳と銚子塚古墳が隣り合い、小銚子塚古墳は墳丘長47mの前方後方墳で4世紀初頭と推測され、銚子塚古墳は墳丘長112mの前方後円墳で三角縁神獣鏡が出土し、4世紀後半の築造とされる。光明山古墳は墳丘長82mの前方後円墳で5世紀後半である。後期の天竜川流域には興覚寺後古墳があり、墳丘長35mの前方後円墳で、6世紀前半とされる。

　今之浦周辺では4世紀後半〜5世紀前半にかけて大型前方後円墳の築造が卓越するが、それ以降の継続性は薄い。天竜川や原谷川流域では後期も前方後円墳の築造が続く。

　②**駿河湾**　駿河湾は静岡市と富士市・沼津市域に分布があり、便宜的に西側と東側として記す。西側の牛王堂山3号墳は清水区にある4世紀前半の前方後方墳で、墳丘長78mで、段築はされず葺石や埴輪、周溝もない。埋葬施設は粘土槨で三角縁神獣鏡などが出土している。直径25mの円墳で獣形鏡を出土した4世紀中頃の1号墳、前方後方墳に先行するとみられる一辺20m規模の方墳で

ある２号墳とともに群を形成する。谷津山古墳は柚木山神古墳ともいわれ、葵区にある。安倍川流域で現在の海岸線からは５kmほど離れるが、駿河湾が眺望できる。墳丘長110mの前方後円墳で、標高108mの山頂にある。竪穴式石室から銅鏡６面などが出土したといい、４世紀中頃の築造とされる。三池平古墳は清水区にあり、庵原川流域で現在の海岸線からは2.5km、駿河湾の眺望が良好である。墳丘長68mの前方後円墳で、後円部中央に竪穴式石室があり排水用の石組暗渠が施行される。石室内部には安山岩製の割竹形石棺が発見され、人骨と共に石棺の内外から、銅鏡２面、腕輪形石製品、筒形銅器などが出土し、４世紀後半の築造とみられる。

　駿河湾の東側は、いずれも浮島ヶ原低地に面して築造される。その一つに高尾山古墳があり、以前は辻畑古墳といわれた古墳である。沼津市で、現在の海岸線からは3.5km離れている。墳丘長62mの前方後方墳で、後方部墳頂の木棺から銅鏡片、周溝から出土した高坏などから３世紀中頃の築造とされる。浅間古墳は富士市の沼川流域にある。墳丘長100mの前方後方墳で、葺石が施され、一部に周溝の痕跡があり、４世紀前半の築造とみなせる。神明塚古墳は沼津市の田子の浦砂丘上で、駿河湾に面している。墳丘長53mの前方後円墳で、周溝があり、葺石と埴輪はない。埋葬施設は粘土床とされ、４世紀前半の築造。東坂古墳は富士市の墳丘長60mの前方後円墳で、埋葬施設は粘土床の木棺直葬とされる。４世紀後半の築造で内行花文鏡、四獣鏡のほか、琴柱形石製品などが出土した。子ノ神古墳も沼津市にあり、現在の海岸線からは３kmの距離という墳丘長48mの前方後円墳である。防空壕の掘削にあたり石室の一部と副葬品が発見され、５世紀末の築造という。

　後期以降は、駿河湾の西側ではやや内陸の立地に賤機山(しずはたやま)古墳がある。葵区の安倍川流域で、現在の海岸線から６kmにある。直径30mの円墳で、横穴式石室が南に開口する。玄室は長さ約6.8mで、内部に家形石棺がある。過去に盗掘されていたが、銅鏡や武器、武具、馬具、須恵器などが出土した。６世紀後半の築造である。

　駿河湾の東側では、やはり浮島ヶ原低地に面して築造される。山ノ神古墳は

富士市の沼川流域で、現在の海岸線からは0.5kmである。墳丘長41.5mの前方後円墳で、葺石のほか、円筒や人物埴輪が周溝から出土し、6世紀前半の築造とされる。長塚古墳は沼津市にある墳丘長54mの前方後円墳で、埋葬施設は板石片の出土から組合式石棺と想定される。墳丘上や周溝から円筒、朝顔形、人物埴輪のほか須恵器が出土し、6世紀前半の築造とされる。

海浜部には3世紀代の高尾山古墳を皮切りに4世紀代を中心に大型前方後円墳や前方後円墳が築造される。その後、期間を空けて5世紀末〜6世紀前半に再度築造されるがそれ以後はなくなる。

③**伊豆半島**　伊豆半島の海浜部には、後期の古墳が散在する。前方後円墳は、向山16号墳や3号墳、小坂駒形古墳などがあるが、これらは田方平野の内陸部に位置する。

海浜部の井田松江(いだすんごう)古墳群は、33基からなる西伊豆最大の古墳群で、松江山で29基、丸塚で4基の円墳がある。沼津市にあり、切り立った岬の狭い尾根上に、駿河湾を見下ろすように築造されている。7号墳からは金環、石製やガラス製装身具のほか、鉄鏃、馬具、須恵器などが出土している。18号墳の横穴式石室は胴張で、全長約8m、玄室には大小二つの組合式石棺がある。出土品は銅釧のほか、圭頭大刀などが出土し、6世紀後半からの群形成である。

伊豆半島における横穴式石室の出現は、井田松江18号墳であり、沼津市の平沢古墳群では胡籙(ころく)金具が出土し、松崎町の道部古墳は6世紀末の築造であるというように、西伊豆地方の海浜部には点々と古墳がある。また、伊豆半島は横穴墓が多いことでも知られるが、特に内陸部の田方平野などで多く、柏谷(かしや)横穴墓群が6世紀後半で最古例である。伊豆半島では石室墳は散在、横穴墓は局所的な分布をし、横穴式石室の導入は半島外の他地域との直接的な交流によったとされる（菊池 2008）。横穴墓のほか古墳時代後期以降の埋葬痕跡が残る洞穴遺跡は四つで、下田市には上ノ山洞穴遺跡と了泉寺洞穴遺跡がある。了泉寺洞穴は、6世紀後半に初葬の痕跡があり、7世紀代を通じて埋葬が行われている。河津町には波来洞穴遺跡、西伊豆町には辰ヶ口岩陰遺跡があり、釣針も出土している。両遺跡とも初葬の時期は、了泉寺洞穴遺跡とほぼ同じか少し遅れ

る時期とみられている。

（5）東北地方南部

　宮城県の仙台平野と福島県の浜通り地方についてみていく。福島県南相馬市以北から宮城県亘理町までは、井田川浦や八澤浦、松川浦、新沼浦など複数の浦があったが、干拓の結果として現在は陸地になっている。これらの周囲には著名な古墳がないが、福島県の浜通り地域には桜井古墳や玉山古墳などの前方後方墳や前方後円墳が造られる。仙台平野では雷神山古墳が平野や海を望める立地であり、名取川河口部の広浦周辺の浜堤上には、円墳の毘沙門堂古墳や雷神塚古墳、経ノ塚古墳などが造られる。

　①浜通り地方　桜井古墳は南相馬市にある東北地方最大級の前方後方墳で、新田川の下流域、河岸段丘の縁にあり、現在の海岸線までの距離は2.8kmで、海までは段丘下の低地が続く。墳丘長は約74.5m、段築で周溝がある。埋葬施設は後方部に二基あるとされ、前方部から出土した二重口縁壺などから4世紀中頃の築造とされる。桜井古墳群上渋佐7号墳は、桜井古墳の東隣にある一辺27.5mの方墳で、銅鏡や二重口縁壺などが出土し、4世紀後半の築造とみられている。

　浪江町の高瀬川河口付近には狐塚古墳がある。前期とみなされる墳丘長46mの前方後円墳で、同じ段丘上には狐塚古墳の西側に近在して堂の森古墳があり、墳丘長51mの前方後円墳で中期の可能性が高いという。その二墳に挟まれるように円墳からなる安養院古墳群がある。河口部北岸に近在することから一連の古墳群とみなされ、現在の海岸線までは1km程度で、河口から見通せる位置関係である。

　玉山古墳はいわき市四倉町にある、墳丘長114m以上の前方後円墳で、現在の海岸線まではおよそ4.5kmあるが、古墳から海岸線までは低平な地形がつづく。葺石があり、後円部にある小穴は木柱を立てた痕跡とみなされている。土師器の出土が知られ、4世紀中頃～後半の築造とされる。

　後期には、円墳や横穴墓が海浜部に築造される。双葉町では、塚の越古墳群

や沼ノ沢古墳群などが沿岸部に面して築造される。沼ノ沢古墳群は海岸線の崖沿いに築造され、以前は前方後円墳１基、円墳６基が存在したが、海蝕などで３号墳を除き全て消失している。３号墳は周溝外径が直径約18mの円墳で、横穴式石室やその周辺から耳環や武器などが出土した。金冠塚古墳はいわき市にある直径約28mの円墳である。海岸線からはおよそ1.5kmの距離であるが、鮫川河口部のおそらく当時は潟であった低地に接して築造されている。南側に開口する横穴式石室は、全長約８mの複室構造で、13体分の人骨のほか金銅製飾金具、馬具などが出土し、６世紀末〜７世紀初頭の築造とされる。

　餓鬼堂横穴墓群はいわき市の崖線に築造される。６世紀末から築造が始まり、25基以上の群である。なかには赤色顔料により装飾される横穴墓もあり、棺の木質や鉄釘などの鍛冶関係遺物も出土している。近在する中田横穴墓群は５基の横穴墓が知られ、１号墓には彩色の装飾がある。全長約6.7mの複室構造で、後室の壁面には連続三角文が赤と白の顔料によって描かれる。出土遺物は装身具のほか、銅鏡、武器、馬具、須恵器などで、６世紀後半の築造とされる。

　海浜部には一定の距離を画して４世紀中頃〜後半に大型墳が築造されるが、その後の継続性は薄く、後期には円墳や横穴墓が比較的多く造られる。

　②仙台平野　遠見塚古墳は若林区にあり、現在の海岸線からは6.5km離れているが、古墳以東の海までは低平な地形が続く。名取川流域の墳丘長110mの前方後円墳で、段築がされ周溝を具える。葺石・埴輪は見つかっていない。後円部の埋葬施設は粘土槨が２基で、河原石の詰められた排水溝が造られていた。底部穿孔二重口縁壺や、副葬品として装身具と共に黒漆塗りの竪櫛などが出土し、４世紀後半の築造とされる。遠見塚古墳の近くには兜塚古墳がある。太白区で、墳丘長が約75mの帆立貝形古墳と推定され、葺石があり、円筒や朝顔形埴輪片が出土しており、５世紀後半の築造とみられる。

　東北地方最大の雷神山古墳は、愛島丘陵の東端に築造された墳丘長168mの前方後円墳で、現在の海岸線からは5.8km離れるものの海を眺望できる。また、愛島は高舘山から東にせり出した丘陵であり、平野の各所から見とおすこ

とができる。段築で葺石を具え、一部で周溝も確認されている。壺形埴輪、底部穿孔の土器が出土し、4世紀後半の築造とされる。雷神山古墳の北側には、直径54m、段築で周溝を具える円墳の小塚古墳がある。飯野坂古墳群は名取市の名取丘陵の北側にあり、雷神山古墳に隣接する。前方後方墳と方墳からなる群で7基ある。前方後方墳は墳丘長が40～60mで、観音塚古墳、宮山古墳、薬師堂古墳、山居古墳、山居北古墳がある。3世紀末～4世紀後半にかけての築造とされる。

　現在の海岸線から2km程度内陸となる浜堤上には、下増田飯塚古墳群が築造されている。浜堤列の形成を考慮すれば、潟もしくは海岸の汀線に面し、それを取り巻くような立地といえる。そのなかの毘沙門堂古墳は直径50mの円墳である。南側は墳形が乱れ、帆立貝形古墳の可能性もあるというが定かではない。墳丘北側では円筒や朝顔形埴輪、墳頂付近からは土師器片などが出土し、5世紀前半の築造という。雷神塚古墳は毘沙門堂古墳に近く、直径約40mの円墳で、出土遺物はないが5世紀頃の築造と推定されている。経ノ塚古墳は直径36mの円墳で周溝がある。これまでの調査で家形、鎧形、円筒埴輪が発見され、墳丘上から粘板岩製の長持型に類した石棺が発見され、直弧文の鹿角製刀装具による直刀、刀子、漆塗櫛などが出土し、5世紀前半の築造とされる。

　内陸部となる名取大塚山古墳は賽ノ窪古墳群の第1号墳で、段築により葺石を具え、埴輪を伴う墳丘長90m、前方後円墳である。かめ塚古墳は岩沼市にあり、墳丘長39.5mの前方後円墳で、段築や葺石はなく、埴輪も出土していない。内部構造は不明であるが、5世紀代の築造と推測される。雷神山古墳の3.5kmほど南方に位置するが、自然堤防の西側で後背湿地に接して造られているため、東側にある海をみることができない。

　後期には円墳や横穴墓が海浜部に築造される。法領塚古墳は若林区の遠見塚古墳の近くに立地する。直径約55mの段築による円墳で、周溝があり、横穴式石室が南に開口する。玄室長は約5.7mで、武器、馬具、銅鋺、須恵器などが出土し、7世紀前半の築造とされる。

　矢本横穴墓群は東松島市にあり、関東系土師器を出土する横穴墓群である。

崖線からは低平な地形が汀線までつづく。7世紀～8世紀にかけて築造され、「大舎人」と墨書された8世紀初頭の須恵器坏なども出土している。大代横穴墓群は多賀城市にあり、丘陵南斜面に約30基の横穴墓が築造される。当時の浜堤を考慮すれば、海に面して開口していたといえる。金銅装頭稚大刀や須恵器などが出土し、7世紀～8世紀に築造されたとみられる。

横穴墓のほかに著名な洞窟遺跡では、宮城県石巻市にある五松山洞窟遺跡がある。古墳時代後期では石組の墓が6基あり、人骨は8体以上、1体を除き改葬によるとみられている。圭頭大刀や衝角付冑、弓弭形角製品、角製刀子把、須恵器提瓶などが出土している。

海浜部では4世紀後半を中心に大型前方後円墳が築造されるが、それ以後の継続性は薄い。後期には平野以北で横穴墓や洞窟遺跡がみられる。

3．海浜型前方後円墳とは何か

ここまで取り上げた古墳とシンポジウムで分析した関東地方の様相も加味して、立地や表象、儀礼などから、海浜型前方後円墳とは何かを探ってみたい。

（1）海岸線からの距離

仙台平野でみたように浜堤の形成時期により古墳時代当時は、汀線が内陸部であったという海岸線の前進現象があった。現代の海岸線までの離隔は、当時の厳密な距離感を導くものではない。

前期・中期の前方後円墳は、その偉容を示すべく100m級もしくはそれ以上の前方後円墳が汀線を意識して築造されているものがあり、太平洋沿岸の代表例として、志布志湾の横瀬古墳、紀伊半島南部の下里古墳、伊勢湾の宝塚1号墳、三河湾の正法寺古墳、遠州灘今之浦の松林山古墳や堂山古墳、駿河湾の谷津山古墳や三池平古墳、浅間古墳、浜通り地方の玉山古墳や桜井古墳、仙台平野の雷神山古墳などある。

そのなかで、宝塚1号墳と帆立貝形古墳の2号墳、松林山古墳と円墳の高根

山古墳、雷神山古墳と円墳の小塚古墳、関東地方では鹿島灘に面した磯浜古墳群の日下ヶ塚古墳と車塚古墳などと、一部は前方後円墳築造後に墳裾を接するような近さで大ぶりな帆立貝形古墳や円墳が築造された。また、伊勢湾のあゆち潟では、八高古墳と高田古墳が前方後円墳で二基続いて近在し、三浦半島の長柄桜山古墳群1・2号墳が前方後円墳の築造が連続するという同様のあり方を示す。これらは太平洋沿岸に限らず、他地域でもみられる共通性である。

　現代の海岸線からの距離を目安とすれば、1km程度は横瀬古墳、下里古墳、正法寺古墳、2～3km程度が三池平古墳、浅間古墳、桜井古墳、5～7km程度が宝塚1号墳、松林山古墳、谷津山古墳、玉山古墳、雷神山古墳で、いずれも海を見通せたとみなせる。このうち、松林山古墳は今之浦を、浅間古墳は浮島ヶ原低地を望む立地であった。

　前期後半から中期前半にかけて、各地で大型古墳の単独築造が顕在化する。これは、海浜部に限った現象ではない。内陸部の古墳をみても、河川と陸路の結節点など、交通の要衝に立地したという共通の築造原理がある。ただ、この期に墳丘表象が整備されたものが海浜部に点在するあり方は、海路の重要性を物語るだけでなく、築造された各地に焦点が当てられていたことを示す。

（2）段築や葺石、埴輪を用いた表象

　シンポジウムでは関東地方の様相をみたが、それらが施されているものが海浜型前方後円墳に多かった。段築によるものは8基で、内陸部の古墳の倍数である。埴輪についても同様に多い。長胴化した壺形埴輪が多数用いられる古墳は、4世紀中頃に現れ始め、後半で数量が卓越し以後漸減していく。長柄桜山1号墳や日下ヶ塚古墳は墳丘が左右非対称であり、渥美湾の正法寺古墳も含めて見られる側面を意識していた。

　関東地方の海浜型前方後円墳は、4世紀後半以降各地域で最大級の前方後円墳が該当した。規模と段築や葺石、埴輪などによる表象、内包される副葬品をみると、実質の最高階層の墳墓であったといえよう。

　第1表には今回取り上げた古墳のなかで、前方後円墳や前方後方墳を中心に

第1表　古墳構成一覧表

地域	名称	段築	葺石	円筒	朝顔	壺形	器材
日向灘周辺	持田48号墳		○				
日向灘周辺	持田1号墳		○				
日向灘周辺	生目1号墳		○				
日向灘周辺	生目3号墳	○	○				
日向灘周辺	生目14号墳	○	○			○	
日向灘周辺	生目5号墳	○	○			○	
日向灘周辺	女狭穂塚古墳	○	○	○	○		○
日向灘周辺	男狭穂塚古墳	○	○				
志布志湾	飯盛山古墳	○	○	○			
志布志湾	横瀬古墳	○	○	○	○		
志布志湾	神領10号墳	○	○				
志布志湾	塚崎39号墳	○					
志布志湾	唐仁大塚古墳		○				
紀伊半島南部	車駕之古址古墳	○	○				
紀伊半島南部	下里古墳	○					
伊勢湾	宝塚1号墳	○	○	○			
伊勢湾	宝塚2号墳	○					
伊勢湾	向山古墳	○	○				
伊勢湾	池の谷古墳	○	○				
伊勢湾	明合古墳	○	○				○
伊勢湾	志氐神社古墳		○				
伊勢湾	能褒野王塚古墳			○			○
伊勢湾	白鳥塚古墳	○	○				
伊勢湾	八高古墳						
伊勢湾	高田古墳		○				
伊勢湾	断夫山古墳	○	○				
伊勢湾	白鳥古墳			○			
三河湾・渥美湾	市杵嶋神社古墳		○				
三河湾・渥美湾	正法寺古墳	○	○				○
三河湾・渥美湾	船山古墳		○	○			
三河湾・渥美湾	三ツ山古墳		○	○			
遠州灘	松林山古墳	○	○				
遠州灘	稲荷山古墳	○	○			○	
遠州灘	堂山古墳	○		○			○
遠州灘	澄水山古墳	○					
遠州灘	二子塚古墳		○				
遠州灘	陣座ヶ谷古墳		○				
遠州灘	赤門上古墳	○		○			
遠州灘	小銚子塚古墳	○					
遠州灘	銚子塚古墳	○		○			
遠州灘	光明山古墳	○		○	○		
駿河湾	谷津山古墳	○					
駿河湾	三池平古墳	○					
駿河湾	神明塚古墳	○					
駿河湾	浅間古墳	○		○			
駿河湾	東坂古墳						
浜通り地域	桜井古墳	○					
浜通り地域	玉山古墳	○					
仙台平野	遠見塚古墳	○	○				
仙台平野	兜塚古墳	○	○				
仙台平野	雷神山古墳	○	○			○	
仙台平野	小塚古墳	○					
仙台平野	名取大塚山	○	○				
仙台平野	毘沙門堂古墳		○	○			
仙台平野	雷神塚古墳	○					
仙台平野	経ノ塚古墳		○				○
仙台平野	かめ塚古墳						

　　　■　=　内陸部の古墳

　掲載した。日向灘では海浜部を意識した立地が目立たず、内陸部に段築や葺石、埴輪などにより表象した大きな古墳が多い。古墳が出現した頃から築造がつづくという伝統的な群形成がみられる。4世紀末〜5世紀初頭に埴輪の樹立が盛行し、円墳も多くが壺形埴輪などを使用する。それに対して志布志湾では内陸部より海浜部の古墳において表象性が豊かで、段築・葺石・埴輪を具えるものが多く、日向灘と志布志湾で様相を違える。

　紀伊半島南部以東の太平洋岸では、海浜部に伝統的な群形成がされないことや、内陸部より表象性が豊かである点など、比較的志布志湾や関東地方と状況が似ている。その時期は4世紀後半〜5世紀前半が顕著で、海浜部各地で共通

し、伊勢湾ではその状況が6世紀初頭までつづく。

　それ以降、太平洋沿岸では海を意識した表象という現象は薄れ、土佐湾や紀伊半島南部、伊豆半島、浜通り地方などでみたように、小規模な古墳や群集墳が、地域内で疎密を持ちながら海浜部に築造される。

（3）古墳における儀礼

　宝塚1号墳は埴輪の様相がよく知られるが、そのなかには導水施設型の埴輪もあった。海浜部と内陸部の古墳で行われたであろう儀礼について、導水施設型埴輪をとりあげて相違についてみてみる。

　水辺の施設には湧水点や井泉の周辺に作られた井泉施設と、施設内に水を導く導水施設に分けられる。[4] これら施設が古墳の墳丘やその周囲で表現されたものが、導水施設型の埴輪であり、次のような例がある。

　御塔山古墳（大分県・円墳・75m・5世紀初頭）、月の輪古墳（岡山県・帆立貝形・60m・5世紀初頭）、行者塚古墳（兵庫県・前方後円墳・99m・5世紀初頭）、芝ヶ原10号墳（京都府・円墳・35m・5世紀初頭）、狼塚古墳（大阪府・円墳・28m・5世紀前半）、心合寺山古墳（大阪府・前方後円墳・157m・5世紀初頭）、野中宮山古墳（奈良県・前方後円墳・154m・5世紀初頭）、ナガレ山古墳（奈良県・前方後円墳・105m・5世紀初頭）、五条猫塚古墳（奈良県・方墳・37.4m・5世紀前半）、宝塚1号墳（三重県・前方後円墳・111m・4世紀末）。

　宝塚1号墳や御塔山古墳、行者塚古墳も海浜型といえるが、導水施設型埴輪の出土した古墳の分布をみれば海浜部に限るものではない。時期は4世紀末〜5世紀前半であり、太平洋沿岸にみた海浜型が各地に築造された時期と共通する。導水施設型埴輪の出土をみる限りにおいては、古墳で執り行う儀礼は沿岸部・内陸部で共通した一例として上げられる。

　埴輪のほか、副葬品にかかる関東地方の事例では、5世紀初頭を境に大きく様相が変わる。鏡・武器・工具・装身具が主体であったものが、石製腕飾類がなくなり工具の種類が減る。5世紀前半からの追加要素としては、鉾などの一

部の武器と、轡などの馬具が副葬され、銀製腰佩や垂飾、刀装具のほか金銅製の冑や挂甲、胡籙などが出現した。基本的に副葬品の組成等は海浜部と内陸部で共通しているが、海浜型前方後円墳は最高首長層の築造とみなされることから、優品の出土が目立った。

（4） 海浜部に築造する意義

　古墳を表象するという視点からは、目標物であったことも考えられる。海上で自分の位置を知る方法に「ヤマアテ（ヤマタテ）」という簡易的な測量の方法がある。山や建造物など動かないもの、多くは山稜を基準に遠景として背後に定める高くて特色のある山と、近景として沿岸部の低い山や建造物を組合せ、その両者間の角度を測ることによって、場所を特定するという手法である。遠方の海上から見通せる標高の高い山はモトヤマ（元山）といい、ヤマアテの基点となる。沿岸部の低い山はジヤマ（地山）と呼ばれ、両者を合わせることにより海上での位置を特定する。

　陸が見える沿岸での漁や危険な暗礁、潮の急流、港湾への進入路などを知るために活用され、航海につけ海洋民が必要とされた背景の一端を示す。海浜型前方後円墳のなかには、この地山としてみなされていたものもあったであろう。

　海浜部と内陸部で埴輪による儀礼が共通し、副葬品は海浜部で優品が多かったが、基本的には組成が共通していた。これは列島規模での前方後円墳体制に組み込まれていたといえる。その築造基盤が沖積地に求められない以上は、やはり海洋性が重視されたのであろう。

　段築や葺石、埴輪などによる表象や、墳丘の左右非対称で海側を意識したというような墳形からは、墳丘を見せる、ということが求められた。海上交通を主眼においたものが海浜型、内陸部の陸路交通においても同じ現象はある。海浜部においては、舟運という陸路に比した利便性から臨海部が特に重視され、絶好のロケーション地に築造され、それが中継港としての目安にもなったのであろう。

海浜型前方後円墳は、段築や葺石、埴輪などにみられる装飾による表象性と併せて、水上交通の要衝にあるという見せる墳墓としての共通性があった。一部は築造が連続しないという特異性があり、卓越した階層性を具えていたといえよう。

註
（1）神英雄は、仙台平野における「東海道」と呼ばれた路線は古代駅路を踏襲することを指摘。この路線は『続日本紀』に養老3（719）年に設置され、『日本後紀』に弘仁2（811）年に廃止された「陸奥国街道十駅」が置かれていた、常陸国から陸奥国に通じた駅路に由来するとしている。
（2）田中卓は『日本書紀』の国名列記に、天武4（675）年2月○未（九）条に「〜伊勢・美濃・尾張」、天武13（684）年是年条に「伊賀・伊勢・美濃・尾張」などとあることから、当時尾張国は東山道に属していたのではないかとする。天武朝の七道成立の当初は尾張国も東山道に含まれていた可能性があるという。
（3）九州地方南部は橋本編年（2011）を、土佐湾周辺は清家論文（2011）、東海地方は鈴木編年（2013）を、東北地方は菊地編年（2010）・藤沢編年（2013）を参考にした。
（4）遺跡から発見される導水施設は古墳時代中期の木樋によるものと、後期に多くみられる石組みのものがある。井泉施設と導水施設は有機的な関係がうかがえ、関東地方では石積による導水施設の群馬県三ツ寺Ⅰ遺跡や、井泉施設とみられる群馬県中溝・深町遺跡、三室間ノ谷遺跡、神奈川県三ツ俣遺跡H地点などがある。

引用参考文献
青柳泰介 2003「導水施設考」『古代学研究』160号　古代学研究会　15-35頁
赤塚次郎 1991「尾張型埴輪について」『池下古墳』愛知県埋蔵文化財センター　34-50頁
石黒立人 2006「伊勢湾周辺地域における弥生時代の平野地形について」『研究紀要』第7号　愛知県埋蔵文化財センター　33-45頁
今尾文昭 2005「「導水」の埴輪と王の治水」　橿原考古学研究所付属博物館編『水と祭祀と考古学』学生社　5-14頁
伊藤晶文 2006「仙台平野における歴史時代の海岸線変化」『鹿児島大学教育学部研究紀要』57　1-8頁
岩原　剛 2008「三河の横穴式石室」『吾々の考古学』和田晴吾先生還暦記念論集刊行会　337-360頁
卯田宗平 2003「漁撈活動における「技術」について」『国立歴史民俗博物館研究報告』100　32頁

神　英雄 1990「「奥の細道」の起源と性格に関する一考察」『日本の仏教と文化』北島典生教授還暦記念
河原典史 ほか2005「GPSを用いたヤマアテをめぐる地理学研究の方法的試論」『立命館地理学』第17号　79-86頁
菊地芳朗 2010『古墳時代史の展開と東北社会』大阪大学出版会
菊池吉修 2008「伊豆の古墳とその特質」中井正幸・鈴木一有編『東海の古墳風景』季刊考古学別冊16　雄山閣　100-108頁
木下　良 2009『事典　日本古代の道と駅』吉川弘文館
黒坂周平 2003「「海道」と「山道（仙道）」」『日本歴史』第661号　82-90頁
近藤義郎 1956「牛窓湾をめぐる古墳と古墳群」『私たちの考古学』10号　考古学研究会　2-10頁
坂本太郎ほか校注 1965「日本書紀　下」『日本古典文学大系』68　岩波書店
清水宗昭 2012『べっぷの文化財　—別府市の古墳文化—』No.42　別府市教育委員会
白石太一郎 2012「古墳からみた南九州とヤマト王権」『南九州とヤマト王権』大阪府立近つ飛鳥博物館図録58　8-20頁
鈴木一有 2008「東海の古墳出土鉄器にみる首長間交流」中井正幸・鈴木一有編『東海の古墳風景』季刊考古学別冊16　41-49頁
鈴木一有 2013「7世紀における地域拠点の形成過程」広瀬和雄編『国立歴史民俗博物館研究報告』第179集　137-166頁
清家　章 2011「4．首長系譜変動の諸画期と南四国の古墳」福永伸哉編『古墳時代政権交替論の考古学的再検討』平成20〜22年度科学研究費助金基盤研究（B）研究成果報告書　29-42頁
瀬川貴文 2012「志段味古墳群からみた尾張の古墳時代」赤塚次郎編『尾張・三河の古墳と古代社会』東海の古代③　同成社　131-154頁
千田　稔 2001『埋もれた港』小学館ライブラリー139（1974年に学生社から刊行されたものを加筆訂正）
田中　卓 1980「尾張国はもと東山道か」『史料』29　皇学館大学
中井正幸・鈴木一有 2001「東海西部における大型古墳の分布」
橋本達也 2012「地下式横穴墓とは何か」『南九州とヤマト王権』大阪府立近つ飛鳥博物館図録58　139-146頁
橋本達也 2011「地域からみた古墳時代像はどう描けるか　九州」広瀬和雄編『季刊考古学』第117号　雄山閣　71-76頁
橋本達也 2011「九州南部」広瀬和雄・和田晴吾編『日本の考古学講座　古墳時代』上　青木書店　127-146頁
橋本達也 2008「古墳時代墓制としての地下式横穴墓」『大隅串良岡崎古墳群の研究』鹿児島大学総合研究博物館研究報告No.3　210-211頁
土生田純之 1988「西三河の横穴式石室」『古文化談叢』第20集（上）九州古文化研究会　53-100頁
広瀬和雄 2012「東京湾岸・「香取海」沿岸の前方後円墳」『国立歴史民俗博物館研究

報告』第167集　67-112頁
藤岡謙二郎 1964「古代東海三国の地域中心と国府の調査―参河・遠江・駿河の場合―」『立命館文学』223
藤沢　敦 2013「古墳時代から飛鳥・奈良時代にかけての東北地方日本海側の様相」広瀬和雄編『国立歴史民俗博物館研究報告』第179集　365-390頁
三友国五郎 1938「古墳群と平野」『考古学雑誌』第28巻第4号　243-257頁
村木　誠 2012「「伊勢湾地方圏」の成立と解体」赤塚次郎編『尾張・三河の古墳と古代社会』東海の古代③　同成社　13-36頁
森　浩一 1996『前方後円墳の世紀』日本の古代5　中公文庫
柳沢一男 2014「4．南九州の出現期古墳」ふたかみ史遊会編『邪馬台国時代のクニグニ　南九州』青垣出版　108-136頁
柳沢一男・北郷泰道・竹中克繁・東 憲章 2011『生目古墳群と日向古代史　宮崎平野の巨大古墳が語るもの』鉱脈社

（柏木善治）

2　日本海沿岸

　古代において「北ッ海」と呼ばれていた「日本海」は、日本列島の本州島および九州島北側、北海道西側に接する海洋である。西で対馬海峡、北で津軽海峡、宗谷海峡、間宮海峡で太平洋などと通じているものの、いずれも対岸が見えるほど狭く、また海面が200m低下すればすべて地続きとなるほど浅い海峡である。視点を変えると、ユーラシア大陸と朝鮮半島とに囲まれた「地中海」ともいえる。

　日本海沿岸は、大雑把にいえば北東―南西方向に海岸線が延びているが、これは冬季の北西季節風を正面から受けることになる方向である。これは日本海沿岸の海岸に砂丘が発達した理由の一つであり、こうした砂丘や砂州の後背地には外海と仕切られた「潟湖」が形成されている。こうした潟湖は、外海と水路でつながっていながら波が穏やかなため、交易の拠点である港湾として、あるいは生業としての漁撈の場として活用されたと考えられる。

　なお、日本海は潮汐差が少ないことが知られる。満潮と干潮における潮位差は大きくても50cmと、最大数mにもなる太平洋側や瀬戸内海沿岸にくらべるとかなり小さい。これは周囲を陸地に囲まれたことによるのであるが、日本海沿岸に砂州が発達して潟湖が形成されるに至った大きな要因の一つである（日下　1998）。

　日本海沿岸において、「海近くに築造された大型前方後円墳」といえば、京都府北部の丹後に築かれた200m近い網野銚子山古墳（京丹後市）がまず思い浮かぶ。その規模は当時の大王墓たる畿内の巨大前方後円墳にも引けをとらないだけでなく、築かれた場所が可耕地として使用され得た沖積平野の少ない場所であることが注目されてきた（森　1986、広瀬　2000など）。さらに、丹後にはもう一つ、神明山古墳（京丹後市）というほぼ同規模の大型前方後円墳が存

在する。まさに「海浜型前方後円墳」というにふさわしい古墳といえ、こうした海岸付近に築かれた前方後円墳を考えるうえで重要であり、その性格を明らかにしうるものと考える。

　本稿では、このような大型前方後円墳が存在する丹後の様相についてまず確認した後、丹後から西へ、あるいは東へ向かって海岸付近に築造された前方後円墳を見ていくこととする。

1．日本海沿岸西半の様相

（1）丹　後

　京都府北部である丹後は、713年に丹波から5郡を分けて成立した。丹後は日本海に突出した丹後半島と、日本海側と瀬戸内海側を隔てる中で最も低い分水嶺が存在する由良川流域からなる。丘陵が海岸まで迫る丹後半島に対し、由良川流域は比較的入り組んだ海岸線となっており、それが東隣の若狭へと続いていく。海を臨むような前方後円墳は丹後半島のみに築造されている。

　網野銚子山古墳（京丹後市）は、福田川河口に形成された沖積平野を見下ろす丘陵端に築かれた巨大前方後円墳であり、その規模は全長198mと日本海沿岸で最大である（第1図）。墳丘は3段築成で斜面には葺石を施し、円筒埴輪を平坦面に樹立する。円筒埴輪は上部がすぼまったいわゆる「丹後型円筒埴輪」のみであったようである。墳丘周囲には周濠がめぐっており、その後円部側に接するように築かれた小銚子山古墳からもよく似た円筒埴輪が見つかっている。さらに、古墳と同じ丘陵上で確認された大将軍遺跡からは形象埴輪を含む埴輪群が見つかっており、この埴輪は網野銚子山古墳に樹立される予定のものが何らかの理由で遺棄されたものと考えられる。埴輪などから、前方後円墳集成編年（以下、集成編年）で4期に位置づけられる。

　本古墳は、現在は丘陵の端部に位置するが、かつては眼下に広がる平野に日本海が入り込んでおり、潟湖が形成されていたと考えられている。したがって、現在は海岸から1kmほど離れているが、かつては海とつながった潟湖に

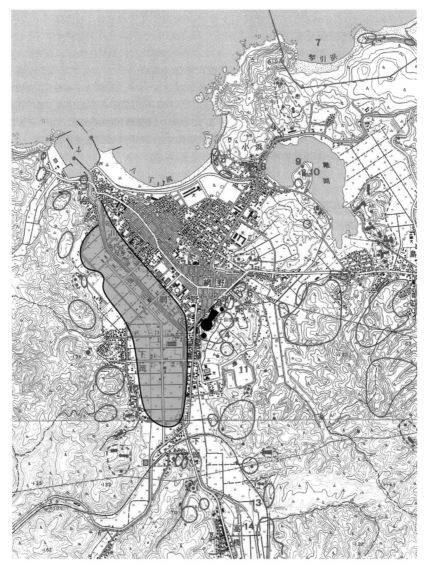

第1図　網野銚子山古墳とその立地（京丹後市教育委員会 2008を一部改変）

面した古墳であった。しかも、古墳側面が潟湖に向かうように築かれている点も注目される。なお、かつて存在したと考えられる潟湖とは別に、現在も残る潟湖「離湖」も、東に近接して存在している。この離湖に面しては前方後円墳ではないものの、石釧や車輪石、銅鏡が長持型石棺から見つかった円墳、離湖古墳が存在している点も注目される。

神明山古墳（京丹後市）もまた、現在は海岸から離れた丘陵上に築かれた前方後円墳であるが、かつては竹野川河口に形成された潟湖が、すぐ近辺まで広がっていたと考えられている。全長こそ190mで網野銚子山古墳には及ばないが、後円部径や高さでは上回る。これまで発掘調査は行われておらず墳丘の詳細は不明だが、3段築成で斜面には葺石が葺かれるようである。採集された埴輪は丹後型円筒埴輪で、そのほか山陰系の鼓形器台と小型丸底壺が見つかっている。埴輪や土器などから集成編年4期に位置づけられるが、埴輪の検討からは網野銚子山古墳に後出する。

法王寺古墳（宮津市）は、全長3.6kmの砂州である「天橋立」によって日本海と仕切られた潟湖である「阿蘇海」を臨む丘陵上に築かれた、全長74mの前方後円墳である。後円部径は55mであり、やや前方部が短い。墳丘は破壊が進んだ状態で確認されたため正確な構造は不明だが、後円部3段、前方部2段築成で平坦面には埴輪が樹立されていた。後円部頂からは長持形石棺が中心的埋葬として発見されたほか、埴輪棺を副次的な埋葬施設としていたようである。この埴輪棺には丹後型円筒埴輪と器台系口縁をもつ円筒埴輪など4個体を使用していた。このほか、凝灰岩製の石枕なども見つかっている。集成編年で4期に位置づけられるが、検討の余地を残す。

ところで、丹後において確認された海に面した前方後円墳は、埋葬施設などの調査がほとんど行われておらず、正確な時期や性格は詳らかではない。しかし、いずれも丹後独特の円筒埴輪である「丹後型円筒埴輪」を樹立あるいは使用している点は注目される（佐藤 2000、北原・福永 2011）。これまで10基の古墳から見つかっているこの丹後型円筒埴輪については、その成立において同様に独特の「因幡型円筒埴輪」が見つかっている因幡とのかかわりを考えてい

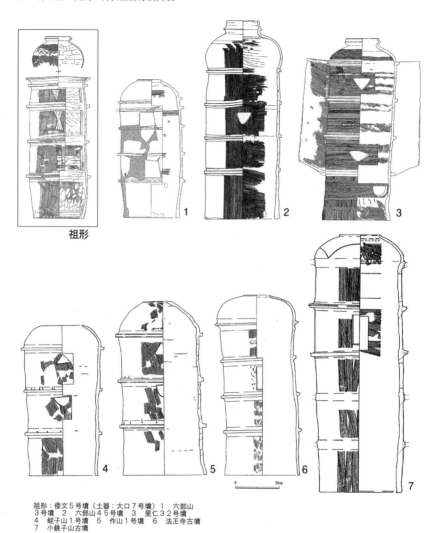

祖形：倭文5号墳（土器：大口7号墳） 1 六部山
3号墳 2 六部山45号墳 3 里仁32号墳
4 蛭子山1号墳 5 作山1号墳 6 法王寺古墳
7 小銚子山古墳

第2図　因幡型円筒埴輪と丹後型円筒埴輪（東方 2014）

る（第2図、東方 2014）。先後関係はともかく、ほぼ同時期に同じような独特の形の埴輪を樹立する両地域の関係は、相当に深かったことが想定できよう。

　丹後の西に位置する但馬は、兵庫県北部にあたる。但馬は古墳が非常に多く

築かれた地域の一つとして知られるが、前方後円墳は少なく海に臨むような立地の前方後円墳は確認されていない。他の山陰各国にくらべて山が多く平地が少ないことや、丘陵が険しいことがその要因として考えられよう。

（2）因　幡

　鳥取県東部である因幡は、ほぼ中央を中国山地に発する千代川が北流し、下流には鳥取平野が広がる。因幡には5,000基を超える古墳が築かれているが、前方後円墳はそのうち80基ほどにすぎない。また、大半の古墳は平野周辺で平野を見下ろすような丘陵上に築かれており、平地に築かれた古墳はほとんど存在しない。鳥取平野の西側には、日本最大の池である「湖山池」が存在する。湖山池は海と砂丘で隔てられた潟湖であり、現在は細い川で海とつながるだけであるが、近年の研究により、中世ごろまで砂丘に広い水路が開いており、日本海と直接つながっていたと推定されている。この湖山池南岸には非常に多くの遺跡・古墳が確認されており、湖山池が外海とつながり港湾や漁業の場など重要な役割をもっていたことを想定させるに十分である。湖山池周辺には、東岸から北岸にかけての丘陵上に、布勢古墳、大熊段1号墳、琵琶隈古墳（三浦1号墳）が築かれている。これらは古墳時代後期にこの順番に築かれたと考えられる。

　布勢古墳（鳥取市）は、湖山池を西に見下ろす丘陵上に築かれた全長60mほどの前方後円墳である。発掘調査は行われておらず墳丘構造ははっきりしないが、比較的細長い前方部を特徴とし、後円部中央に掘られた盗掘坑周辺から須恵器が採集されている。集成編年で8期頃に位置づけられてきたが、その他の出土品が知られておらず、時期ははっきりしない。

　大熊段1号墳と琵琶隈古墳（島原市）は、湖山池北東岸の「濃山台地」と呼ばれる丘陵上に築かれる。大熊段1号墳は全長50mで、前方部が大きく開く形態をとる。古墳自体の発掘調査は行われていないが、古墳周辺の調査や隣接する円墳から円筒埴輪が採集されており、もともとは墳丘に樹立されていた可能性もある。集成編年で9期に位置づけられる。琵琶隈古墳は全長34mとさ

れているが、前方部が削平されているため正確な規模・墳形ははっきりしない。墳丘周辺の調査で周濠が確認されているほか、墳丘から円筒埴輪や鶏形埴輪等が採集されている。集成編年で10期に位置づけられる。

このほか、湖山池南岸には湖山池を見下ろすような前方後円墳が数多く築かれているが、正確な規模や時期は不明なものが多い。

(3) 伯耆

鳥取県中西部の伯耆は中国地方最高峰の大山がほぼ中央にそびえ、東西それぞれには天神川と日野川が北流する。これらの河川下流には沖積平野が広がる一方、大山の北側では山裾がそのまま日本海に落ち込む地形となっている。伯耆には8,000基を超える古墳が築かれており、前方後円墳も150基以上と多く築かれている。大山を境に東と西では古墳の様相が異なるため、東伯耆と西伯耆に分けてみていく。

東伯耆の東端近くには、潟湖である「東郷池(湖)」が存在する。砂丘によって日本海と隔てられ細い川で日本海とつながるだけであるが、中世以前には現在直接日本海に流入する天神川が東郷池に流れ込んでいたこともあり、東郷池のみならず天神川水系の出口ともなっていたことが知られる。なお、この砂丘上には250棟以上の竪穴住居や大型掘立柱建物、古墳群や埴輪集積などが出土した、古墳時代前期の大集落遺跡「長瀬高浜遺跡」が存在している。この東郷池周辺の丘陵上には多くの前方後円墳が築かれている。特に、馬ノ山4号墳、宮内狐塚古墳、北山1号墳は90m以上の大型前方後円墳であり、山陰でこれほどの大型前方後円墳が集中する地域は他に存在しない。

馬ノ山4号墳(湯梨浜町)が立地するのは、東郷池と日本海に挟まれた丘陵上である。この丘陵上には4号墳のほか、2号墳、5号墳など、5基の前方後円墳が築かれる。4号墳は前方部前端が削平されているが、復元すると全長100m程度になる。墳丘の発掘調査は行われたことはないが、円筒埴輪を樹立し、斜面には葺石を施す。1956年に後円部頂が盗掘を受け、全長8.5mにも及ぶ長大な竪穴式石槨から三角縁神獣鏡を含む銅鏡、石釧12点や車輪石3点と

いった腕輪形石製品、鉄製品などが出土している。このほか、後円部頂、前方部頂、墳丘平坦面などに、箱式石棺や埴輪棺、特製棺など10以上にも及ぶ副次埋葬施設を多数構築している特徴がある。これまでは副葬品の銅鏡や腕輪形石製品の存在から比較的古く位置づけられてきたが、近年の銅鏡の研究成果や埴輪の様相などから、集成編年で4期の中でも後半に位置づけられる。

　4号墳の西に位置する2号墳は全長68mとされるが、周囲に前方後円形に平坦面がめぐり、これも墳丘の範囲とすると一回り大きく72m程度となる。本古墳には埴輪が存在するとされているが、詳細は明らかではない。2号墳の前方部のすぐ西側は断崖となり川に落ち込んでいる。4号墳は海からも東郷池からもあまり要望がいいとはいえず、むしろ2号墳の方がより海や東郷池からの眺望を意識した立地であるといえる。時期は明らかではないが、4号墳に先行する可能性が高い。また、4号墳東側には全長38mの前方後円墳である5号墳が築造される。箱式石棺を埋葬施設とし、内部から須恵器や馬具などが見つかっている。集成編年で9期頃に位置づけられるが、4号墳後円部に接するように築造されており、4号墳を意識しているようである。

　東郷池東岸につきだす岬の先端に築かれたのが宮内狐塚古墳（湯梨浜町）である。全長95mとされ、埴輪片が散在することから埴輪も樹立されていたようだ。発掘調査を行っていないため墳丘構造は明らかではないが、測量図からは前方部がバチ形に開くこと、後円部のみ上段が1段重ねられている点が読み取れ、古相を示す。埴輪からは、先後関係は不明だが、馬ノ山4号墳とおおむね同時期の集成編年4期に築かれたと考えられる。

　東郷池周囲に築かれた前方後円墳で最大規模を誇るのが北山1号墳（北山古墳、湯梨浜町）である。全長110mで3段築成の墳丘を有す。各平坦面と墳頂部には埴輪を樹立するほか、後円部頂で笊形土器が出土している。発掘調査で中心埋葬施設として竪穴式石室が確認されているが、乱掘に遭い基部を残すだけまで大きく破壊されており、辛うじて短甲片や鉄器片などが見つかっている。また副次埋葬施設として箱式石棺が存在しており、内部から舶載龍虎鏡、鉄製刀剣、玉類などが見つかっている。集成編年で5期の築造と考えられる。

馬ノ山4号墳、宮内狐塚古墳、北山1号墳という、90m超の前方後円墳の継続的築造は5期で終了する。

　東郷池を見下ろす丘陵上には、後期にも宮内2号墳（9期、23m）、南谷19号墳（10期、32m）など中小規模の前方後円墳が10基ほど築かれている。時期が明らかではない古墳も多いが、いずれもが東郷池を見渡せるものであり、池を意識していることは間違いない。

　東郷池以西は、大山山裾まで十数kmにわたり砂丘が続いた後、丘陵地帯となる。大山の裾野は海岸では十数m～数十mの崖となっており、そこを中小河川が削って谷を刻み、丘陵と谷が交互に現れる地形となる。こうした日本海に臨む丘陵上には数多くの古墳が築かれているが、この中に笠取塚古墳、八橋狐塚古墳という海に面した古墳が築かれる。

　笠取塚古墳（琴浦町）は全長50mの前方後方墳とされ、日本海を眼下に見下ろす丘陵の突端に築かれている。埴輪や葺石は存在しないとみられ、発掘調査も行われたことがないため、墳形も含め時期や埋葬施設は判然としない。古墳は眼下に日本海を見下ろす丘陵突端であり、海からの眺望も良好である。

　八橋狐塚古墳（琴浦町）は笠取塚古墳から東南に500mほどの丘陵上に位置し、海岸からは300mほどの距離に築かれている。全長62mで、周濠をめぐらす。中心となる埋葬施設は詳らかでないが、くびれ部上に小型の横穴式石室が開口する。出土品としては須恵器が知られる程度であるが、集成編年10期に位置づけられ、後期の前方後円墳としては県内最大規模である。

　西伯耆は、日野川下流に米子平野が広がり、周辺の丘陵上に多くの古墳が築かれる。ちなみに、現在の海岸線は近世のたたら製鉄に伴う「鉄穴流し」[1]（かんななが）により中国山地から流された砂によって形成されたものであり、古墳時代には米子平野も今よりずっと小さく、弓ヶ浜半島も島であったと考えられる。海を望むような前方後円墳は少ないが、現在は海岸から離れた古墳でも築造当時は海に近かった可能性がある。

　向山古墳群（米子市）は、沖積平野に面する低い独立丘陵上に立地し、向山3号墳（39m）、同4号墳（65m）、6号墳（40m）、長者ヶ平古墳（49m）、岩

屋古墳（52m）といった前方後円墳が築かれる。集成編年7期の築造と考えられる3号墳を最初とし、谷を挟んで東側の丘陵に築かれた小枝山12号墳や石馬谷古墳などを合わせ、10期の岩屋古墳まで1世紀以上にわたり中〜大型の前方後円墳が連続して築かれたと考えられる。淀江平野には、かつて潟湖（「淀江潟」）が存在していたとも考えられている（清水 1978）。仮に潟湖が存在したとすれば、向山古墳群のすぐ近くまで広がっていたことが想定できることから、港湾や物流拠点としての潟湖の存在が古墳群の築造背景と考えられるという意見も強い。しかし、ボーリング調査などの結果から、淀江潟自体は古墳時代には湿地と化しており、内水面が利用できるような潟湖としての機能はほとんどなかった可能性が高い。向山古墳群は非常に密集して中大型前方後円墳が継続して築かれており、かなり特異な状況にある。その築造背景については、単なる交通の要衝といったものではないと考えられ、さらなる検討が必要である。

（4）出　雲

　島根県東部である出雲は、中国山地とそこから流れる川により島根半島の間に形成された平野からなる。平野には、東から中海、宍道湖、神西湖という、海とつながる湖が存在する。このうち、中海は境水道で日本海とつながるのみであるが、前述のとおり日本海と中海とを区切る弓ヶ浜半島は古墳時代にはつながっておらず、砂州の所々に水路が存在していたと考えられている。宍道湖はその中海に大橋川でつながっており、おそらく船でそのまま進入することができ、入り海として機能したと考えられる。神西湖は、神戸川河口に位置し、西を砂丘で日本海と区切られた潟湖である。斐伊川が流入する宍道湖とともに、中世〜近世に中国山地で行われたたたら製鉄に伴う「鉄穴流し」による砂の堆積により、その面積を減らしている。なお、出雲は古墳時代中期後葉に前方後方墳が築かれるようになり、後期後葉の山代二子塚古墳を最大規模とする。本稿においては前方後方墳と前方後円墳を合わせて扱うこととする。

　中海沿岸は、北岸は丘陵が海岸まで迫っている一方、南岸は比較的平坦で平

野が広がる。集成編年6期に中海を見下ろす丘陵上に築かれた毘売塚古墳（安来市）は、墳丘ははっきりしないものの全長42mの帆立貝式前方後円墳と考えられ、葺石と埴輪の存在が確認されている。後円部中央から舟形石棺が見つかっており、棺内から鉄剣が、棺外からも剣、鉾、鏃、短甲、ヤス、玉類などが見つかっている。

　中海南岸のうち、飯梨川左岸以西は前方後方墳が主に築かれており、出雲の特徴となっている。こうした前方後方墳の中にも海を臨む丘陵上に築かれたものも多い。宮山1号墳、同3号墳、仏山古墳、造山2号墳（いずれも安来市）がそれである。なお、これらの古墳が築かれた丘陵は、弥生時代の四隅突出型墳丘墓、あるいは古墳時代前期の大型方墳が築かれた場所であることは注目すべきであろう。

　宮山1号墳は、現在は湖岸線からやや離れているものの、かつては古墳直近まで海が広がっていたようである。墳丘は土取りによって破壊されてしまったため詳細は明らかではないが、全長57mで段築も存在した可能性がある。葺石と埴輪が存在し、埴輪は円筒埴輪と形象埴輪があったようである。集成編年8期の築造と考えられる。宮山3号墳（24m）は1号墳と同じ丘陵上に築造されたもので、円筒埴輪は確認されているが、葺石は存在しない。9期の築造と考えられる。仏山古墳は全長47mで、後方部頂に箱式石棺が存在する。石棺は礫床で棺内から水晶製勾玉、刀剣片、獅噛環頭、鉄鏃、鉄斧、馬具などが見つかっている。埴輪は存在しているが、葺石は確認されてない。造山2号墳は全長50mで、前方部1段、後方部2段に築かれている。埋葬施設は不明だが、埴輪と葺石が存在する。両古墳ともに10期の築造と考えられるが、同時期としては山代二子塚古墳に次ぐ規模となる。

　以上の4古墳は海に近い丘陵上に築かれており、海を意識しているとみられる。合わせてかつて四隅突出型墳丘墓、大型方墳が築かれた墓域という点も意識的に選択されたと考えられる。

　宍道湖と中海を繋ぐ大橋川沿岸には、川沿いの丘陵上に前方後円墳および前方後方墳が築かれる。これらの古墳は水上交通を意識していたことは間違いな

いと考えられる。

　井ノ奥4号墳（松江市）は中期後葉に大橋川南岸に築かれた、前方部の短い前方後円墳で、全長57.5m、後円部径42mの規模を有し、墳丘は2段に築かれ平坦面には埴輪列をめぐらす。土取りによって墳丘の半分以上を失っており、埋葬施設等は不明である。古墳の周囲には馬蹄形の周濠をめぐらしている。当古墳が築かれた集成編年8期には、出雲では前方後方墳の築造が始まっており、その中において前方後円墳という墳形を築いたことは注目される。竹矢岩船古墳（松江市）は同じく大橋川南岸に築かれた前方後方墳で、井ノ奥4号墳についで9期に築かれたと考えられる。発掘調査は行われたことがないため、築造時期は明らかではない。

　集成編年10期には大橋川に面して、南岸に手間(てま)古墳（松江市）、北岸に魚見塚古墳（同）が築かれる。近年の発掘調査で須恵器が出土し、時期と規模が判明した。どちらも全長60m程度の前方後円墳であり、後期後葉としては大型であるのと同時に、前方後方墳の世界の中に築かれた前方後円墳であることが注目される。

　宍道湖沿岸でも、湖を見下ろす丘陵上に古墳が築かれる。前述のとおり、宍道湖は中世〜近世のたたら製鉄に伴う鉄穴流しの影響で砂が流入して湖面が縮小しており、もともとは西や北に広く、現在は湖岸からかなり離れている古墳でも築造当時はもっと近かったものも多い。北岸には前方後方墳である古曽志大谷1号墳（松江市）が築かれている。全長45m、墳丘は2段に築かれ平坦面には埴輪が樹立される。前方部前端には造り出しが付設され、埴輪が樹立されていた。集成編年で8期の築造と考えられる。

　神庭岩船山古墳（出雲市）は南西岸に築かれた全長48mの前方後円墳である。古曽志大谷1号墳と同じ8期に位置づけられる。このほか、宍道湖沿岸には大角山古墳、扇廻(おおぎざこ)古墳、報恩寺古墳など、50〜60mの前方後円墳が築かれるが、時期は詳らかではない。

　出雲平野西部にある神西湖は、出雲国風土記では「神門の水海」と記載されている。現在は小さな湖となっているが、かつては神戸川に加え現在は宍道湖

に流入する斐伊川も流入しており、出雲大社近辺まで広がる大きな湖であった。神西湖を見下ろす丘陵上には北光寺古墳（出雲市）が築かれている。全長64mの前方後円墳で、埴輪を樹立し葺石を施す。後円部の埋葬施設は明らかではないが、前方部頂にも竪穴式石槨が存在し、盗掘を受けていたものの舟形石棺を納めていたようで、破片が見つかっている。盗掘坑から鉄刀剣、鉾、馬具などの鉄製品の破片が見つかっている。集成編年6期に位置づけられる。

（5）石見・隠岐

出雲の西に位置する石見は、山地が多く平地が少ないため、前方後円墳自体が少ないこともあり、海に近い立地の前方後円墳は少ない。

周布古墳（浜田市）は日本海を望む低い丘陵上に築かれた全長68mの前方後円墳で、前方部、後円部とも2段に築かれ、円筒埴輪と葺石の存在が確認されている。集成編年で5期頃に位置づけられる。

日本海に浮かぶ隠岐は、島前と島後からなるが、国府や国分寺が存在したのは島後であり、隠岐の中でも中心となっていた。前方後円墳は複数存在し、しかも海を望むような立地も多い。しかしながら、そもそも海に囲まれた地形であり、大抵の丘陵は海を望むことが可能である。したがって、海を意識したのか、たまたまなのかは判断が難しいといえる。

（6）小　結

日本海沿岸最大級の前方後円墳が築かれた丹後から、日本海沿岸を西に向かって、海や潟湖に近い場所に築かれた前方後円墳を概観した。

外海よりも潟湖に面して、その地域でも最大級の前方後円墳が築かれたことに注目したい。たとえば、伯耆では潟湖である東郷池の周辺に、90〜100mを超えるような前方後円墳が3基築かれている。これ以外に100mを超えるような古墳は山陰には築造されていない。また、因幡の湖山池周辺の古墳はさほど大きくはないが時期を限れば同国内で最大規模である。冒頭で紹介した丹後の巨大前方後円墳もまた潟湖に面して築造されており、大型前方後円墳と潟湖と

の関わりが指摘できる。

　一方、潟湖ではなく日本海に直接面する古墳も存在する。東伯耆の笠取塚古墳、八橋狐塚古墳は、いずれも日本海を見下ろす丘陵上に築かれており、近隣に潟湖は存在しない。同様の立地をとる前方後円墳は少ないが、出雲の大橋川沿岸の古墳も同様といえるかもしれない。なお、八橋狐塚古墳、魚見塚古墳、手間古墳はおおむね同時期でかつほぼ同規模である点が注目される点である。

　このように、潟湖に面するか、外海かという立地の違いが何を反映するのかは検討課題である。

2．日本海沿岸東半の様相

（1）若　狭

　丹後の東隣の若狭は、北陸道で最南西端となる。近江の北に位置する同国は、日本海を介した朝鮮半島や九州とのかかわりが強いことが知られており、畿内周辺では最も早い竪穴系横口式石槨が導入されたほか、金銅製冠や垂飾付耳環なども濃密に分布している（入江・伊藤編 2013）。しかしながら、海岸線は入り組んでおり、海に突き出した丘陵とその間にできた平野の連続で、古墳は海から離れた地域に多い。

　二子山古墳（高浜町）は丘陵上に築かれた全長26mの前方後円墳で、葺石、埴輪は存在しない。北部九州系の横穴式石室から、鉄刀、鉄鉾、鉄鏃、刀子、鉄斧、馬具、土師器、須恵器、玉類、耳環等、多くの副葬品が見つかっている。集成編年9期に位置づけられる。

　行峠（ゆきとうげ）古墳（高浜町）は、二子山古墳からもほど近い丘陵尾根先端に築かれた前方後円墳で、全長34m、葺石や埴輪は確認されていない。埋葬施設は右片袖の横穴式石室で、玄室長3.8m、奥壁幅2m、羨道長1.7mの規模を有する。石室内から鉄刀、鉄鏃、鉄鉾、鉄製農工具、馬具、耳環、玉類、多数の須恵器などが見つかっている。集成編年10期の築造と考えられる。

（2）越 前

　若狭の北東に位置する越前から越後にかけての日本海沿岸は、かつて「高志」・「越」と呼ばれていた。畿内に近い方から越前、越中、越後に分けられ、越前から能登、加賀が分立している。現在は4県に分かれていることからわかるように、「越」と呼ばれた地域はかなり広い面積である。一つの地域として文化的あるいは政治的にまとまっていたかどうかはさておき、そのように認識されるような背景はあったのであろう。

　越前には、北陸地方最大の前方後円墳である六呂瀬山1号墳が築かれているが、同古墳や手繰ヶ城山1号墳などが築かれているのは九頭竜川をさかのぼった福井平野の東端で、海から近いとはいえない。

　海岸近くに築かれた前方後円墳として、免鳥5号墳（免鳥長山古墳、福井市）が挙げられる。海岸にほど近い丘陵上に築かれた帆立貝式前方後円墳で、短小な前方部のほかに、後円部に2箇所造り出しが付設されている。全長90.5m、後円部径82m、前方部長8.5m、前端幅24m、前方部、後円部ともに2段に築成されている。円筒埴輪、朝顔形円筒埴輪、家形埴輪、甲冑形埴輪などの形象埴輪のほか、墳頂や造り出しから土製品、土師器などが見つかっている。埋葬施設は船形石棺の直葬で、蓋に鋸歯文が刻まれ、長辺・短辺とも2個ずつ縄掛突起が存在する。副葬品として、石製品（環頭形、鍬形石、車輪石、鏃形）、鉄刀剣、槍、玉類などが見つかっている。集成編年で5期に位置づけられる。

（3）加 賀

　越前の北に位置する加賀は、もともとは越前の一部であり、823年に北側2郡を分けて成立した、令制で最も新しい国である。比較的出入りの少ない海岸線が続く。冬の季節風を受ける北東－南西方向に海岸線が延びるためか、河北潟、柴山潟などの潟湖も発達している。

　こうした潟湖を臨む立地の前方後円墳として、臼のほぞ古墳（小松市）がある。「三湖台」と呼ばれる潟湖に囲まれた台地の端部に位置し、全長50mの規

模を有する。詳細な調査は行われていないが、埴輪を樹立しないことは確認されている。御幸塚古墳（小松市）もまた台地上に位置する全長25mの前方後円墳である。埴輪を樹立するとともに、鉄刀・須恵器の出土が知られる。臼のほぞ古墳は集成編年で7期、御幸塚古墳は8期に位置づけられている。

秋常山1号墳（能美市）は低い丘陵上に築かれた、前方部が短い帆立貝式前方後円で、全長141mと加賀最大規模を誇る。墳丘は後円部3段、前方部2段に築かれ、墳丘斜面のうち2段目以上には葺石を施すが、埴輪を樹立しない。東くびれ部の造り出しから土師器高杯が見つかっている。後円部頂に存在すると推定される埋葬施設は調査が行われておらず種類は不明だが、粘土槨の可能性が考えられている。集成編年で5期の築造と考えられる。海岸からはやや離れているものの、手取川をさかのぼっていた際には非常に目につきやすい古墳である。

（4）能　登

加賀の北に位置し、日本海に突き出た能登は、越前から4郡を分けて718年に成立した国である。その後、741年に越中国に一度併合されたが、757年に再び成立した。能登半島の大部分を占める能登は、平地が少なく丘陵がちであるという立地上の特徴がある。

滝大塚古墳（羽咋市）は、海岸際に築かれた帆立貝式前方後円墳で、墳丘は完全に削平されているものの、全長90mほどの大きさである。集成編年で5期の築造と考えられる。

柴垣親王塚古墳（羽咋市）は海からほど近い海岸段丘端に築かれている。全長35mで横穴式石室を埋葬施設とする。近隣には同様の立地で柴垣車塚古墳が存在したとされる。消滅してしまったが、親王塚古墳よりも小型であったらしい。

（5）越　中

富山湾に面した越中は、飛騨山脈や飛騨高地から流れ下る河川によって形成

された扇状地や平野が広がっており、海岸付近に築かれた古墳は多くない。しかし、能登半島の付け根の氷見市周辺は丘陵が富山湾に面するという地形的な理由から、海岸近くに築かれた前方後円墳が多く存在する。また、十二町潟をはじめとする潟湖も発達しているが、現在は埋積されたものも多い。

柳田布尾山古墳（氷見市）は全長107.5mの前方後方墳であり、日本海沿岸では最大規模の前方後方墳である。現在は海からやや離れているが、古代に「布勢海」と呼ばれた潟湖を見下ろす丘陵上に築かれている。2段築成で埴輪と葺石はもたない。また、埋葬施設は盗掘で完全に破壊されてしまっており、種類・副葬品に関する情報はまったくない。周辺に築かれた古墳との関係から、集成編年4期に位置づけられている。

桜谷1号墳、同2号墳（高岡市）は、富山湾を直接見下ろす丘陵上に築かれた前方後円墳である。1号墳は全長62m、前方部、後円部ともに3段に築かれている可能性がある。埋葬施設等は明らかではなく、埴輪も存在していない。2号墳は全長50mの規模を有し、副葬品として石釧、玉類が出土しているほか、墳丘裾から鏡の破片が見つかっている。なお、石釧は日本海側最東端の出土例として知られている。2号墳は集成編年で5期に位置づけられる。

朝日長山古墳（氷見市）も富山湾を見下ろす丘陵上に築かれた43mの前方後円墳である。墳丘には埴輪を樹立する。埋葬施設は竪穴系横穴式石室に近い形態とされる横穴式石室で、全長6.3m、幅1.1mの石室内からは、鉄刀、鉄鉾、鉄鏃のほか、胡籙、冠帽、馬具、玉類、土師器、須恵器などの副葬品類が見つかっている。なお、すぐ近くの丘陵上には朝日潟山古墳（氷見市）が築かれている。全長は33mであり、出土品その他は知られていない。朝日長山古墳は集成編年で9期に位置づけられ、朝日潟山古墳は前後の時期になろう。

以上の古墳は、富山湾西岸の中でも南側に位置するが、阿尾島田Ａ1号墳（氷見市）は柳田布尾山古墳から富山湾を挟み北側に位置する。富山湾を見下ろす丘陵上に築かれた前方後円墳であり、しかもかつては丘陵のすぐ下まで潟湖が存在していた可能性が指摘されている。全長は約70mで、中心埋葬の木棺直葬から鉄製刀剣類、農工具、玉類が見つかっている。墳丘に段築はなく、

埴輪や葺石も確認できない。集成編年で3期の築造と考えられる。

　北陸道の北端となる、越中の東に位置する越後、佐渡には前方後円墳は存在しているが、海岸付近に築かれたものは知られていない。

（6）小　結

　若狭から東に、北陸道の海近くに築かれた前方後円墳を概観した。先にみた丹後〜山陰の同様な立地の前方後円墳にくらべると、数がやや少ないことが指摘でき、その規模も小さい傾向がある。また、山陰で顕著であった潟湖の周辺に築かれた前方後円墳も、加賀や越中では見られるものの、やはり山陰にくらべると少ないことが看て取れる。

　北陸においては、山陰にくらべれば潟湖がそれほど発達しておらず、また潟湖周辺に古墳を築くのに適した丘陵が存在しない場合が多いなど、地形的な差異が存在している。これが山陰との違いの理由の一つであることは考えられる。

　一方で、直接日本海に面した前方後円墳が、山陰にくらべるとやや目立つように見受けられる。同じような規模の免鳥5号墳や滝大塚古墳といった大型帆立貝式前方後円墳が、日本海に面して築造されているのは注目される。

3．海浜型前方後円墳と日本海

（1）立地からみた前方後円墳

　前節において、日本海沿岸における海近くに築かれた前方後円墳について見てきた。地域により多寡はあり、海近くに築かれた前方後円墳が存在しない所も多いが、比較的多く築かれているといえるだろう。

　立地を見てみると、これまでも指摘されていることだが、周辺に農業生産の場となる広い沖積平野が存在しない古墳が多い。そして、近くに潟湖が存在する、あるいはかつて潟湖であったと考えられる平野に面している古墳が多いことがわかる。

はじめに触れたとおり、日本海沿岸には潟湖が発達する。因幡の湖山池のように大規模なものから、わずかな水面を有するだけのものまでさまざまであり、現在では埋積して縮小・消滅し平野となっているものも多い。潟湖は砂州によって外海と区切られており、海から川や水路をとおり潟湖に入ると、そこには波の静かな汽水湖が広がる。その静かな湖面を利用し、潟湖は港湾として人びとに利用されたと考えられる。港湾ということであれば、海上交易の拠点、交通の要衝であり、海上における交通の結節点となっていたことになる。物や人びととの往来が盛んであったと考えられる。

　すでに指摘されているとおり、日本海沿岸の潟湖のうち比較的大きなものは数十km置きに存在しており、海岸伝いに一日で進むのに適当な間隔であるとされる。たとえば、神西湖〜中海間は直線で40km、東郷池〜湖山池間や河北潟〜邑知潟間は30kmほどであり、おそらく自然の力や人力であれば、十分に移動できる距離である。また、海上輸送は徒歩で移動するより速く、より多くの荷物を運べるため、潟湖のような港湾が適当な距離にあれば当然利用されたであろう。

　潟湖に面して、あるいは近接して築かれた前方後円墳については、こうした潟湖の存在を背景として築かれたと考えられる。すなわち、被葬者は、交通の要衝である潟湖を支配し、海上交通や交易を支配していた人物が想定できるのである。海上を渡ってくるものから、海上を通って他所へ移出されるもの、港湾においてはさまざまなものが集積され、交易されたと考えられる。もちろん、ものと一緒に人も動き、さらに想像すれば、「もの」は実体のある物だけでなく、形のない「情報」などもその一つとして移動した。実体がないだけにあまり考慮されないことも多いが、この「情報」は、メディアが存在しない当時においては、その入手はかなり重要な問題であったと考えられる。

　ただし、港湾とするのに十分な広さをもちながら、近隣に前方後円墳が築かれない潟湖も多い。たとえば、丹後の久美浜湾や加賀の河北潟の周辺には前方後円墳が知られていない。古墳を築くのに適した場所が近くに存在しないという条件的な制約があったのか、あるいは広さや距離だけではない、別の理由が

存在した可能性も考えられる。

　また、海に近接して築造されていながら、上述のような潟湖が付近に存在しない、あるいはかつても存在したとは考えにくい場所に築かれた前方後円墳も存在する。たとえば、東伯耆の八橋狐塚古墳（10期）は、日本海を見下ろす丘陵上に築かれているが、近くに潟湖はおろか大規模な港湾として利用できそうな入江は存在しない。1km程離れたところに現在は港が存在するが、少し入江となっている程度であり、外海に面したこのような場所が多くの人が集まる港湾として利用されたとは考えにくい。これ以外にも、出雲の手間古墳や魚見塚古墳、越前の免鳥5号墳や能登の滝大塚古墳など、類似した立地の前方後円墳は、数は少ないものの一定数存在することは注目される。しかも、築造される時期が限られること（八橋狐塚古墳、手間古墳、魚見塚古墳は10期、免鳥5号墳、滝大塚古墳は4～5期）、それぞれ規模がほぼ同じである点は、非常に興味深い。

　こうした古墳の被葬者としては、先に述べたような交通や交易を支配した人物というのは想定しにくい。一方で日本海に面して築かれていることから、海と無関係とも考えづらいだろう。これについては、「見せる墳墓」という性格が色濃い前方後円墳の特徴がおおいに関係するのかもしれない。すなわち、近傍を通過する船にその姿を見せ、その存在をアピールしたのであろう。

（2）前方後円墳と日本海

　日本海沿岸はまた、対岸にある朝鮮半島との交流が古くから盛んであったことはいまさらいうまでもない。比較的早い段階で日本海沿岸を点々と東北まで北上した稲作や、北部九州に匹敵する数量を誇る山陰地方の鉄製品などは、瀬戸内海ではなく日本海沿岸が日本列島の表玄関であったことを想定させる。

　日本海には太平洋を流れ南から北上して太平洋沿岸を流れる黒潮から分かれた暖流の対馬海流が流入し、おおむね本州に沿って東へ流れる。一方、北からも寒流のリマン海流が沿岸に沿って流れている。日本海沿岸は冬季には北西から季節風が吹きつけることが一因となり潟湖が形成されたと考えられるわけだ

が、こうした季節風とともに海流も同様に海上を移動する上で利用されたことも考えうる。ただし、海流は移動の妨げとなる可能性もあり、季節風も同様に移動のためには向かない時期もあろう。こうした特性は、海上を船舶で移動する上で当然考慮されたと考えられるが、当時の海上交通を考える上ではこうした自然の力を頭に入れておく必要がある。

前節で述べたとおり、日本海の海岸近くに築かれた前方後円墳の多くが潟湖を見下ろすような、あるいは近接した立地にある。潟湖は港湾として、物資の集積や交易、人びととの交流などが行われたと考えられるが、その中では情報の交換も重要な要素であったと推察される。その情報は、人、地域、産物など色々なものが想定しうるが、海上交通に関する海の情報も当然のことながら含まれていたと考えられる。

日本海沿岸では、古墳時代中期以降北部九州や朝鮮半島との交流をうかがわせる要素（副葬品、石室など）が増加する。畿内を介さない、地域間の直接的交流が存在した可能性も考えられよう。その際に重要となったのは、港湾としての潟湖と、海上を移動するための技術・情報などであり、海に近接して築造された前方後円墳の被葬者はそれらを支配した人物が想定される。

日本海沿岸は、近代以降の太平洋側への投資と人材の集中により、発展が遅れた地域という認識が支配的であった。一方、高度経済成長期以来の発掘調査成果は、日本海沿岸地域がかつては日本列島の表玄関ともいえる先進地域であったことを明らかにしてきた。

ただし、前方後円墳が築かれた古墳時代、日本海沿岸には前期前葉段階の前方後円墳は少なく、その後においても瀬戸内海沿岸にくらべると規模も大きくない。一見すると日本海沿岸の役割、地位は低下したようにも見える。本稿ではそうした面に踏み込んで検討することができなかった。今後の検討課題としたい。

註
(1) たたら製鉄に使う砂鉄を採集するため、山を切り崩して土砂を水に流し、砂と鉄の比重差を利用して砂鉄のみを採集する選鉱方法。伯耆～出雲の山間部で主に行われ、多量の土砂が川の下流に流されて堆積した。

引用参考文献

入江文敏・伊藤雅文編 2013『若狭と越の古墳時代』季刊考古学・別冊19
北原梨江・福永伸哉 2011「丹後型円筒埴輪の2系統とその展開過程」『太邇波考古』第33号 1-11頁
京丹後市教育委員会 2008『網野銚子山古墳・湧田山1号墳発掘調査概報』京都府京丹後市文化財調査報告書第1集
日下雅義 1998『平野は語る』大巧社
佐藤晃一 2000「埴輪の成立と変遷─丹後型円筒埴輪の分布と背景─」『丹後の弥生王墓と巨大古墳』季刊考古学・別冊10 84-91頁
清水真一 1978「山陰地方の池」森浩一編『日本古代文化の探求・池』社会思想社 46-64頁
広瀬和雄 2000「丹後の巨大古墳」『丹後の弥生王墓と巨大古墳』季刊考古学・別冊10 73-83頁
高橋浩二編 2007『阿尾島田古墳群の研究─日本海中部沿岸域における古墳出現過程の新研究』平成16～18年度科学研究費補助金（基盤研究（B）（2））研究成果報告書 富山大学人文学部考古学研究室
高橋浩二 2003「潟湖環境と首長墳─古墳時代の日本海交流ルートは存在したのか」秋山進午先生古希記念論集刊行会編『富山大学考古学研究室論集 蜃気楼 ─秋山進午先生古希記念─』
能美市教育委員会 2012『秋常山古墳群─1600年の時を越えて─ シンポジウム記録集』
東方仁史 2014「埴輪からみた日本海沿岸の地域間関係」『倭の五王と出雲の豪族 ヤマト王権を支えた出雲』島根県立古代出雲歴史博物館
森 浩一 1986「潟と港を発掘する」『日本の古代3 海を越えての交流』中央公論社

(東方仁史)

3 瀬戸内海沿岸

1．研究史と論の視点

　山頂、平地、山間の谷奥など、さまざまな古墳の立地にはどういった意味があるのか。重要な課題であるが、解釈の問題となるためか議論はあまり活発ではない。そうした多様な古墳の立地のうち、最も特徴的といえるのが本書で扱う海浜型の立地であり、海をのぞむ古墳、臨海性の古墳などと呼ばれ注目されてきた。

　その存在は、まず瀬戸内海沿岸で指摘された。岡山県の東南部に位置する牛窓は、東にのびる半島の南側に形成された港町である。半島は山がちで、可耕地は狭隘である。この港をとりまくように築かれた5基の前方後円墳に注目した近藤義郎は、それらの成立基盤を瀬戸内海航路の拠点としての機能に求めるほかないとし、倭政権の朝鮮派兵に際して設けられた内海航路中継点の管掌者がこれらの前方後円墳の被葬者と考えた（近藤 1956）。また、六車恵一は香川県津田湾の沿岸に多数の前方後円墳が築かれることを示し、それはこの地が泊地、港湾として繁栄したことに起因するとした（六車 1965）。つづいて西川宏らは兵庫県五色塚古墳から山口県長光寺山古墳まで、瀬戸内海に面して、海にのぞんで築かれた古墳を提示した。これらは瀬戸内海航路の中継基地的な拠点の存在を示すものであり、倭政権が在地首長を掌握して成立・継続したとし、前Ⅱ期に出現し前Ⅲ期に盛期をむかえて後期には衰退していることから、倭政権の朝鮮派兵に伴って盛衰をとげたと近藤の評価を再確認した（西川・今井・是川・高橋・六車・潮見 1966）。その後、間壁忠彦は山口県竹島古墳をはじめとする瀬戸内海沿岸の首長墓を示し、前期前半に位置づけられる竹島古墳の存

在から、前期前半には大和政権の西方進出に起因し、前期でも後半以降は朝鮮半島への派兵へと性格を変化させながら航路上の拠点が設けられつづけたとした（間壁 1970）。このほか、西川宏による吉備の諸例の提示がある（西川 1975）。以降、これらの古墳については、その解説がなされる際には必ず海に臨む古墳として性格が記され、評価が定まったかに見える。

　これ以降では、谷若倫郎が愛媛県の島嶼部を含む海浜の古墳を検討し、航路の推定を行った（谷若 2002）。また、最近では海の古墳を考える会によって各地域の海浜の古墳の検討が進められており、その第2回研究会では瀬戸内海西部が取り上げられ、この地域の様相がまとめられた（瀬戸内海考古学研究会編 2012）。

　讃岐の東部、津田湾の沿岸に築かれた首長墓群の形成過程を検討した大久保徹也は、内陸側に築かれていた首長墳が3期以降、基盤とする集落から離れて湾の沿岸に築かれるようになることを明らかにし、このことは、地域秩序が内部からよりも、外部との関係の中で承認されるべきものに変化したことを示すとした。また、五色塚古墳をはじめ、3～4期にかけて築かれる臨海型の古墳は、広域にわたる基幹的交通を各地の首長が分担して担うという側面が大きく高まった姿であると述べる（大久保 2013）。古墳からではなく、航路から古墳への視線を基本に考える立場である。

　さて、以前筆者は古墳の立地について考察を行い、そのなかで海に面し海路に関わりをもつとされる古墳は、一部についてはその評価が妥当であるとしても、すべてをそのように評価するのは適当ではないとした。前半期古墳の多くは尾根や山頂への立地を基本とするが、これらは集落から垂直方向へ隔たった所に築くことを選択したものであり、海に近接する古墳がそれと同じ原理をもって築かれたとすれば、集落から水平方向に隔たった結果、海に近接することになったと考えた（宇垣 2004）。これは、この小論の視座である。

2. 地域の概要

　瀬戸内海は東西420km、南北の幅は広くなる播磨灘で60km、最も狭まる備讃瀬戸で7kmの、東西に長い内海である。本州、四国、九州に囲まれ、海岸線をもつ府県は大阪、兵庫、岡山、広島、山口、福岡、大分、愛媛、香川、徳島、和歌山の11、旧国では備前以下の17にのぼる。

　多島海として知られ、大小3,000もの島々が所在する。潮の干満の差は大きく、そのため潮流は強い。そして、東西から入る潮と島々のため、潮の流れが複雑な箇所を生じるという。また、雨が少ない気候で、弥生時代中期以降、古墳時代を通じて土器製塩がさかんに行われるのも、この地域の特色である。

　岡山南部や香川、愛媛など、多くの地域で沿岸部に沖積平野が形成されており、弥生時代後期にはそこに大規模な集落が形成される。縄文・弥生時代のサヌカイトや姫島産黒曜石の分布などから、沿岸の各地域が早くから海路で結ばれていたことは明らかである。さらに、西の北部九州から鉄をはじめとする大陸の物資や製品、思想や情報がもたらされるようになると、東西の物流に瀬戸内海航路が大きな役割を果たしたと考えてよい。

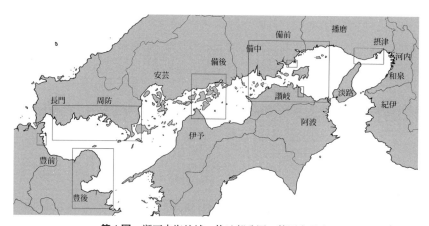

第1図　瀬戸内海地域　枠は部分図の範囲を示す

なお、海と古墳の関係を考えるにあたっては、海岸線の位置が重要となるが、瀬戸内海沿岸では沖積や干拓、戦後の埋め立てなどによって海岸線の位置は大きく変化しており、とりわけそれは吉備南部で著しい。

3．海浜型古墳群の形成

(1) 岡山県牛窓半島の首長系譜

　牛窓は岡山県の東南部に位置する瀬戸内の港町で、東にのびる長さ4.5kmの半島の南側に位置する。海岸は浅い湾をなし、沖合には東に前島、前面に黒島が所在しており、潮待ち、風待ちの港として古くから利用され、古代から江戸時代以降まで瀬戸内海航路の拠点として栄えた。港をとりまく丘陵の上には、牛窓天神山、黒島、鹿歩山、波歌山、二塚山と5基の前方後円墳が築かれている。前述のように、これらの古墳の性格について近藤義郎の考察がある。

　牛窓天神山古墳　5基のうち最初に築かれた前方後円墳である。全長85mで、前方部を南に向ける。後円部には安山岩板石が散在しており、埋葬施設は竪穴式石室であったとみてよい。この板状の安山岩は岡山県で産出するものではなく、瀬戸内海の対岸にあたる香川県屋島から搬入されたものである（宇垣1987、白石 1991）。

　墳丘には埴輪と葺石を伴う。後続して築かれた古墳では葺石には亜角礫が用いられるが、この古墳では円礫が用いられる。牛窓の北西11kmの吉井川中流域東岸には沖積平野が広がっており、長尾山古墳（67：2期）、花光寺山古墳（97：3期）、新庄天神山古墳（円41：3期）、鶴山丸山古墳（円81：4期）とつづく首長墳の系譜があり、花光寺山古墳と鶴山丸山古墳では葺石に円礫を用いる。この系譜は鶴山丸山古墳をもって築造を停止しており、牛窓天神山古墳の年代を確定できないため推定となるが、それが4期後半ないし5期とすれば、牛窓天神山古墳は吉井川中流域の系譜が造墓の場所を移して築造された可能性を考えることができる。

　黒島古墳　牛窓港の沖合1.9kmに位置する長さ500mの小島、黒島に築かれる

第1表 瀬戸内海地域の海浜型古墳編年表

地域		時期 1	2	3	4
摂津	大阪湾北岸	処女塚68 西求女塚90	東求女塚80	念仏山200	
播磨	明石海峡 揖保川河口 坂越湾	岩見北山4号23			五色塚194 輿塚99
備前	牛窓半島 犬島 児島				牛窓天神山85 犬島25
備中	高梁川河口西岸 高梁川河口東側			八島天王山45	
備後	松永湾				
安芸	広島湾				
周防	熊毛半島				柳井茶臼山90 阿多田40
	徳山湾・笠戸湾 山口湾	竹島56	宮ノ洲		藤尾山○30 猫山○24
長門	厚東川河口				松崎○28 大判山42
讃岐	津田湾	鵜ノ部山37		赤山50 一つ山○27	けぼ山55 岩崎山4号62 竜王山○25 岩崎山1号○19 北羽立峠42
	屋島 生島湾 坂出 三野津湾		雌山2号34 御産盥山50	黒藤山4号30	長崎鼻45 横立経塚山34
伊予	今治 高縄半島東岸 高縄半島西岸	唐子台15丘30	妙見山1号55	雄之尾1号31 相の谷1号81	国分44 相の谷2号45
豊前	曽根平野				
	京都平野		石塚山130		
豊後	豊後高田 国東半島東岸	下原23	小熊山120		
	別府湾南岸			馬場60　猫塚○20	亀塚113 築山90
	臼杵湾				

5	6	7	8	9	10
				大歳山2号33	
みかんの へた山○33					
		黒島81	鹿歩山84	波歌山61		二塚山55
				出崎灰出	
		行願院裏山75			
黒崎山70	大元山50		松本50		
倉重向山38					
白鳥120					
神花山30					
		荒神山30	天王森43		
浄福寺○44					
田尾茶臼山77					
久保山49					
				衣黒山3号30	
			茶毘志山54	上ん山50　荒神森68	両岡様1号27
				畠山44　曽根丸山50	
				円光寺42	
	御所山120		番塚50		
	石並68				
入津原丸山77		真玉大塚100		野内90　猫石丸山60	
御塔山○81					
狐塚○35					
	大在○35	小亀塚40	辻1号40		
	大臣塚30				
下山65					

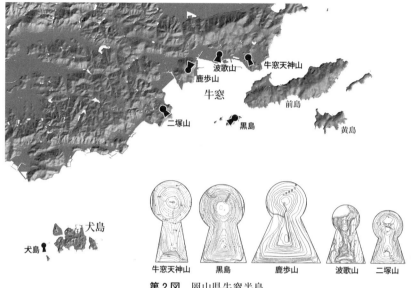

第2図 岡山県牛窓半島

（第10図）。全長81m、後円部径48mである。後円部の埋葬施設は不明であるが、前方部には墳丘主軸に平行する竪穴式石槨が所在する。島の最高所に築かれるが、墳端は北西側が下がっており、古墳の正面は港のある陸の側であったとみられる。墳丘には葺石、埴輪を伴っており、埴輪には円筒のほか蓋、家、人物などがある。このほか、陶質土器やTK73～216型式の須恵器が採集されている。後円部の北側には陪塚とみられる径10mの小円墳が所在する。埴輪の特徴から7期の築造と判断できる。[3]

鹿歩山古墳　港の西側、古墳時代には半島であった丘陵の頂部に築かれる。全長84mで、大きく発達した前方部をもつ。山頂の古墳であるが、墳丘の周囲には周濠が設けられ、その外側の周堤もよく残る。後円部で鋲留甲冑の一部とみられる鉄製品が採集されている。埴輪から8期の築造とみられる。

波歌山古墳　港の中央に位置し、かつては海に突き出した小半島であった丘陵の上に所在した前方後円墳。墳丘は過去に破壊されたため推定となるが、全長61mで大きく発達した前方部をもつと考える。後円部と前方部それぞれに竪

穴式石槨が設けられるが、前者が5.1m、後者が6.0mといずれも長大で後円部のそれは2mの高さをもつ。ガラス小玉、甲冑および馬具の小片、長頸鏃の破片、杯や器台などの須恵器および盾形埴輪などが採集されている。須恵器はMT15〜85型式であり、9期とみられる。

二塚山古墳(ふたつかやま)　西端の丘陵上に築かれた全長55mの前方後円墳。後円部に設けられた横穴式石室は巨石を用いたもので、埋没が著しいが左片袖で玄室長さ7.0m、幅2.05m以上、全長12m以上の規模と推定される。吉備では長さ12m以上の石室は令制の郡に1基あるかどうかであり、牛島が位置する邑久郡(おく)で最大級の石室が設けられているといえる。須恵器のほか、水晶製三輪玉が採集されている。埴輪には大形の円筒、石見型盾形などを含む。10期の築造。

なお、首長墳ではないが、牛窓港背後の山頂には57基からなる阿弥陀山古墳群が形成され、さらに牛窓の西に位置する大宮地区にもやはり50基近い硫黄山の古墳群が形成されるなど、群集墳の築造も活発である。

以上のように、牛窓では4ないし5期の牛窓天神山古墳を嚆矢とし、以降、80m級の前方後円墳が継続して築かれる。ただし、牛窓天神山古墳と黒島古墳の間に空白期がある。吉備の場合、首長墳が一地域に連続して築かれる例は少なく、かなり長いものでも編年の3時期程度で途絶えており、こうした長期にわたる例は他にない。また、他の系譜の多くで8期前後に見られる帆立貝形古墳を含まないことも、この系譜の大きな特徴である。このほか、後期の群集墳を別にすれば、前方後円墳と同時期の小墳が僅少なことも指摘できる。

前述のように、牛窓の首長系譜は吉井川中流域東岸の首長系譜を引き継いで成立した可能性があるが、8期には吉井川中流域東岸でも南の地域に鹿歩山古墳と同規模の築山古墳（81m）が築かれ、金鶏塚古墳（35：9期）、亀ヶ原大塚古墳（40：10期）とつづく系譜が成立する。内陸の系譜が復活して、二つの系譜が併存することになる。

農業基盤が乏しい牛窓半島の生業として、製塩も考えられる。かつて土器製塩が論証されるまで、岡山県南部の古墳時代後期の製塩土器は師楽式土器(しらく)と呼ばれたが、その名の元となった師楽遺跡が牛窓半島北岸に所在することからも

明らかなように、後期には土器製塩は活発に行われており、また、前期の製塩遺跡も確認されている。しかし中期には備讃瀬戸地域では製塩は低調になることが明らかになっており（大久保 2009）、牛窓付近でもその時期の遺跡は明らかでない。後期には古墳の存立基盤を製塩に求めることも可能ではあるが、系譜の主要時期である中期では製塩は考えにくい。こうしたことからみて、牛窓の首長墳の存立基盤はこの地の港湾としての機能、瀬戸内海航路の中継点としての役割にあったとみるのが妥当である。

（2）香川県津田湾の首長系譜

　牛窓とならんで海に面する古墳群としてよく知られているのが、香川県津田湾の古墳群である。津田湾は香川県の東部に位置し播磨灘に面する幅2.7kmの湾である。湾の背後には北山、雨滝山、火山など標高200mを超える山が所在し、西側内陸の盆地と海岸部を隔てる。盆地には森広遺跡群をはじめとする集落遺跡が所在しており、それが古墳群の造営母体と考えられている。なお、山々のうち、火山で産出する凝灰岩を用いて刳抜式石棺が製作される。それはこの地域の古墳で使用されるだけでなく、岡山県鶴山丸山古墳、大阪府久米田貝吹山古墳、徳島県大代古墳にもたらされており、さらに、奈良県佐紀陵山古墳で用いられた石材も火山の産の可能性が考えられている（間壁 1994）。

　津田湾をとりまく丘陵の各所に築かれた前期古墳は津田湾古墳群として把握されてきたが、これまでの調査と研究によって、内陸側に所在する古墳も関連することが明らかとなり、現在では、海浜から内陸におよぶ一連の古墳群として把握され津田古墳群と呼ばれる。各古墳の編年的位置づけと古墳群の評価が大久保徹也によってなされており（大久保 2013）、以下ではそれにもとづいて海浜部を中心に資料の説明を行う。

　津田古墳群を構成する古墳のうち、臨海域に築かれるのは鵜ノ部山古墳以下の8基、内陸側に築かれるのは奥3号墳以下の5基である。前方後円墳を主体とするが、一つ山古墳、龍王山古墳など、前方後円墳の後円部と同等の規模をもち埋葬施設等も遜色がない円墳が混じる点に特徴がある。

3 瀬戸内海沿岸 219

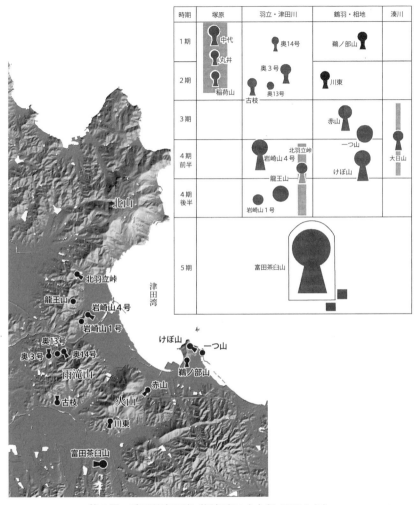

第3図 香川県津田湾（編年表は大久保 2013 より）

　これらは火山北西側の8基からなる羽立・津田川グループと、南西側の5基からなる鶴羽・相地グループに区分される。また、図示範囲の外側、内陸の盆地の南側には中代古墳などからなる塚原グループが形成される。
　編年表のように、1・2期にはグループごとに小規模な前方後円墳が築造さ

れ、北の羽立・津田川グループでは古墳の築造は内陸側でなされる。一方、南の鵜羽・相地グループでは２期の川東古墳は内陸側に位置するが、１番目となる鵜ノ部山古墳は海浜に築かれる。

鵜ノ部山古墳　津田湾南端の半島の、陸側に向いた低い尾根に築かれる。古墳時代にはこの半島の付け根に海が入り込んで島になっており、古墳は陸に向いた岬に築かれたことになる。全長37ｍの積石塚前方後円墳で、前方部は細く低い。埋葬施設や副葬品は不明で、墳丘に広口壺を伴う。１期の築造。

つづく３期には内陸の塚原グループが途絶え、東の２グループのみが首長墳の築造を継続する。この時期以降、墳丘はそれまでの低平なものから立体的なものとなり、後円部は３段築成となる。そして両グループとも、臨海部で築造を行う。

赤山古墳　湾に面した尾根に築かれる。前方部が破壊されており、航空写真等から全長50ｍ前後と判断されている。後円部には竪穴式石槨に収められた刳抜式石棺１と直葬の刳抜式石棺２の３基の埋葬が設けられる。副葬品は倣製盤竜鏡、倣製方格規矩鳥獣文鏡、石釧、玉類など。円筒埴輪を伴う。３期。

一つ山古墳　鵜ノ部の島の先端に位置する小丘陵に築かれた円墳。古墳の眼下には海原が広がり、後述のけほ山古墳とともに典型的な海浜型古墳の立地である。２段築成で、長径27ｍである。埋葬施設は竪穴式石槨に収められた刳抜式石棺である。鏡、刀が出土したと伝えられるが現存せず、ガラス小玉が採集されている。壺形埴輪を伴う。同じく３期である。

けほ山古墳　同じ鵜ノ部の海岸の尾根に築かれており、古墳の軸線は海岸に平行する。全長55ｍで発達した前方部をもつ。埋葬施設は調査されていないが、竪穴式石槨に刳抜式石棺を収める。鏡、勾玉、刀が出土したとされる。埴輪は壺形埴輪が主体を占め、円筒埴輪の出土量は僅少である。４期前半。

岩崎山４号墳　津田川の河口にむかって伸びる尾根の先端近くに築かれる。全長61.8ｍで、津田古墳群のなかで最も規模が大きい。前方部はあまり開かない柄鏡形である。後円部には火山石製の刳抜式石棺を収めた竪穴式石槨が所在した。古くに乱掘されたため、失われたものが多いが、四神四獣鏡、斜縁二神

四獣鏡、車輪石、石釧、イモガイ製貝釧、玉類、銅鏃、刀、剣、槍、鉄製農工具類などと副葬品は豊富である。埴輪の出土量は多い。円筒埴輪のほか、鰭部破片、楕円形埴輪、家形埴輪のほか武具かとみられる不明形象埴輪がある。4期前半に編年される。

龍王山古墳 津田川の河口近くの丘陵先端に築かれた径25mの円墳。長さ5.9mの竪穴式石槨が設けられ、倣製内行花文鏡、剣、鉄鏃、鉄製農工具類が出土している。墳頂に円筒埴輪と家形埴輪が、裾部に壺形埴輪が配置された可能性が考えられている。4期後半。

岩崎山1号墳 径19mの円墳。埋葬施設は2基の箱式石棺である。副葬品は長方板革綴短甲、滑石製刀子、滑石製鎌、貝製品、刀、剣、鋳造鉄斧ほかの農工具、鉄鋌など。円筒埴輪、壺形埴輪と推定される破片が出土している。先と同じく4期後半の築造である。

北羽立峠古墳 全長42mの前方後円墳。埋葬施設は箱式石棺で、倣製四神四獣鏡のほか、勾玉、刀が出土したとされる。4期に編年される。

以上のように、3期以降は、壺形埴輪を主とする場合もあるが、円筒埴輪を導入し、墳丘を囲む形でそれを配列するようになる。また、家形埴輪をはじめとする形象埴輪も用いられる。さらに埋葬施設の主軸は、それまでの東西から、畿内や吉備で普遍化した南北へと転換する。このほか、副葬品については対比できる資料を示していないが、1期の古墳では中、小形の舶載鏡と玉類が基本であるのに対し、この時期には中形の舶載鏡、大、中形の倣製鏡、碧玉製腕飾類、鉄製武器・農工具といった構成となっており、畿内の古墳と変わるところがない（古瀬 2013）など、畿内の古墳の要素を広範に受容している。

前方後円墳と円墳の差は首長墳間の格差を表示すると考えられており、首長墳の数は多く、築造の頻度は高い。両グループは複数の首長系譜で構成されたとみられ、首長たちが結集し湾の周囲に墓域を設けることによって津田古墳群は形成される。

つづく5期には、この2グループによる海浜型前方後円墳・円墳の築造は停止する。そして、内陸の基幹交通路に接する位置に、全長140mと四国最大の

規模で、周濠と陪塚を伴う富田茶臼山古墳ただ1基が築造される。

4．各地の海浜型古墳

牛窓半島、津田湾の2例は海浜に形成された首長系譜であるが、これら以外にも数多くの資料が知られている。以下ではそれらを地域別に概観する。

（1）摂　津

大阪湾の北岸では神戸市街地を中心に、1.5〜2kmの間隔をあけながら首長墳が築かれる。東から金津山古墳（55：7期）、ヘボソ塚古墳（64：2期）、坊ヶ塚古墳（40：不明）、住吉東古墳（24：9期）、東求女塚古墳（80：2期）、処女塚古墳（68：1期）、西求女塚古墳（90：1期）、念仏山古墳（200：3期）であり、前期の大形墳と中期後半以降の中小墳からなる。このうち処女塚古墳は前方後方墳である。神戸は平地部が狭隘であるため、どこまでを海浜型とすべきかややむずかしいが、海岸にごく近いものに限るなら東求女塚古墳、処女塚古墳、西求女塚古墳、念仏山古墳となる。消滅した念仏山古墳は詳細が不明であるが、五色塚古墳に先行する大形古墳となる。

これらのうち西求女塚古墳は7面の三角縁神獣鏡をはじめとする鏡群や小札革綴冑など、大量の副葬品をもつ。また、東求女塚古墳からも三角縁神獣鏡4面を含む6面の鏡、勾玉、車輪石が出土している。

（2）播　磨

播磨の海浜型古墳は、東端の明石海峡、西部の揖保川河口付近、さらに西端の坂越湾で知られる。なお、これら以外に、播磨の中央部、加古川の河口近くに築かれた前方後方墳、聖陵山古墳（70：1期）、市川河口の御旅山6号墳（48：1期）なども以前は海浜型とされた（西川ほか 1966）。

明石海峡　五色塚古墳は海浜型前方後円墳の代表となる古墳である。大阪湾北岸の古墳群の西10数kmに位置し、播磨と淡路の間、瀬戸内海の狭隘部とな

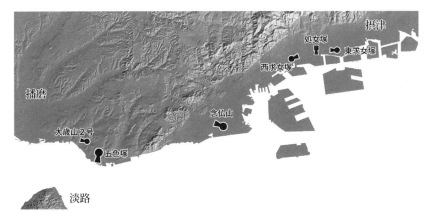

第4図　大阪湾北岸

る明石海峡をのぞむ丘陵上に築かれる。全長194m、後円部径125mの大形古墳である。播磨最大の規模であり、整った3段築成の墳丘は大和の佐紀陵山古墳と相似形とされる。周濠がめぐり、西側には大形の円墳である小壺古墳が随伴する。墳丘に設置された葺石の多くは、明石海峡を隔てた淡路島北東部の海岸で採取されたことが明らかになっている。4期の築造である。後にこの古墳の西側の地域では大歳山2号墳（33：9期）が築かれる。

揖保川河口西岸・坂越湾　揖保川下流域には権現山51号墳をはじめ多くの古墳が築かれるが、4期には揖保川河口の西岸に99mの興塚(こしづか)古墳が築かれる。築造の場所は、古墳時代には半島ないし島に近い形であったとみられる丘陵である。

ただし注意を要するのは、この時期になって海浜型の古墳が築かれるようになるのではなく、より早い段階から墳墓が築かれていることである。興塚古墳の西で海岸が湾入し岩見港が所在するが、ここを見下ろす尾根の上には岩見北山古墳群が形成される。1期に築かれた積石塚古墳群で、そのうちの4号墳は全長23mの細長い前方部をもつ前方後円墳である。また、この岩見北山古墳群と興塚古墳の間に所在する丘陵には綾部山古墳群が形成される。そのなかの綾部山25・26号墳は古くに破壊されたため詳細が不明であるが、ともに全長30m

の前方後方墳であったとされる。さらに、ここには弥生墳丘墓として知られる綾部山39号墓が含まれていることも注目される。

これらの西9km、相生湾の西に位置する坂越湾では、湾を見下ろす位置に、みかんのへた山古墳が築かれる。5期の築造で、直径33mの造出し付き円墳である。

（3）備前・備中

備前、備中の沿岸部では海浜にそって沖積平野が形成されているが、そうした平野の海側には、しばしば丘陵が所在する。縄文海進の時期の島や半島が、のちに海に面した丘陵となったものである。その頂部や稜線に築かれた古墳は当然海に面するといえるが、これらの丘陵は沖積平野の集落域から離れた高所として選択された可能性が考えられ、ここではこれらの古墳は海浜型に含めないが、念のため図に記し以下に示しておく。

備前では旭川下流域平野の南縁を東西にのびる操山丘陵に継続して築かれた4基の前方後円墳、操山109号墳（76：1期）、網浜茶臼山古墳（92：1期）、金蔵山古墳（162：4期）、湊茶臼山古墳（128：4期）があり、さらに稜線上に築かれた経ぐろ古墳（円38）、旗振台古墳（方20）といった中小の古墳も含まれることになる。また、備前・備中の旧国境に位置する吉備中山に築かれた矢藤治山古墳（36：1期）、中山茶臼山古墳（105：2期）、尾上車山古墳（122：4期）がある。操山丘陵の一群は百間川原尾島遺跡をはじめとする百間川遺跡群、鹿田遺跡や天瀬遺跡といった旭川下流平野に形成された大規模な集落遺跡を母体とするものであろうし、吉備中山の3基は津寺遺跡や川入遺跡など足守川下流域平野の大規模集落を基盤とする。

これらを除外した場合、海浜型古墳は先の牛窓半島以外では犬島、児島、高梁川河口に所在する。

犬島　牛窓の南西約8km、岡山市東端の海岸の沖1.8kmに犬島が所在する（第2図）。東西1.1kmの島で、その周囲には長さ数百mの小さな島が点在し小規模な群島をなす。犬島の西約300mに所在する地竹ノ子島は大小二つの島か

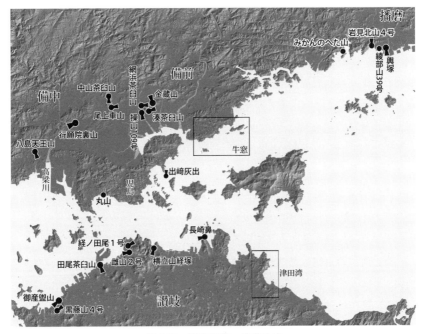

第5図 播磨西部・備讃地域

らなる。北側の長さ約30mの小島は縄文時代早期の貝塚が所在することで知られるが、貝塚上に長さ25mの小規模な前方後円墳が築かれていることが明らかになっている。後円部には箱式石棺が設けられており、鉄刀2点が出土したと伝えられる。出土土器から中期古墳と判断できる。群島の中心の犬島ではなく、その沖合の小島に築かれたことに留意すべきである。

　児島　干拓によって地続きとなっているが、古墳時代には吉備の沖に浮かぶ大きな島であった。島の中央には平野があるが、沿岸部では可耕地は狭小である。この島には前方後円墳あるいはその可能性があるものが3基所在する。そのうちの滝堀の内古墳（30）は内陸の平野に面して立地するが、丸山古墳は南縁の海浜の丘陵上に所在する。畑による削平が著しいが、現状では径25mの円墳で葺石がある。40〜50mの前方後円墳であった可能性が考えられているが、そのことについては確証がない。円墳であったとしても海浜型古墳の一例とみ

なすことができる。前期のなかで考えてよいだろう。

　またもう1基は、出﨑灰出1・2号墳で、児島南東岸から細長く伸びる半島の先端に築かれている。近接して築かれた2基の円墳として調査がなされ、それぞれに横穴式石室が検出された。墳丘が近接し埴輪を伴うことから、小規模な前方後円墳であったと考えられる。9期後半の築造である。

　児島は航路の要地であるが、海浜型古墳の築造は意外に少ない。

高梁川河口　備中の一級河川高梁川の河口部は、古墳時代には海岸線が大きく陸側に入り込み、河口部西岸は沖に島々が連なる入り海をなしていた。八島(やしま)天王山古墳はかつての海岸に突き出た丘陵の上に所在する。前方部の半ばが失われているが、全長45m前後に復元される。埴輪は極狭口縁をもつもので、王権中枢からの伝播が考えられている（廣瀬 2011）。3期の築造である。

　一方、河口の東側も児島との間に内海が広がり、そこに大小の島が点在する景観であった。倉敷市街地北側の丘陵先端に築かれた行願院裏山古墳は全長75m以上、後円部径55mで、3段築成である。埴輪には蓋・家形があり、6期の築造とみられる。古墳の北東1kmに位置する菅生小学校裏山遺跡は海浜部に所在する遺跡であるが、古墳時代中期の須恵器、土師器が大量に出土しており、作山古墳や宿寺山古墳が築かれた総社平野の外港的な機能を担った遺跡と考えられている。古墳は、港湾に近接して築かれた可能性が考えられる。

（4）備後・安芸——松永湾

　備後・安芸の沿岸で海浜型古墳の存在が指摘されているのは、備後の松永湾である。湾西側の小丘陵に海岸線に平行して築かれた黒崎山古墳は、全長70mと備後最大級の前方後円墳であった。竪穴式石槨の可能性があり、鉄刀、短甲、刀子などの副葬品が知られ、埴輪をもつ。また、黒崎山古墳の北400mに位置する大元山古墳は、墳長50mとも黒崎山古墳を大きく上回る規模であったともいわれる。竪穴式石槨を埋葬施設とし、鉄刀、鉄鉾、鉄鏃、家・盾形埴輪などが出土している。

　湾の中央部を見下ろす丘陵の先端に築かれた松本古墳は、後円部径48〜50m

の帆立貝形古墳で、短い前方部をもつ。葺石をもち、土師器、須恵器、円筒埴輪、水鳥形埴輪などが出土している。埋葬施設は竪穴式石槨とみられており、珠文鏡、鉄剣、砥石などの出土が伝えられる。

これらのうち、黒崎山と大元山の両古墳、とりわけ大元山古墳は調査されることなく破壊されたため情報が少なく、年代の推定がむずかしい。黒崎山、大元山、松本の順で、5～8期の中で順次築造されたのであろうか。

このほか、安芸では広島湾に面して倉重向山古墳（38：4～5期か）が知られる。

第6図　備後・伊予

（5）周　防

熊毛半島　瀬戸内海西部の山口県では海浜型前方後円墳が数ヵ所で見られるが、そのうちの一つが県の東部、熊毛半島の基部である。熊毛半島の付け根を横断する低地が水道となっていたのか、2方向から深い湾が入り込んでいたのかは明らかでないが、いずれにせよ港湾の機能を十分に有する地形であったとみられる。

この地域で最初に築かれるのは1辺30mの方墳、国森古墳であるが、つづいて現在の港を見下ろす丘陵の上に全長90mの柳井茶臼山古墳が築かれる。埋葬施設は長大な竪穴式石室で、画文帯神獣鏡、内行花文鏡、鼉竜鏡2、三角縁神獣鏡、玉類、鉄製刀剣、刀子などが出土しており、鼉竜鏡は全国有数の大形

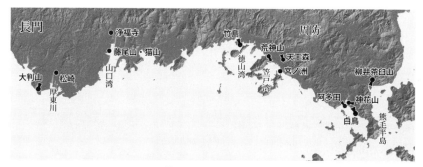

第7図　周防・長門

鏡として知られる。4期に位置づけられている。

　柳井茶臼山古墳ののち、首長墳の築造は熊毛半島の西岸に移る。5期に編年される白鳥古墳は全長120mで3段築成の大形墳である。海浜の傾斜地に築かれているため、低くなる海側を含めて全周するかどうかは明確ではないが、墳丘の周囲に周濠が設けられ、後円部の南東側には陪塚1基が所在する。埋葬施設は大形の箱式石棺で、倣製二神二獣鏡、四神四獣鏡、管玉、刀、農工具類、巴形銅器5などが出土している。埴輪は円筒のほか、家形がある。埋葬施設は特異であるが、周濠や陪塚など、この時期の近畿地方の大形墳と同じ周辺施設を備えている。

　また、白鳥古墳から北西2km、熊毛半島の基部に西から入り込む湾の入口には、半島あるいは島であった丘陵の上に神花山古墳、その沖の小島に阿多田古墳が所在する。阿多田古墳は全長40mで、埋葬施設は竪穴式石槨である。玉類、捩文鏡が出土している。また、神花山古墳は全長30mで、埋葬施設は箱式石棺である。副葬品や埴輪はない。これらと白鳥古墳の関係であるが、後二者、特に神花山古墳は副葬品がないため年代の判断がむずかしい。阿多田古墳、神花山古墳の両者ともに前方部は低く、開きが少ないため白鳥古墳よりも先行すると考え、ここでは阿多田古墳、神花山古墳、白鳥古墳の順に築かれたと考えておく。半島の基部地域に3期から5期にかけて首長墳が継続して築かれるが、一系譜とみなすと墳丘規模が著しく変動することになり、柳井茶臼山

古墳→白鳥古墳、阿多田古墳→神花山古墳の2系譜と考えるべきだろう。

徳山・笠戸湾 熊毛半島の西、周南市・下松市では、現在地続きとなっている大島を境に、西に徳山湾、東に笠戸湾が広がる。海浜部に宮ノ洲、天王森、荒神山、竹島の4古墳がある。

この地域で最初に築かれるのが、西の徳山湾に所在する竹島古墳である。現在はコンビナート建設のための埋め立てによって地続きとなっているが、本来は沖合約2 kmに位置する、長さ約700 mの細長い小島に築かれている。全長56 mで、後円部には安山岩の板石を用いた竪穴式石槨が設けられていたようであり、正始元年銘三角縁神獣鏡、三角縁四神四獣鏡、神獣車馬画像鏡、鉄刀2、鉄剣、鉄鏃、銅鏃26、鉄斧などの副葬品が出土している。墳丘には葺石を伴うが埴輪はない。副葬品の構成から、1期の築造とみられる。

一方、笠戸湾には2期と考えられる宮ノ洲古墳が築かれる。古くに破壊され墳形は不明であるが、前方後円墳ではなかったと考えられている。下松市沖の笠戸島にむかってのびる砂嘴上に築かれており、竪穴式石槨から三角縁盤竜鏡など三角縁神獣鏡3面、倣製内行花文鏡が出土しており、他に鉄刀や土師器壺も出土したらしい。

これの後に築かれる荒神山古墳は長さ約30 mで、7期に位置づけられている。また、天王森古墳は全長43 mで、馬具、須恵器が出土しており8期である。これらと宮ノ洲古墳との時期差は大きく、前期に竹島と宮ノ洲の2基が築かれた後は首長墓系譜は形成されず、中期後半以降に新たな系譜が形成される。

このほか、西の山口湾に面して、いずれも円墳であるが藤尾山古墳（30：4期）、猫山古墳（24：4期）、浄福寺古墳（44：5期）がある。

（6）長　門

長門の古墳では、長光寺古墳が海浜の古墳と評価されてきた。厚狭川の河口近くではあるが、河口の手前に形成された厚狭盆地に面して築かれている。全長58 mで、倣製三角縁三神三獣鏡3面や鍬形石などが出土した有力な古墳であ

るが、海浜型古墳にはあたらない。

　厚狭盆地東方の宇部市厚東(ことう)川河口には径28ｍの円墳、松崎古墳が築かれる。箱式石棺を埋葬施設とし、倣製三角縁三神三獣鏡、四獣形鏡、内行花文鏡、玉類、鉄剣、鉄刀、鉄鏃、農工具などを副葬する。一方、厚東川河口西側で瀬戸内海に突き出した半島の先端には長さ42ｍの前方後円墳、大判山古墳が築かれる。埋葬施設は松崎古墳と同じく大形の箱式石棺である。鏡や刀剣が出土したと伝えられる。これらはともに4期に位置づけられている。

（7）讃　岐

　讃岐の海浜型前方後円墳のうち、津田湾については先に概観した。以下ではそれ以外の事例を示す。

　典型的な海浜型の立地を示すのが東の長崎鼻(ながさきのはな)古墳と、西の御産盥山(みたらいやま)古墳であり、このほかに海浜型とみられるものがこれらの間の地域に点在する。したがって、資料は備讃瀬戸の沿岸に分布することになる（第5図）。なお、前方後円墳や双方中円墳など11基で構成される石清尾山古墳群は複数系譜型の古墳群で、古墳時代には石清尾山の北裾が海岸であったことから、海浜型とされることもある。しかし、群形成のはじまりとなる鶴尾神社4号墳が海とは逆の高松平野側に下がる尾根に築かれ、古墳群全体としても、北の海側よりも南の平野側に寄った選地を示す。一部の古墳は海から望むことが可能ではあるが、こうした点からここでは海浜型としては扱わない。

　さて、長崎鼻古墳は全長45ｍ、3段築成である。古墳時代には島であった屋島の北端の岬に築かれている。立地と、後円部径28ｍに対して高さ5ｍと高い墳丘であることから海からの古墳への視認は良好である。確認調査によって、後円部には安山岩の板石で構築された竪穴式石槨があり、北肥後の菊池川流域で製作された阿蘇溶結凝灰岩製の舟形石棺が収められていることが明らかになっている。4期の築造である。

　横立山経塚古墳は香川県の中央部、五色台の北麓に位置し、生島湾の背後の丘陵上に所在する33.5ｍの積石塚前方後円墳である。バチ形に開く低く細い前

方部をもつなど讃岐の伝統的な前方後円墳の形態をとるが、埴輪を伴うなど新しい要素も見られる。4期前半に編年されている。

　坂出市の海岸では東西2カ所の古墳が該当する。港の東側の丘陵上には2基の前方後円墳が築かれる。経ノ田尾1号墳は33mで、後円部には竪穴式石槨があったと伝えられる。また2期の雌山2号墳も34mと小規模である。経ノ田尾1号墳は山頂から下がった尾根に築かれているため、海からの視認性はさほどよくないが、雌山2号墳は海が裾を洗う丘陵の上に位置する。一方、田尾茶臼山は現在の坂出港に近く、かつては半島状に瀬戸内海に突き出していたであろう丘陵の鞍部に築かれる。ただし、左右に海浜を見渡すことができるが、位置が丘陵の先端ではないため海側からの眺望はさほどよくなかったと思われる。全長77mで、後円部頂に所在する角閃安山岩製の手洗は石棺の蓋石を用いたものとみられている。5期。

　多度津の三野津湾の海岸に面した丘陵上に御産盥山古墳が所在する。全長50mで、海岸線に平行に築かれているため海からの眺望は良好である。墳丘上部が削平されており埋葬施設等は不明である。2期に編年される。その東側の尾根にはこれに続く3期の黒藤山4号墳（30）が所在する。

(8) 伊 予

　高縄半島の東西両側に築かれた古墳が海浜型としてよく知られる（第6図）。一方、燧灘に面した東部地域では該当する例は見られない。

　高縄半島の東部、来島海峡を見下ろす丘陵上に相の谷1号墳が築かれる。全長81mと伊予最大の墳丘規模である。獣帯鏡、鼉竜鏡、刀、剣、工具類が出土している。古い様相を示す埴輪を伴っており、3期の古墳である。これの北側に位置する相の谷2号墳は45mで長い前方部をもつ。1号墳に続いて築かれたようである。

　また、今治平野の海岸近くに位置する唐子台の丘陵には、雉之尾1号墳（31：3期）、国分古墳（44：3期）、久保山古墳（49：5期）のほか、1期の築造とされる唐子台10丘古墳（15）や同15丘古墳（30）が築かれる。弥生時代

末から古墳時代前半にかけての墓域が形成される丘陵であり、先の吉備の事例などと同様に考えるべきだろう。

一方、高縄半島西側の沿岸には全長55mの妙見山1号墳が所在する。後円部と短い前方部に竪穴式石槨が設けられており、盗掘を受けていたものの斜縁四獣鏡、剣、工具類などが出土した。墳丘には器台や二重口縁壺を伴い、2期に編年されている。なお、後期には衣黒山(いぐろやま)3号墳（30：9期）が築かれる。

(9) 豊 前

周防灘の長い海岸をもつが、資料は北西の行橋市域および北九州市南部にまとまる。

京都平野の北東部、行橋市街付近にかつては深く湾が入っていたが、この湾の周辺に多数の古墳が築かれる。その代表となるのが石塚山古墳で、全長130mと九州の2期の古墳で最大の規模をもち、三角縁神獣鏡7、細線式獣帯鏡1や小札冑などを副葬する。その南側の海岸には御所山古墳、番塚古墳が連なる。御所山古墳は6期の築造で全長120m、盾形の周濠を設けることで知られる。番塚古墳は8期で50m、初期の横穴式石室が調査され神人歌舞画像鏡や挂甲など豊富な副葬品が出土している。さらに、湾南側の海岸には6期の帆立貝形古墳、石並古墳（68）がある。9期以降は八雷古墳（74）など首長墳の築造は内陸側に移り、10期には橘塚古墳や巨石墳の綾塚古墳が築かれる。

一方、北の北九州市域の曽根に曽根古墳群が形成される。8期に茶毘(ちゃび)

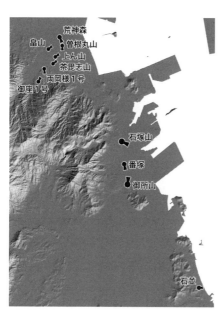

第8図　豊前北部

志山古墳（54）が築かれ、9期には上ん山古墳（50）、荒神森古墳（68）、畠山古墳（44）、曽根丸山古墳（50）、円光寺古墳（42）と首長墳の集中的な築造がなされる。これらのうち荒神森、曽根丸山、円光寺の3古墳は海浜の砂堆、他は背後の低丘陵と立地が分かれる。10期にはやや奥側の丘陵に両岡様1号古墳（27）が築かれる。

(10) 豊 後

国東半島の北部を除き、海浜型古墳が沿岸に広く分布する。

国東半島の西の付け根、豊後高田では、海岸に面して並んだ丘陵の先端に入津原丸山古墳（帆立貝式77：5期）、真玉大塚古墳（100：7期）、野内古墳（50：9期）、猫石丸山古墳（60：9期）が連続して築かれ、安定した首長系譜の存在を示す。

国東半島の東岸では、狐塚古墳（円35：5期）、番所ヶ鼻1号墳（33）、下原古墳（23：1期）、小熊山古墳（120：2期）と御塔山古墳（造出し付き円墳81：5期）が分布する。このうち、小熊山古墳・御塔山古墳の築かれる杵築は別府湾の入口となる箇所である。

第9図　豊後

小熊山古墳の埴輪には鰭付楕円筒が含まれ、奈良県東殿塚古墳出土資料等との関連が考えられている。また、これに近接して築かれた御塔山古墳は、有数の規模をもつ円墳である。

　国東半島の南側、別府湾の南岸では、大分川河口に大臣塚古墳（30：6期）が所在する。その東の丹生川河口では、地域最大の墳丘規模をもち豊後地域の盟主的な位置が考えられている亀塚古墳（113：4期）が築かれる。そして、墳丘規模を縮小して大在古墳（円35：6期）、小亀塚古墳（40：7期）、辻1号墳（40：8期）とつづく系譜が形成される。さらに、小河川である子猫川の河口に猫塚古墳（円20：3期）、馬場古墳（60：3期）、築山古墳（90：4期）が築かれる。猫塚古墳は小古墳であるが、鍬形石を副葬する。

　このほか、臼杵湾の奥では下山古墳（65：5期）が、また、南の宇和海に面する佐伯湾ではかつての湾の小島に宝剣山古墳（円25：7期）が築かれる。

5．瀬戸内海における海浜型前方後円墳の様相

（1）瀬戸内の海路

　古墳時代の航路の復元は、考古資料にもとづくものと、古墳時代よりも後の文献によるものとがある。弥生時代末から古墳時代前期前半の土器の移動を追跡した次山淳は、吉備南部で製作され遠隔地にもたらされた甕の分布から、河内湖―摂津―播磨―備前・備中―備後東南部―今治平野・松山平野―周防灘―博多湾という交易の基幹ルートを推定した（次山 2007）。

　一方、文献では、661年に斉明天皇が百済救援のため九州に赴いた際には、難波津を出て邑久、おそらく岡山県の牛窓を経て伊予の熟田津に到り、そこから九州に進んだことが記されている。また、736年の遣新羅使一行は途上で詠んだ歌から、明石浦―多麻浦（岡山県倉敷市玉島）―長井浦（広島県三原市）―風早浦（広島県東広島市）―長門浦（広島県呉市倉橋島）―麻里布浦（山口県岩国市）―熊毛浦（山口県平生町）―佐婆浦（山口県防府市）―分門浦（大分県中津市）というルートを経たと考えられており（松原 1992）、後の江戸時

代の朝鮮通信使は、山陽の南岸を進む航路をとっている。このように、瀬戸内海の主要航路は大阪湾から備後までは山陽の南岸を進み、そこからはさらに周防、長門の南岸を伝うものと、伊予の高縄半島を経るものとがあり、高縄半島からは周防を経る場合と、豊後・豊前の海岸を経て博多湾に至るものとがあったようである。

(2) 瀬戸内海地域の特色

　これまでに示した瀬戸内海沿岸の海浜型前方後円墳について、特徴を整理し、それらの性格を考えてみる。繰り返し述べたが、海浜型古墳には、その認定のむずかしさがある。香川県津田古墳群の一つ山古墳のように、古墳が築かれた丘陵の裾を波が洗うという立地が典型であるが、海浜の範囲を大きくとれば、以上に示したよりもさらに多くの資料が含まれることになる。多くの場合、これらの立地は「海を意識した」という形容で説明され、つづいて海路との関係が論じられることが多い。海路と古墳の関係が論じられる発端となった牛窓半島は、地勢や古墳時代以後の港湾としての長い歴史と相まって、その評価はゆらぐものではない。しかし、ここに示したように、瀬戸内海沿岸の諸例は海に面するという一点ではそれと等しいが、あるものは至近に広大な沖積平野を擁するなど必ずしも同じ条件ではなく、また、それぞれの築造状況や時期も多様であって、一律に評価することがはたして妥当であるか考えることも必要であろう。そして、それに際しては、同時期の古墳の基本的なあり方と対照することが必要と考える。

　島への築造　瀬戸内海特有のあり方として、島への築造をあげることができる。津田古墳群の鵜ノ部山、けぼ山、一つ山の3基、長崎鼻古墳、犬島古墳、黒島古墳、阿多田古墳、竹島古墳、宝剣山古墳がそれで、黒島と宝剣山の2基が7期、他は1～4期である。

　津田古墳群の3基が所在する「鵜の部島」は海岸に近接するが、竹島古墳以下では築造に行き来するためには多大な時間と労力を要する距離をもつ。個別の地形の検討に至っていないが、陸路で近づくことが困難な岬なども、これに

第10図 岡山県黒島古墳（上：筆者撮影、下：国土地理院 1962撮影）

等しいといえよう。

分布 さて、この地域でのあり方だが、瀬戸内海沿岸に広く分布するものの、安芸と伊予東部では資料は僅少あるいは不明確で、備後も黒崎山古墳などが5期以降とすれば前期には築造がない。一方、北部九州には事例が多く、分布にはやや偏りがあり瀬戸内中央部で薄いといえる。分布のなかには、牛窓や多麻浦（岡山県高梁川河口西岸）、熊毛浦（山口県熊毛半島）など、文献に見られる港湾と一致するものがあることは注目される。

年代 時期的には、4期の例が多い。ただし、4期を前半と後半の2時期とするなら、時期的な集中は半減することになるだろう。また、4期前後だけではなく1期の例もあり、綾部山39号墳丘墓を重視するなら、前方後円墳成立以前から選択されることのあった立地といえる。綾部山39号墳丘墓、あるいは岩見北山4号墳など弥生時代末から古墳時代前期初頭の墳墓・古墳は低平で、墳丘を表示する、視覚に訴えるという点では4期など後の古墳には遠く及ばないが、こうした立地を選択していることに留意しなければならない。

5・6期には築造は減少する。そして7期から9期にかけて再び増加する

が、10期の例は僅少となる。第1表に示すように前期にはじまる系譜は遅くとも5期で終わり、一方、6ないし7期に新たな系譜が形成されることが多く、海浜型古墳の形成時期はおおむね6期を境に前半と後半に区分できる。

築造状況　それらの築造の状況であるが、古墳群を形成する例は少なく、多くが単独での築造である。複数の首長の結集を示す複数系譜型の築造は讃岐の津田古墳群と豊前の曽根古墳群の二つであり、長期にわたる安定した系譜を形成するのは牛窓半島、豊後高田である。これら以外で2基以上の首長墳が連続して築かれ、首長系譜を読み取ることができるのは、大阪湾北岸、松永湾、熊毛半島、笠戸湾、高縄半島東岸、京都平野、別府湾などである。

こうした海浜型古墳が築造される理由として、まず想定できるのは、海路に近接することを企図したとすることであり、もう一つ別に考えられるのは、拠点となる集落から離れた場所として海辺が選択されたとすることである。そのいずれであるかを判断することはむずかしいが、多くの古墳が山頂に築かれ陸路への近接を示さない古墳時代前半期にあって、海路にだけ接近して築かれたと理解することが適当とは考えにくい。山や丘陵への築造は、拠点となる集落から垂直方向に離れた位置を選択したと理解できるが、それと同様に領域の水平方向の外縁として海浜が選択されたと考える。これを是とすれば、舟運の必要性が古墳時代のなかで大きく変動したとは考えにくく、むしろ後期にさらに増大した可能性が考えられるにもかかわらず、海浜型前方後円墳の築造が前半期に集中することについて理解が可能である。

ただし、このことをもって海浜型と港との関わりがまったく否定されることにはならない。外部に開いた窓口となる港が、領域の境界、縁辺にあたるとみることは不適当ではないだろうし、縁辺のなかで最も重要な場所であったとしてよいだろう。そのため、港に近い箇所が古墳の築造場所として選択されることも考えられる。したがって、前半期の海浜型古墳は間接的には港の所在を示すこともあったと考える。

大阪湾の西端に五色塚古墳、南端では淡輪古墳群が形成されるが、これらの地域は、後に畿内と呼ばれる王権の中枢領域の端にあたる。これを広瀬和雄は

巨大古墳の環大阪湾配置と呼び、カミと化した亡き首長たちが地域の出入口を守護するとともに王権のありかを明示すると述べるが（広瀬 2010）、上記の理解はそれと整合することになる。

　津田古墳群に後続して5期に築かれる富田茶臼山古墳は陸路に近接して築造されたと考えられているが（大久保 2013）、吉備でも同様に6期の造山古墳、7期の両宮山古墳は陸路に面して築かれたとみることができる。近畿の西側では、地域によって若干の時期差はあるが、おおむね5期以降、山頂ではなく陸路に面して築かれる首長墳が出現し、古墳の立地に大きな転換があったといえる。このことは、古墳の性格が領域の縁辺に設けられる祭祀的なものから、首長の権威を間近に表示する構造物に変化したと考えているが（宇垣 2004）、その転換にあわせるように、瀬戸内での海浜の古墳の築造は少なくなる。

　そうしたなかで、新たに築造がはじまるのは備中の高梁川河口東側、備後の松永湾、周防の笠戸湾、豊前の曽根平野、京都平野、豊後高田であり、前半期の末から継続するものとして牛窓、別府湾南岸がある。これらは陸路の場合と同じく、物流の拠点となる港湾に近接して築造されることになったとみられ、狭い意味での海浜型古墳にあたると考える。これらのうち順調な築造を示す、あるいは系譜に大形墳を含むのは、牛窓、京都平野と曽根平野、豊後高田、別府湾南岸であり、牛窓をのぞけば瀬戸内海の西、北部九州沿岸にまとまる。この地域が古墳時代中期後半から後期にかけて瀬戸内海航路の西端として枢要の地であったことを示し、規模では比較にならず群の形成時期も若干異なるが、瀬戸内海の東縁に位置する百舌鳥古墳群と対をなすといえよう。

　瀬戸内海沿岸では古墳時代前半期に多数の海浜型古墳が築かれ、中期以降は少数が新たに築造される。首長が情報を含む物流を掌握したであろうことは言をまたないが、そのことを表示するのは後者であって、前者は第一義的には異なる要因によって築かれることになったと考えた。これは本書の趣旨からすれば適切ではないかもしれないが、1970年以降は議論されることの少なかったこれらの古墳を問い直す論の一つとみていただければ幸いである。海に近いから

海路に関係ありとすることは、ある意味きわめてわかりやすい評価ではあるが、そのこと自体を検証するという視点も必要である。

　中期・後期の瀬戸内海沿岸では、関東の玉里古墳群、あるいは後期の内裏塚古墳群のような海浜の拠点とみなされる複数系譜型の古墳群は、曽根古墳群以外は形成されない。その理由は一つではないと思われるが、関東では海と河川や湖沼を利用し物流の方向も一定の比較的単純なルート、いわば大動脈が形成されたのに対し、瀬戸内では東西と南北のルートが網状に形成されたため、核となる箇所が形成されにくかったことによると考えておきたい。

註
（１）後述のように、この古墳については小論では海浜型に含めない。
（２）（近藤 1956）以降牛窓湾と呼ばれるが、地名としては存在しないため、ここでは牛窓半島とする。なお、半島の北岸には大規模な塩田が設けられ、地図では半島の姿がややわかりにくくなっている。
（３）陶質土器等をもとに６期に編年していたが、人物埴輪が存在するため７期に改める。
（４）４期に編年されることもあり、一方、『広島県遺跡地図』では須恵器を伴うとされる。ここでは『前方後円墳集成』にもとづき、５期としておく。
（５）全長50mとされるが、190mとの記載もある（西川ほか 1967）。備後の古墳時代史にかかわる問題であり、過去の航空写真等からの検討が必要である。
（６）小論の作成にあたっては、大久保徹也、田中裕介両氏から多くの教示をいただいた。
　　　なお、紙幅の関係で参考文献のうち各古墳の報告書等は割愛した。ご寛恕いただきたい。第２～９図については、カシミール３Ｄと当該地域の国土地理院基盤地図情報を使用し、筆者が製作した。

参考文献
宇垣匡雅 1987「竪穴式石室の研究（下）」『考古学研究』第34巻第２号　考古学研究会　66-97頁
宇垣匡雅 2004「古墳の立地とはなにか」『古墳時代の政治構造』青木書店　157-173頁
宇垣匡雅 2009「牛窓湾の後期古墳」『古墳時代の備讃瀬戸』シンポジウム記録6　考古学研究会例会委員会　173-188頁
大久保徹也 2009「塩生産からみた備讃瀬戸の役割」『古墳時代の備讃瀬戸』シンポジウム記録6　考古学研究会例会委員会　113-136頁

大久保徹也 2013「津田湾・津田川流域の前半期諸古墳の築造動態とその評価」『津田古墳群調査報告書』さぬき市埋蔵文化財調査報告第11冊　61-72頁
岡山県教育委員会編 1973「付図2 波歌山古墳実測図」『岡山県埋蔵文化財報告』3
岡山県史編纂室編 1986『岡山県史』第18巻考古資料
亀田修一 1997「考古Ⅱ古墳時代」『牛窓町史　資料編Ⅱ』牛窓町
近藤義郎 1956「牛窓湾をめぐる古墳と古墳群」『私たちの考古学』10　考古学研究会　2-10頁
白石　純 1991「吉備地方の竪穴式石室石材の原産地推定」『古文化談叢』第24集　九集古文化研究会　119-134頁
瀬戸内海考古学研究会編 2012『海の古墳を考えるⅡ—西部瀬戸内、灘と瀬戸からみた古墳とその景観—予稿集』海の古墳を考える会
第13回播磨考古学研究集会実行委員会編 2012『前期古墳からみた播磨』播磨考古学研究集会資料集
谷若倫郎 2002「古墳・祭祀遺跡からみた瀬戸内海航路—芸予諸島を中心として—」『創立15周年記念事業　瀬戸内海に関する研究』福武学術文化振興財団　130-137頁
次山　淳 2007「古墳時代初頭の瀬戸内海ルートをめぐる土器と交流」『考古学研究』第54巻第3号　考古学研究会　20-33頁
西川　宏・今井　堯・是川　長・高橋　護・六車恵一・潮見　浩 1966「古墳文化の地域的特色　瀬戸内」『日本の考古学』4 古墳時代（上）　河出書房　203-206頁
西川　宏 1970『吉備の国』学生社
広瀬和雄 2010『前方後円墳の世界』岩波新書　143-146頁
廣瀬　覚 2011「西日本の円筒埴輪」『古墳時代の考古学』1 古墳時代史の枠組み　同成社　173-186頁
弘田和司・古市秀治・森宏之 1992「岡山県吉井川流域における古墳の展開—備前市長尾山古墳・牛窓町黒島1号墳の測量調査」『古代吉備』第14集　古代吉備研究会　155-177頁
古瀬清秀 2013「副葬品から見た津田古墳群の特質」『津田古墳群調査報告書』さぬき市埋蔵文化財調査報告第11冊　35-49頁
間壁忠彦 1970「沿岸古墳と海上の道」『古代の日本』4 中国・四国　角川書店　86-106頁
間壁忠彦 1994『石棺から古墳時代を考える　型と材質が表す勢力分布』同朋社出版
松原弘宣 1992「海上交通の展開」『新版古代の日本』4 中国・四国　角川書店　311-334頁
六車恵一 1965「讃岐津田湾をめぐる4、5世紀ごろの謎—古墳の分布とその解釈—」『文化財協会報告』7　香川県文化財保護協会　162-178頁

（宇垣匡雅）

第Ⅳ部　古墳時代の船と海民統治

　海上交通と相即不離の関係で海浜型前方後円墳がつくられた、というのは大方に首肯されるだろうが、その場合の交通手段はいうまでもなく船だし、それを操ったのは海民である。古墳時代の船に関しては数少ない実物のほか、船形埴輪や円筒埴輪に描かれた船などのビジュアル資料がある。いっぽう、5〜7世紀の海民は群集墳や洞穴墓を築造しているので、それらをとおしてその実像に迫ることができる。

1．古墳時代の船

　海上交通にしても、河川交通にしても、船がないとそれは画餅に帰する。卑弥呼の遺い、高句麗広開土王碑文に記された倭軍、中国南朝に朝貢した「倭の五王」など、船がなければどれも実現しなかった。海浜型前方後円墳に象徴される海運での船、河川を下ったり、ゆるやかであれば両岸から曳航して遡行したり、あるいは大河川を渡った船、それらの実態はいかなるものか。
　「もの」の交易、人の移動、あるいは「もの」と人の交換、それらをひっくるめて交通というと、周囲を海に囲まれた島国で、山塊によって分断された平野を流れる河川が豊富な日本列島では、陸路——道路網の整備が必要——で移動するよりも、河川と海を連携させた水運のほうが卓越していた。そうみても大過はないだろう。いったい古墳時代の船はどのような形状と構造をもっていたのだろうか。

(1) 丸木舟から準構造船へ

　幅80cm前後、長さ6m前後の長大な丸太を半載し、その内部を刳り抜き、船首・船尾ともに尖らせた丸木舟——船底も両端を削って傾斜をつくり、縦断面は逆台形を呈するものが多い——が、縄文時代前期以降、水上交通の手段として一般化している。この一木を刳り抜いた丸木舟は原材に制約され、大型化するには限界があった。そして、舷側が低いので高波を受けると危険な状態になってしまい、外洋航海にはおおいなる困難を伴う。反面、一木で構成されているから強度にすぐれるという長所をもつ。そこで大型化の要求にこたえて、丸木舟の舷側に板材をつぎたした準構造船が、弥生時代につくられた。

　弥生時代の実物はほとんど遺存しないが、土器絵画や銅鐸絵画のなかに準構造船が描かれている。最も早い時期のものは、弥生時代中期前半の福井県春江町井向の銅鐸絵画で、4艘はいずれも船首と船尾が反り上がったゴンドラ形の船である。両側の舷側には各々10本を超える数の櫂が垂らされる（写真1）。これが現実の反映ならば、かなりの規模の船とみなしうる。奈良県清水風遺跡の壺にも、ほぼおなじ数の櫂が線描されている。

　古代中国ではおなじようなゴンドラ形の船が、戦国時代に青銅器の紋様に選ばれ、前漢・後漢時代の明器には準構造船が登場している。四川省成都出土の銅壺や河南省輝県山彪鎮出土の銅鑑などには、船首と船尾が高くなったゴンドラ形の「軍船」が、戦闘場面のなかに登場する。さらに広州漢墓からは、前漢や後漢の木製や陶製の船形明器がいくつか見つかっている。なかでも2世紀ごろの陶船は船室を伴う。そして舷側にピボット（オールの支点）をつくり、船首に波切りの堅板を設け、碇をぶ

写真1　船が鋳出された銅鐸（福井県井向出土）
　　　　（辰馬考古資料館）

らさげ、船尾に舵をそなえる。時代はすこし下るが、朝鮮三国時代の陶質土器でも準構造船が描出されていることからすれば、これらは弥生文化を構成した中国起源の渡来文化のひとつといえようか。

このように見てくると、中国戦国時代（前5〜前3世紀）の準構造船とおぼしきゴンドラ形の船が、朝鮮半島を経由して日本列島に伝わってきた蓋然性が高い。現在の資料ではそれは前4世紀ごろのことだが、もっとさかのぼっていく可能性が高い。

(2) 古墳時代の準構造船

大阪府八尾市久宝寺遺跡の準構造船（写真2）は、弥生時代終末・古墳時代初期の舳か艫の部分で、丸木を刳り抜いた船底部、波よけの竪板、舷側板の一部が残されていた。船底部の長さは約3m、最大幅1.24m、高さ0.42mで、先端部には船首（尾）材をはめ込むための溝とほぞ穴が掘られ、先端から0.8mのところには竪板をたてるための溝が、船の主軸と直交して掘られている。側面には舷側板を固定するためのほぞ穴を0.4〜0.5m間隔で穿つが、そのいくつかには桜の樹皮と薄い板材をU字形に束ねたものが詰められている。

馬蹄形を呈した竪板は全長1.21m、最大幅0.7mで、基部には2本の脚をつくる。外側を向く面は自然木のままのふくらみをもつが、船の内側を向く背面は中央部が浅く抉られ、その両側には舷側板を差し込むための長さ約1m、幅

写真2 久宝寺遺跡出土の準構造船のレプリカ（(財)大阪文化財センター 1987）

写真3 久宝寺遺跡の準構造船（(財)大阪文化財センター 1987）

写真4 高廻り2号墳の船形埴輪（大阪市文化財協会 1991）

3cm、深さ2.5cmの溝を設ける。舷側板は長さ1.2m、幅22cm、厚さ2cmの板材で、上下2カ所にほぞ穴が穿たれていたが、どこに装着されていたかはわからない（写真3）。樹種すべてスギである（（財）大阪文化財センター 1987）。また、奈良県広陵町巣山古墳でも、文様の刻まれた波よけ板が周濠から出土している。

　久宝寺遺跡の準構造船は、船首（尾）の一部分だけなので全貌はわからないが、前方後円墳などを飾った船形埴輪がそのディテールを教えてくれる。船形埴輪は4世紀末ごろから5世紀にかけての、まだ形象埴輪がさほどデフォルメされていない時期のものが40例ほどがみつかっている。そのうち30例近くが近畿地方からの出土である（松阪市・松阪市教育委員会 2003）。

　大阪府大阪市長原高廻り2号墳の船形埴輪（全長1.285m）は、一本の丸木を刳り抜いた船底部に、堅板と舷側の板材を組み合わせたもので、船首と船尾には隔壁がはめこまれ、中央付近の舷側板の上部には、オールの支点（ピボット）となる突起を4対つくりだす（写真4）。帆をつけていた痕跡はないから、8本のオールで漕いだものであろう。これをもとにピボットの間隔などを参考にして、大阪市によって復元された古代の準構造船は、全長約12m、重量4.9トン。それに装備および乗組員の重量が0.8トン、復元力を確保するためのバラスト1.7トンを加えると、総重量は7.4トンで、8人で漕いだ場合の速力は約2ノットだったという（（財）大阪市文化財協会 1991）。

　長原高廻り2号墳の船形埴輪や久宝寺遺跡の準構造船は、丸木舟の船底部と船首の波よけ板が二股状に上下に分離したもので、おなじ形式の埴輪が大阪府和泉市菩提池遺跡や京都府京丹後市ニゴレ古墳などからも出土している（西

谷・置田 1988)。また5世紀前半ごろの大阪府堺市大庭寺遺跡の須恵器窯跡の灰原から、全体の3分の1ほどの船形土器の船首部分（現存長0.09m、幅高さとも約0.06m）が出土している。同様の船形を模した陶質土器は、韓国慶州金鈴塚古墳、同味雛王陵付近など

写真5 宝塚古墳の船形埴輪（松坂市教育委員会 2005）

からもみつかっており、朝鮮三国時代においても新羅では、わが国と相似した準構造船が使われていたことは間違いない。

　それにたいして長原高廻り1号墳、宮崎県西都市西都原169号墳、奈良県新庄町寺口和田1号墳などの船形埴輪は、船底部と舷側板が一体となり、波よけの堅板がないものである。西都原169号墳例は隔壁のさらに外側に、船体補強のための貫き構造の梁を上下二段にわたす。そして両舷側に6個のピボットを造り出している。同じ形式の松阪宝塚古墳の船形埴輪には、大刀、玉杖、蓋が立てられている。それらは貴人の存在を象徴するものの、いっさい人物は表現されていない。見えない貴種を運んでいたのであろうか（写真5）。

（3）帆を張った準構造船から構造船へ

　準構造船にはいくつかの発達段階が設定できそうだ。まず形状不明の数世紀を経て、3～5世紀ごろには船底部と竪板が二股状になるものと、やや遅れてそれらが一体化したものが現れるが、原動力はともに人力であった。すなわち、縄文時代の丸木舟はパドルで、古墳時代の準構造船はオールで漕ぐ。ともに帆はなく風を利用することはかなわなかった。これら人力だけにたよった段階から、帆を張って自然の営力を利用し帆走する段階への変化、ここに船変遷のひとつの画期が存在する。6世紀後半ごろのことである。

装飾古墳に色鮮やかに描かれた船は、棺のような四角い箱を積んだ福岡県筑紫野市五郎山古墳、鳥が舳先にとまり、マスト状の柱がたっている福岡県吉井町珍敷塚古墳、馬が乗った熊本県山鹿市弁慶ヶ穴古墳など多種多様だが、6世紀後半ごろのこれらはいずれも舳艫が上方を向いたゴンドラ形をしている。大阪府柏原市高井田横穴群の絵画も共通の表現をしているが、それらとは違って、明らかに帆を張った船も存在する。

6世紀後半ごろから7世紀にかけての熊本県不知火町桂原1号墳や同2号墳の横穴式石室の壁石には、帆を張り舵をもったもの、多数の櫂をつけたもの、波を切ってすすむ帆船などが線刻されている。舳艫はL字形に折り曲げられ、準構造船であることをしめしている（平山・高木 1984）。船尾に旗のようなものを掲げるものもみられる（第1図）。鳥取県国府町鷲山古墳では、帆を張ったマストの頂上から舳艫にロープを引く。もちろん、船首と船尾は跳ね上がったいわゆるゴンドラ状の形状で、これらが準構造船なのは動かない。

鎌倉時代以降では、『法然上人絵伝』などを見ても、丸木舟の上に板材を組み合わせ、船室をもうけた準構造船が一般的である。ただ船底の丸木舟の部分は古墳時代のように一木ではなく、前後に別の丸木をつぎたして大きな反りをもたせている。いっぽう、おなじ鎌倉時代の『吉備大臣入唐絵巻』に描写された遣唐使船は、船底が丸木舟ではなく板材で構成された構造船である。このように古代から中世にかけての時代は、新式と旧式の二つの構造の船が運航していたようだ。

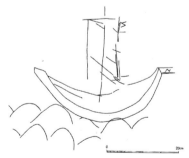

第1図　桂原2号墳の線刻画（平山・高木 1984）

大阪府大阪狭山市の狭山池は、わが国最古のため池のひとつだが、西樋は慶長13年（1608）、片桐且元によって大改修のときの尺八樋である。その土留めの一部に船材が再利用されていた。最大の船材は長さ7.20 m、幅0.45 m、厚さ0.26 m。マキナワ・板かすがい・釘止め・木栓・戸建てなど、構造船特有の技法が残されていた。たとえ

ば、板を縦方向に連結するときには、上の板の下部に斜め方向の釘穴をノミで入れ、そこから次の板にむけてヌイクギを打つ。また長軸方向に材木をつなぐ技法をとしては、凹凸に組み合わす形式もあるが、両方の材木の端部を斜めに削って嚙み合わせ、木栓を詰める形式が多い。船長は25m程度の千石船である（松木 1999、出口 1999）。

2．古墳時代海民の墓制

　周囲を海に囲まれた小島につくられた群集墳、農業が不可能で手工業生産の形跡もない丘陵や台地、海に面したり、それを見下ろしたり、といった立地をとった群集墳、さらには海食崖に穿たれた洞穴を利用した墓などは、海を活動の場とした海民がつくったとしか思えない。

(1) 海民の群集墳

　①**愛知県日間賀島・佐久島の古墳群**　東西1.4km、南北0.6kmの小さな島、日間賀島には35基もの古墳が築造されている。そのなかのひとつ、北地古墳群は海に突き出した岬に立地していて、直径10mほどの円墳、14基からなる後期群集墳である（第2図）。

　発掘調査された北地4号墳の竪穴系横口式石室は、古墳群形成の端緒になった古墳で、最も岬の先端につくられていて、海からの可視性にすぐれた場所を占めている。注目されるのは石室のなかに、緑色斑れい岩製石錘と鉄製釣針が各一点、副葬されていた事実である。釣針は「サメをつる現在の釣針に酷似しており、古代に佐米楚割を生産していた木簡資料を裏付ける」（宮川・磯部・杉崎 1966）と指摘され、古

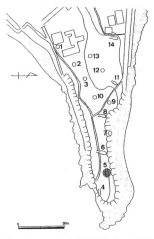

第2図　北地古墳群（山中 2003）

墳の立地条件とあいまって、被葬者が海を生業にしていたことを、十分すぎるほどに首肯させる。

　それら漁具のほかに、直刀1、鉄鏃5、刀子9などの武器や、生活容器である須恵器79個体——甕1、碗1、坩7、蓋杯70——が副葬されていた。こうした様相は、通常の後期群集墳となんら異なることがないのだが、いままでさほど論究されてこなかった経緯がある。つまり、多彩な生業についていた人びとの姿は、営造された群集墳をとおしては浮かびあがりにくい、という実情がそこにはある。地域的な特性をみせながらも、群集墳は没個性的な墓制なのである。ちなみに、北地4号墳の須恵器は陶邑TK10型式〜TK43型式だから、6世紀前半ごろに築造され、6世紀後半ごろまで追葬がつづく。

　北地6号墳の全長8.1mの横穴式石室は、三河地域を中心にした東海西部地域に特徴的な、いわゆる胴張り構造のものである。6世紀後半以降の三河地域でも首長層や農民層が採用しているから、島嶼部の古墳だからといって、みずからの個性を発露させるような墓室をつくったわけではないわけだ。その玄室と羨道には8カ所の埋葬痕跡があったが、組合せ式石棺底石の下層に敷かれた海岸祖砂には尖底の製塩土器が数個体と、網漁業用の石錘が1個、副葬されていた。土器製塩と漁撈という海を糧にした生業に、被葬者が従事していたことを示唆する。そのほかには、直刀2、鉄鏃6、刀子2、メノウ製勾玉1、碧玉製管玉1、ガラス製丸玉1、6世紀後半から7世紀中ごろにかけての須恵器（TK43〜TK217型式）が42個体など、ここでもまた一般的な群集墳と同様の製品が副葬されていた（第3図）。

　日間賀島とおなじく三河湾にあって、それよりもやや面積が広い佐久島でもおなじような事態が繰り広げられていた。たとえば、直径12mの円墳である山ノ神古墳の玄室幅1.6m、長さ3.8mの胴張り横穴式石室のなかには、TK209〜TK217型式の須恵器（杯、蓋、高杯、長頸壺、平瓶）が副葬されていた。これらのほかにも、平地1号墳、平古2号墳、平古3号墳、平古5号墳なども、三河地域に顕著な胴張りの横穴式石室をもっている（宮元・藤井 2000）。つまり、三河湾の島嶼部につくられた後期古墳は、基本的にはこの地域の共通様式

第Ⅳ部 古墳時代の船と海民統治 249

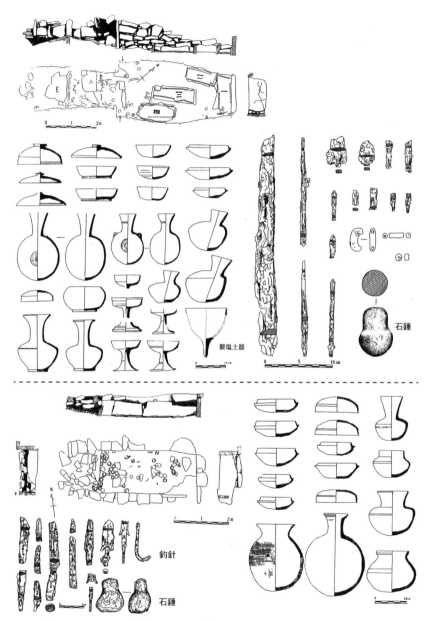

第3図 北地4号（下）・6号墳（上）の石室と副葬品（宮川ほか 1996）

②岡山県喜兵衛島の古墳群　瀬戸内海の島嶼のひとつ、喜兵衛島は東西約600ｍ、南北約300ｍの平野らしい平野のない小さな島で、南東浜では6・7世紀をつうじて大規模な土器製塩――藻を使って濃縮された鹹水を、製塩土器で煮沸する――が実施され、その後背の北側丘陵斜面には、ほぼ同時期の小型の群集墳が築造されている。

　ここでの土器製塩がフルタイムなのか、夏場だけを中心にした季節的な生業なのか、という問題、あるいはどこでどのように生活していたのかといった問題もあるが、群集墳はつくられている。そこでは、6世紀初めごろから7世紀中ごろにかけて、数次の埋葬行為がみられるから、塩づくりの人びとが常時、住んでいなかったとしても、その間、この小島が継続的に墓域になっていたことは確実である。

　発掘調査された16基の後期古墳のうち、2・5・6・8・12・13・16号墳の6基から製塩土器が、また5号墳でヤス、9号墳でたこ壺、13号墳で釣り針といった漁具が、それぞれ出土している。これらの後期古墳を、浜辺での土器製塩に加えて、瀬戸内海での漁撈に従事した人びとの墳墓とみなしても大過はなかろう。それらはおおむね直径10ｍ前後の小さな円墳で、玄室幅2ｍ以下の小型の横穴式石室を埋葬施設とし、耳環、ガラス玉、鉄刀、鉄鏃、刀子などを副葬している。ちなみに、自然石の塊石を6～7段に架構した6号墳の左片袖式横穴式石室は、玄室幅1.6ｍ、長さ3.4ｍ、羨道幅1.1ｍ、長さ3.5ｍの法量をもっていて、通常の群集墳と相似した大きさをしめす。

　喜兵衛島の後期古墳も、三河湾の島嶼部のそれらと同様で、墳丘、横穴式石室、副葬品の組合せは、通常の後期古墳と共通のものである。横穴式石室の形式は吉備地域でひろくつくられているものと、部分的な差異を除くと変わらない。副葬品は、耳環・玉類などの装身具、鉄刀・鉄鏃などの武器、刀子・鉄斧などの工具、紡錘車、MT15～TK217型式の須恵器・土師器などで、製塩土器や漁具がなければごく普通の群集墳としかいいようがない。このほか、2・13号墳から鉄鎌――農具ではなく藻の刈り取り用であろうか――と、薪木を伐採

するためであろうか、鉄斧がみつかっている。それらの保守管理を担当したのか、2号墳からは鉄滓と砥石が出土している。また、4号墳には階層的な上位をしめす金銅装大刀が副葬されている（近藤編 1999）。

　これらの事実から、喜兵衛島の群集墳を形成した人びとは、土器製塩だけでなく、漁撈、海運、軍事活動にかかわっていた、との評価を近藤義郎は下している（近藤 1997）。そうした認識のもと、これら島嶼部に群集墳を造営した人びとを、海を生業にしていたという意味で、網野善彦にならって海民と呼ぼう（網野 1992）。

（2）海民の洞穴墓

　房総半島では大寺山洞穴や鉈切洞穴など、三浦半島では大浦山洞穴や毘沙門洞穴など、海食洞穴のなかに古墳の副葬品とおなじように、玉類や武器などを副葬した墓が営まれている。洞穴墓が急増するのは6世紀後半ごろだが、副葬品だけをみると群集墳のそれとまったく違和感はない。陸路を伝っては行けないところもあって、海に向かって開口するそれらが、海を活動の舞台にした海民の墓なのは動かない。もっとも墳丘があるわけではないので、海民以外の人びとにどこまで墓として認識されていたかは疑問である。

　千葉県館山市大寺山洞穴墓は幅約6m、高さ約3m、奥行き約25mで、5世紀前半から7世紀の長期にかけて墓として利用されていた。かつて漁労に使われた丸木舟が棺に転用され、三角板革綴短甲や初期須恵器、横矧板鋲留短甲や鉄製武器などが副葬されている（（財）千葉県史料研究財団 2003）（第4図）。2時期におよぶ短甲は、5世紀代の前方後円墳や大型円墳などと同等クラスの副葬品といえるので、少なくとも2回は首長クラスの墓になっていたわけである。ただそうはいっても墳丘はもちろん埴輪や葺石はないし、遺骸の保護・密閉という観念も読みとりにくい。

　三浦半島でも多数の洞穴遺跡が見つかっている。たとえば、神奈川県三浦市大浦山洞穴は間口約8m、奥行き20m、高さ6mの海食洞穴で、そのなかから土師器、須恵器、骨角製品（ヤス、離頭銛、釣針、骨鏃、髪飾、糸捲きなど）、

252 第Ⅳ部 古墳時代の船と海民統治

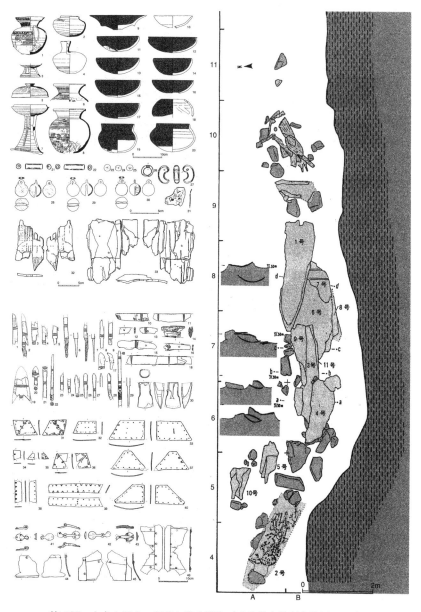

第4図 大寺山洞穴の埋葬と出土遺物（千葉県史料研究財団 2003）

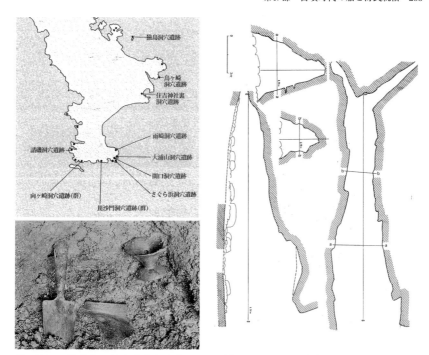

第5図 三浦半島の洞穴分布と大浦山洞穴（左上：かながわ考古学財団、その他：横須賀考古学会 1984）

卜骨、貝庖丁、貝輪、貝刃などが出土している（第5図）。

　30数カ所の洞穴遺跡には、いくつかの共通性が認められる。大浦山洞穴もそうであるが、縄文海進で形成されたのであろうか、洞穴は標高4〜6mほどのやや見上げる高さにあって、通常では海水は入らない。現状では砂浜が控えているところが目に付く。これらが生活・生産・墓として利用されたのは、おおむね3時期におよぶ（（財）かながわ考古学財団　2010）。

　第一の時期は弥生中期末から古墳時代前期で、骨角製の釣り針、回転銛、アワビオコシ、ヤス、貝包丁（アワビ製）などの漁労具がみられるので、それらを使った漁労活動の拠点になっていたようである。ただ、注意をひくのがベンケイガイ・マツバガイ製の貝輪や釣り針の未製品が出土しているので、それらの生産場もかねていたようだ。三浦半島だけで20〜30カ所の同時操業の可能性

があるので、生産された製品の管理・交易もふくめて、その再生産システムを近隣の首長が統括していた可能性が高い。そうだとすれば、首長を介在させた海民と農民の恒常的なネットワークも十分に予想される。

　第二の時期は6世紀後半～7世紀中ごろで、洞穴のなかに石囲墓や積石墓や木棺などがみられ、ガラス玉、管玉や耳環、鉄刀や鉄鏃などの武器、刀子、須恵器（フラスコ瓶などもある）、土師器などが副葬されていた。あたかも群集墳のそれと見紛うような製品の数々である。共通の葬送儀礼、他界観のなせる術なのであろうか。開口部は大きくて閉塞などできないし、墓の存在を明示するような標識的施設もつくられていない。外部に向かって開放されていたようである。ただ奥行きが深いので、横穴式石室や横穴墓のような暗い閉鎖的空間のイメージは十分だ。立地条件からみて、海民の墓であるのはまず間違いないが、群集墳や横穴墓と異なってなんら人為はほどこされていない。なお、厚い灰層や骨層など生活残滓もみられるので、恒常的かどうかはわからないが一時期、生活の場になっていたようでもある。

　第三の時期は、平安時代末から鎌倉時代にかけてで、和鏡などが見つかっている。洞穴が宗教施設としての役割を担わされたのかもしれない。

3．古墳時代海民の統治

（1）海民の群集墳

　三河湾に浮かぶ日間賀島や佐久島、瀬戸内の島嶼部などに、古墳時代後期になると小古墳が営まれたのは上述したとおりである。それらは直径10m前後、高さ3～4mほどの円墳に、玄室の幅2m未満、長さ4m未満で、そこそこの重量をもった自然石を積みあげた横穴式石室を構築する。そして、通常の群集墳となんら変わりのない製品の数々――鍍金をほどこした耳環や多彩な材質でつくられた玉類、鉄刀・鉄鏃などの武器、須恵器や土師器など――を副葬する。そこに少量の釣り針・石錘といった漁労具、製塩土器などが加わるが、それらは副葬品の主流にはなっていない。ちなみに、農民層が構築したとみられ

る大方の群集墳でも、農具の副葬はさほど多いわけではない。つまり、個々の職掌をしめす製品はかならずしも多くはない。

「群集墳の被葬者は農民層だ」が、なかば「常識」化している。農耕に適した平地のない小島に立地し、漁労具や製塩土器以外を除くと、海民の墳墓は農民層のそれと見分けがつかない。実際のところ、海民の群集墳も通常の群集墳とほとんど差異はなくて、海民層だけの独自の墳墓様式は認められないところに、6・7世紀の「民衆」支配を考えるための問題がいくつか所在する。

第一。武器の副葬である。もっていないものは副葬できない、という論理からすれば、海民層は日常的に武器を保有していた。海民層は武装していたのだが、漁労や土器製塩を営む海民に、鉄刀や鉄鏃などの武器がなぜ必要だったのか。いったい、何を誰から防御しようとしたのか。それとも、攻撃に使うような活動をしていたのか。もし自衛すべき利益があるならば、それは漁労活動から発するというよりも、航海技術に基因した可能性が高いのではないか。もっとも有力農民層も武器を保有していたから、海民や手工業民もふくめて古墳時代の有力な「民衆」は、日常的に武装していたことになる。

第二。島嶼や海岸で活動していた海民が、瑪瑙・碧玉・ガラスなど、多彩な材質の玉類、生産方法や生産地が異なった須恵器と土師器、鉄素材と鍛冶技術の必要な鉄製武器や農工具などを自前で調達するのは難しい。そもそも小さな島嶼部では食料生産に適した平野がほとんどないから、そこで日常生活を送るためには、魚類や海草類はともかく、穀類などは他所から持ち込まねばならない。須恵器や木製容器などの生活什器類や、鉄製釣り針などの漁具――ここで製作したとしても、素材の鉄は入手する必要がある――なども、交易を介して獲得しなければならない。古墳時代には分業生産と交易――在地流通と遠隔地流通――に支えられた地域の再生産構造が確立していたが、それを制御していた首長の介入がなければ、群集墳はとうてい実現しない。

第三。海民の群集墳は横穴式石室の形式などをみても、近隣の首長墓との共通性が強い。前述したように、日間賀島や佐久島の横穴式石室は、三河地域の農民層や首長層とおなじ胴張り型式の三河型横穴式石室を採用していたのだ

が、墓室造営の経験のない島嶼部の海民にとって、石室構築のための工人が派遣されなければそれは不可能であった。横穴式石室建造の技術や知識を保持していたのは、各地の横穴式石室の規定力からすると首長層とみられるので、石工や副葬品の供給もふくめた葬送集団の派遣がなければ——それは〈首長層の認可〉とほぼ同義だが——群集墳は実現しがたい。

　第四。海民層も墳丘や横穴式石室をつくるだけの経済力があった。多種の財が副葬された古墳は、小規模とはいえその造営には少なからぬ労働力が投下される。墳墓造営に富を費消させるだけの経済力・「余剰」を、海民は有していたわけだ。群集墳は「生産労働に従う人々の側における余剰の相対的増加による私有、それに基づく家父長権の伸張を示すと同時に、各地支配層を通して大和王権が打ち出した収奪確保の政策を意味する。（中略）後期古墳秩序は、大王権の卓越と各地部族首長の弱体化にもかかわらず、部族諸集団の武装状態の強化の中に進行したことを示すものである」（近藤 1983）という農民層にたいしての見方が、「家父長権の伸張」、「部族首長の弱体化」、「部族諸集団」のとらえかたはともかく、海民層にも一定程度は可能になってくる。

　第五。海民層固有の他界観は認めがたい。特別な埋葬儀礼を表わすような装置も製品も見あたらない。大寺山洞穴墓では丸木舟が棺に供せられているので、それが「船葬」を表わすとの見解もあるが、遺骸は洞穴に埋葬されているので海には流されていない。「死者の霊魂が船に乗せられ、海の彼方に運ばれそこで浮遊しつづける」との海上他界観にしても、次のふたつが問題になる。ひとつは、〈霊肉分離の観念〉の成立が前提になるが、それを先験的にいうのではなく、5世紀に成立していたということを論証する必要がある。もうひとつは、短甲や武器など副葬品の存在をどう理解するかである。死者の霊魂が、海の向こうに送られたというのであれば、貴重な財である品々はどのような意味をもつのか。

　海民の古墳も農民層とおなじく、死者のための広い空間をもった横穴式石室を構築し、「黄泉戸喫」のための須恵器・土師器を副葬している。そこからは海上他界観のような葬送観念は認めがたい。そうではなく、墳丘と横穴式石室

そのものが他界とみなされていたようで、海民だからといって、特別な他界観は見えてこない（広瀬 2010a）。

（2）古墳時代海民統治の特性

　朝鮮半島からの鉄素材をはじめ、遠隔地流通をともなう首長間の交易など、海運にウエートが置かれていたことは、各地の海浜型前方後円墳をみれば一目瞭然だが、航行技術を携さえて実際にそれを担ったのは海民である。6・7世紀には、中央政権や地方首長層が海民の船運機能を重視し、支配統治の対象に組み込んだ。それが群集墳形成のひとつの契機になった、と理解したい。

　海民の群集墳のピークは6世紀後半から7世紀前半ごろだが、これは西日本各地の群集墳の消長とほぼ軌を一にしていて、海民だけの特殊な事情ではない。時期的な遅速はあるものの、職掌の差異を超えた中間層の統治という、群集墳をめぐる汎列島的な政治的営為が、そこには表出されている。

　海民もふくめた群集墳の特性の第一は、6世紀後半ごろに盛期を迎えた政治的契機についてである。「個別経営の進展（農業生産）にもとづく余剰の増加で経済力を蓄え、家父長権が伸張した家父長家族を、大和政権は擬制的同族関係という形式をとおして政治的に掌握し、伝統的な首長の地域支配を崩していく」（近藤 1952、西島 1961、白石 1996 など）。経済的に台頭してきた農民層、家父長家族という形で成長してきた民衆を、大和政権が直接的に支配した。それが既往の首長的支配の弱体化をもたらした、というのが通説化しているが、ここでの「家父長家族」とは農民層のことであった。海民や手工業民は視野にはおさめられなかったという学史が、そこには横たわっている。

　そうした通説に本質的な問いを投げかけるのが海民の群集墳である。漁労や地域的に偏りのある製塩などに従事していた海民には、「個別経営の進展」はさほど重要ではなかろう。塩づくりという生産行為はともかく自然資源に依拠する漁労に、それはさほど意味をもつとは思えない。また、水田稲作・畑稲作などの農耕に関しても、弥生文化の練度や地形・気候などの地理的環境といった地域的多様性にもかかわらず、各地の「家父長的家族層」がほぼ同時期に個

別経営を進展させて富をなした、とみなすのも腑に落ちない。これまでの通説に決定的に抜け落ちているのは、西日本一帯では6世紀後半ごろにほぼ一斉にどうして群集墳が築造されたのか、という問いにたいする解である。漁労などの生業にはけっして基因しない武装を海民層がしていた事情も、それと深くかかわる。ここで注意を引くのが、この時期が海浜型前方後円墳の第二の画期と期を一にすることだ。

6世紀後半ごろに加耶諸国を滅ぼし、7世紀には隋・唐の支援を受けて朝鮮半島を統一した新羅にたいして、壱岐島を外交・防衛の前線にした対外政策に基因する、というのがひとつの仮説である（広瀬 2010b）。第Ⅰ部の「海浜型前方後円墳を考える」で引いておいたように、『日本書紀』には対新羅のために、推古朝などに数万単位の兵が数回、筑紫に派遣された記述がある。このような対外政策を実行するために、東国をはじめ各地から多数の兵が宗像や京都平野などに結集させられた。そのときの主要な移動手段は船であった。海民がおおいに力を発揮したと推測しうる。すなわち、農民層とおなじく海民層の直接的掌握――実務は在地の首長が担ったと考えられる――という政策が、対外政策の一環としてとられたのが、農民層のみならず海民層が築造した群集墳の背景なのである。

群集墳についての第二は、海民と農民層の群集墳はなんら変わりないということについてである。その事実は、多様な職掌の平準化に、この時期の「民衆」統治の本質がある、ということを表わすのではないか。多様な職掌に従事していた中間層を、一律に支配することが、群集墳が表象した政治支配の方式であった。

群集墳についての第三は、首長と海民層の間には、葬送観念を共有する心性が醸成されていたことだ。首長層につながっているとの海民層の心理的基盤、首長層との〈われわれ意識・帰属意識〉の形成、首長と海民層とのイデオロギー的親縁性が、首長の政策執行の前提となっていた。そのような事態は海民・手工業民・農民を問わず、ほかの群集墳でも原則的には同様である。群集墳の本質のひとつはイデオロギー支配なのである。そもそも在地の支配秩序な

るものは、首長の武力にもとづく強制力と、首長権力の行使への民衆の同意で維持されたのだが、群集墳はそうした政治的特性を表わしていたといえる。

(3) ふたつの海民統治

　前方後円墳のような首長墓とおなじく、海民の群集墳も中央—地方の政治秩序を表わす墳墓様式で、小規模といえども墳丘をそなえたビジュアルな政治的モニュメントであった。いっぽう、洞穴墓はそうではない。海食洞穴に営まれた墓には前述したとおり墳丘はないし、円筒埴輪や葺石などの外部表飾もない。一定の土地を占有し、長期にわたってみずからを見せつづける墳丘との差異は大きい。墓そのもののビジュアル度が低いのに加え、それは海からしか見えないという限定条件もつ。投下される労働量の多寡も大きい。たとえ小型石材や河原石積みでも、横穴式石室を構築し、墳丘を造成するといった行為と自然の洞穴に埋置するだけのものとは各段の相違がある。

　そうはいっても、6世紀後半ごろからの洞穴墓は群集墳と同等の副葬品をもつのに加え、薄暗い洞穴を横穴式石室や横穴墓に見立てた可能性もあって、群集墳への親縁性を発揮した墓制となっている。もっとも入口を閉塞していないので、遺骸と霊魂を閉じ込めようという心性は認めがたい（間口が広すぎて物理的にできないのかもしれない）。注意をひくのは、そうした墓制が大寺山洞穴墓の5世紀代を除くと、6世紀後半から7世紀中ごろにかけての時期に偏在することである。

　重要なのはおなじ海民の墓制なのに、群集墳という墳丘をもったビジュアル的墓制と、洞穴墓という非ビジュアル的な墓制が、地域を違えて同時期に併存するという事実である。第一、6世紀後半ごろには海民が中央政権に統治された事情を、日間賀島や喜兵衛島の群集墳が物語っている。その場合、各地の首長層が中央政権の意志を代行した蓋然性が高い。第二、墳丘をもたない洞穴墓は中央との共通性をもたないから、それを中核とした政治関係の埒外にあるといわざるをえない。見えない墓制だから、共通性と階層性という中央との連携が認めがたいのである。しかし、群集墳に準じた内容や時期的偏在性からする

と、それとの密接な関係性は否定できない。

　古墳時代の墓制は、これらふたつの政治性を表出していた。第一は、群集墳が表わす中央—地方の政治秩序で一次的政治関係とよぶ。それに規制——模倣や応用もふくむ——されながら、各地のなかでの政治性を帯びたものを二次的政治関係とよぶ。そうみれば、6世紀後半ごろから7世紀の洞穴墓は、東京湾や相模湾の海民を、地域首長が伝統的なつながりに依拠して独自に統治した蓋然性が高い。そこには中央政権の政治意志は直接的には反映されていないだろうが、首長にたいするなにがしかの要請はあったと思われる。それに応じての二次的な政治関係である。

　このようにみると、6・7世紀の海民の掌握には、政治的墳墓を介した中央—地方の統治方式と、地方首長独自の統治方式との二者があったようだ。そして、三河湾以西の海民は中央政権に直接統治されたが、相模湾以東の海民は在地首長に統治された、ということになる。ちなみに、海民統治というテーマからはずれるが、各地の横穴墓や地下式横穴墓——墳丘をもつものは除く——も、洞穴墓などもおなじく各地での首長と中間層との二次的政治関係を表わしている。三浦半島には円頭大刀などを副葬した江奈横穴群などの横穴墓も築造されている。二次的政治関係のなかでも、身分や職掌や出自などでどう差別化されていたのかはこれからの課題である。

　古墳時代の船や海民統治について若干の考察を行ってきたが、前方後円墳などに副葬された漁具、海民の横穴墓などの理解、一次的と二次的との政治関係の各地でのありかたなど、まだまだこれから深化させねばならない課題は少なくない。それらは古墳時代社会の再生産にとって、交通諸関係がいかなる位置を占めていたのか、首長層がそれをどのように掌握したのか、といった重要な課題でもある。

　さて、弥生土器や銅鐸に描かれた船は、鳥装したシャーマンや神殿、あるいは鳥やシカなどとあいまって、稲作農耕の「神話・儀礼」に重要な役割を演じている。つまり、遠く海の彼方に座すカミを村落に運ぶのが船で、この段階の

カミは人びとの求めに応じて他界と此界を往来し、弥生人の豊穣への祈りに応えていた。前方後円墳などの造り出しなどに置かれた船形埴輪や装飾古墳に描かれた船も、亡き首長や有力家長などの遺骸に依り付くために遥か遠くからカミを運んできたとみてはどうか（広瀬 2010a）。

　弥生・古墳時代の準構造船は、人を運搬するだけではなく、見えない他界と人びとをとりまく此界とをつなぐ役割を有していた。どうして船が弥生・古墳祭式の一翼を担うようになったのかは、別途論じなければならないが、弥生・古墳時代の人びととの観念領域をも大きく規定するほど、船の役割は重視されていたようである。そういうところからも交通の果たした重要性が理解できる。

　なお、本稿の1は「船—考古資料からみたその変遷—」（『日本の美術』四、至文堂、1995年）、2（1）は「六・七世紀の「民衆」支配」（『支配の古代史』、学生社、2008年）を基に加筆、修正したものである。

参考文献

網野善彦 1992『海と列島の中世』日本エディタースクール出版部
一色町誌編纂委員会 1976『佐久島の古墳 一色町誌資料第1輯』
近藤義郎 1952『佐良山古墳群の研究』津山市教育委員会
近藤義郎 1983『前方後円墳の時代』岩波書店
近藤義郎編 1999『喜兵衛島—師楽式土器製塩遺跡群の研究—』
（財）大阪市文化財協会 1991『大阪市平野区長原遺跡発掘調査報告』Ⅳ
（財）大阪文化財センター 1987『久宝寺南（その2）—久宝寺・加美遺跡の調査』
（財）かながわ考古学財団 2010「（5）三浦半島の海蝕洞穴」『掘り進められた神奈川の遺跡』
（財）千葉県史料研究財団 2003「97 大寺山洞穴遺跡」『千葉県の歴史』資料編考古2
白石太一郎 1966「畿内の大型群集墳に関する一試考」『古代学研究』42・43合併号
出口晶子 1999「狭山池出土の船材にかんする考察」『狭山池論考編』狭山池調査事務所
西島定生 1961「古墳と大和政権」『岡山史学』10
西谷真治・置田雅昭 1988『ニゴレ古墳』弥栄町教育委員会
平山修一・高木恭二 1984「桂原2号墳」『熊本県装飾古墳総合調査報告書』熊本県教育委員会
広瀬和雄 2010a『カミ観念と古代国家』角川叢書
広瀬和雄 2010b「壱岐島の後・終末期古墳の歴史的意義—6・7世紀の外交と「国

境」―」『国立歴史民俗博物館研究報告』第158集
松木　哲　1999「西樋に転用されていた船材」『狭山池論考編』狭山池調査事務所
松阪市・松阪市教育委員会　2003『松坂市制施行70周年記念特別展　全国の船形埴輪』
松阪市教育委員会　2005「史跡宝塚古墳」『松阪市埋蔵文化財報告書』1
宮川芳照・磯部幸男・杉崎　章　1966「尾張国日間賀島北地古墳群の調査概報」『古代学研究』42・43合併号
宮元香織・藤井康隆　2000「愛知県幡豆郡一色町佐久島の横穴式石室踏査記録」『第5回考古学研究会東海例会　古墳時代における地域と集団―後期古墳と横穴式石室を手がかりに―』
山中　章　2003「律令国家形成前段階の研究の一視点―部民制の成立と参河湾三島の海部―」『弥生時代千年の問い―古代観の大転換』ゆまに書房
横須賀考古学会　1984「大浦山洞穴遺跡」『三浦半島の海蝕洞穴遺跡』

（広瀬和雄）

資　　料

資料1　列島の海浜型前方後円墳分布図

資料2　列島の海浜型前方後円墳一覧表

資料3　前方後円墳整備・活用紹介

資料1-①　関東の海浜型前方後円墳（洞窟遺跡含む）

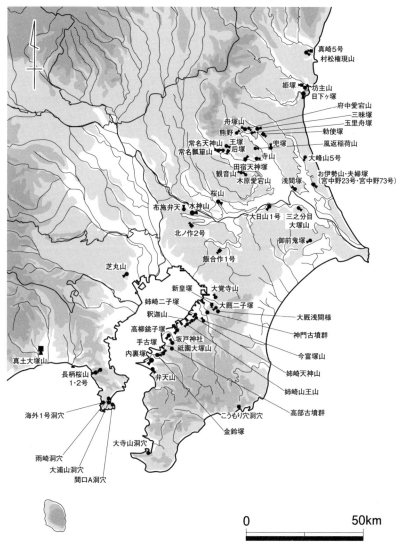

資料1-② 九州四国中国の海浜型前方後円墳（前・中期）

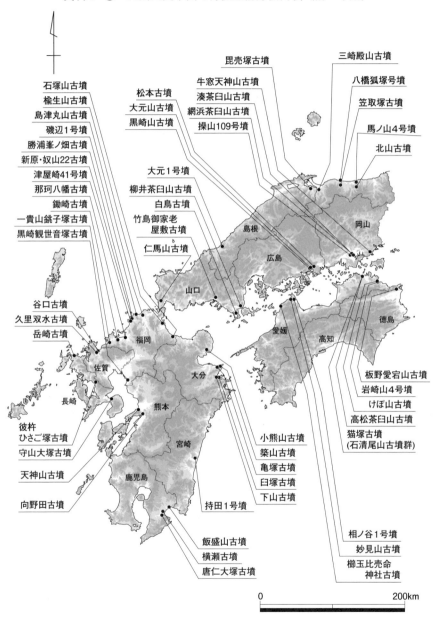

資料1-③ 九州四国中国の海浜型前方後円墳（後期）

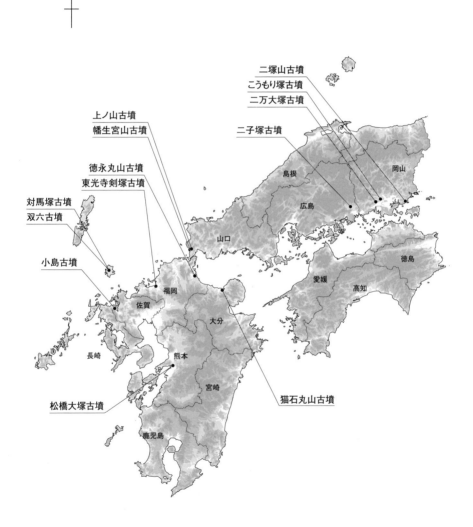

268 資料

資料1-④ 近畿中部北陸の海浜型前方後円墳（前・中期）

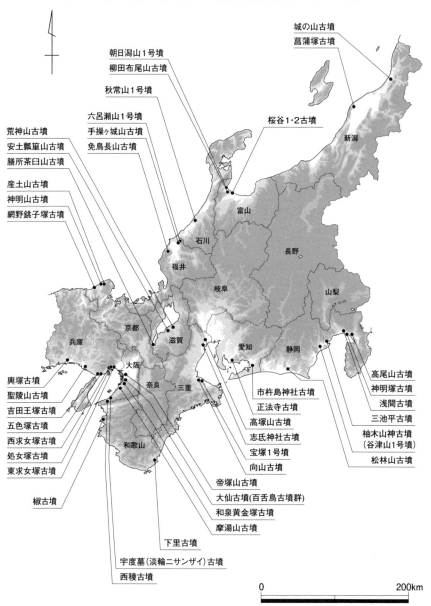

資料 1-⑤ 近畿中部北陸の海浜型前方後円墳（後期）

270　資料

資料1-⑥　関東東北の海浜型前方後円墳（前・中期）

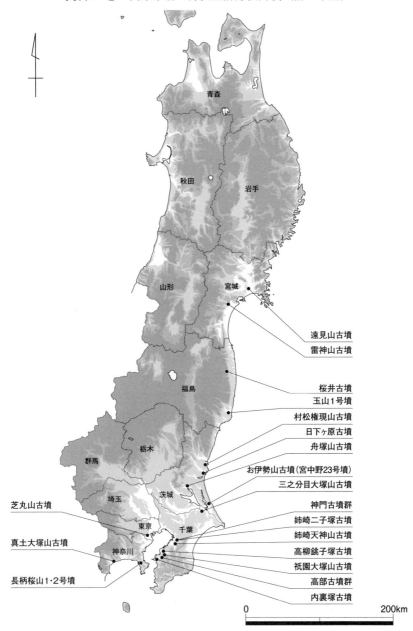

資料1-⑦　関東東北の海浜型前方後円墳（後期）

- 村松舟塚2号墳
- 府中愛宕山古墳
- 三昧塚古墳
- 玉里舟塚古墳
- 風返稲荷山古墳
- 夫婦塚(宮中野73号墳)古墳
- 御前鬼塚古墳
- 姉崎山王山古墳
- 金鈴塚古墳

272 資　　料

資料2　海浜型前方後円墳一覧

No.	都道府県	遺跡名	所在地	規模(m)	時期
1	宮　城	遠見塚古墳(1)	仙台市若林区遠見塚	110	4～5
2	宮　城	雷神山古墳(2)	名取市植松字山	170	5～6
3	福　島	桜井古墳(3)	南相馬市原町区上渋佐	74	3～4
4	福　島	玉山1号墳	いわき市四倉町玉山林崎	118	4
5	茨　城	真崎5号墳(4)	那珂郡東海村村松字権現山	45	2
6	茨　城	姫塚古墳(5)	東茨城郡大洗町磯浜町	30	2
7	茨　城	坊主山古墳	東茨城郡大洗町磯浜町	63	3
8	茨　城	観音山古墳	稲敷郡美浦村舟子	74	3
9	茨　城	熊野古墳	かすみがうら市市川字大塚	68	3
10	茨　城	勅使塚古墳(6)	行方市沖州	64	3
11	茨　城	田宿天神塚古墳	かすみがうら市加茂	63	3
12	茨　城	后塚古墳(7)	土浦市手野町字後塚	60	3
13	茨　城	寺山古墳	かすみがうら市牛渡寺山	60	3
14	茨　城	大峰山5号墳	鉾田市中居大峰	45	3
15	茨　城	お伊勢山(宮中野23号)古墳	鹿嶋市宮中野中野	90	3～4
16	茨　城	浅間塚古墳	潮来市上戸	84	3～4
17	茨　城	木原愛宕山古墳	稲敷郡美浦村木原	100	4
18	茨　城	兜塚古墳	行方市浜ハサ	99	4
19	茨　城	王塚古墳	土浦市手野町字大塚	84	4
20	茨　城	桜山古墳	龍ヶ崎市長峰町	71	4
21	茨　城	常名天神山古墳	土浦市常名字天神久保	70	4
22	茨　城	常名瓢箪山古墳	土浦市常名町羽黒	74	4～5
23	茨　城	日下ヶ塚(常陸鏡塚)古墳	東茨城郡大洗町磯浜町	103	4
24	茨　城	舟塚山古墳	石岡市北根本	182	5
25	茨　城	村松権現山古墳	那珂郡東海村村松	87	5
26	茨　城	府中愛宕山古墳	石岡市北根本	91	8～9
27	茨　城	三昧塚古墳	行方市沖洲	85	9
28	茨　城	玉里舟塚古墳	小美玉市上玉里山内	88	9
29	茨　城	村松舟塚2号墳	那珂郡東海村村松荒谷台	80	9～10
30	茨　城	風返稲荷山古墳	かすみがうら市安食字風返	70	10
31	茨　城	夫婦塚(宮中野73号)古墳	鹿嶋市宮中野中野	109	10
32	千　葉	神門3号墳(神門古墳群)	市原市惣社	48	1
33	千　葉	高部30号墳(高部古墳群)(8)	木更津市請西	34	1
34	千　葉	北ノ作2号墳(9)	柏市片山	32	2
35	千　葉	飯合作1号墳(10)	佐倉市下志津字飯郷作	25	2

No.	都道府県	遺跡名	所在地	規模(m)	時期
36	千葉	姉崎天神山古墳	市原市姉崎	130	3
37	千葉	今富塚山古墳	市原市今富	110	3
38	千葉	大厩二子塚古墳	市原市大厩	63	3
39	千葉	坂戸神社古墳	袖ヶ浦市坂戸市場	62	3
40	千葉	新皇塚古墳	市原市菊間	60	3〜4
41	千葉	釈迦山古墳	市原市姉崎	93	4
42	千葉	大覚寺山古墳	千葉市中央区生実町	62	4
43	千葉	手古塚古墳	木更津市小浜字手古塚	60	4
44	千葉	大厩浅間様古墳(11)	市原市大厩川上台	45	4
45	千葉	大日山1号墳	成田市高後田	54	4
46	千葉	三之分目大塚山古墳	香取市三之分目大塚	123	5
47	千葉	水神山古墳	我孫子市高野山	69	5
48	千葉	布施弁天古墳	柏市布施字弁財天	32	6
49	千葉	高柳銚子塚古墳	木更津市高柳	142	6
50	千葉	内裏塚古墳	富津市二間塚字東内裏塚	144	6
51	千葉	姉崎二子塚古墳	市原市姉崎	103	6
52	千葉	祇園大塚山古墳	木更津市祇園	100	6〜7
53	千葉	姉崎山王山古墳	市原市姉崎	67	8〜9
54	千葉	金鈴塚古墳	木更津市長須賀	95	10
55	千葉	御前鬼塚古墳	旭市鏑木	106	10
56	東京	芝丸山古墳	港区芝公園	120	4〜5
57	神奈川	真土大塚山古墳(12)	平塚市西真土	?	2
58	神奈川	長柄桜山1号墳	逗子市桜山・三浦郡葉山町長柄	91	4
59	神奈川	長柄桜山2号墳	逗子市桜山・三浦郡葉山町長柄	88	4
60	静岡	高尾山古墳(13)	沼津市東熊堂	62	1
61	静岡	三池平古墳	静岡市清水区山切	65	4
62	静岡	柚木山上(谷津山1号)古墳	静岡市葵区柚木・春日・杏谷	110	4
63	静岡	浅間古墳(14)	富士市増川	100	4〜5
64	静岡	松林山古墳	磐田市新貝	110	4〜5
65	静岡	神明塚古墳	沼津市松長	54	8
66	静岡	山ノ神古墳	富士市東柏原新田	41	9
67	愛知	市杵島神社古墳(15)	豊橋市牟呂町市場	55	2
68	愛知	正法寺古墳	西尾市吉良町乙川西大山	94	3〜4
69	愛知	白鳥古墳	名古屋市熱田区白鳥	70	9
70	愛知	断夫山古墳	名古屋市熱田区旗屋町	150	10
71	愛知	車神社古墳	豊橋市植田町字八尻	42	9

274 資 料

No.	都道府県	遺跡名	所在地	規模(m)	時期
72	愛 知	牟呂王塚古墳	豊橋市牟呂町市場	40	10
73	愛 知	妙見古墳	豊橋市老津町妙見	51	10
74	三 重	向山古墳(16)	松阪市小野町	71	3〜4
75	三 重	志氏神社古墳	四日市市大宮町	?	3〜4
76	三 重	高塚山古墳	桑名市大字北別所	56	4〜5
77	三 重	宝塚1号墳	松阪市宝塚町	110	5
78	三 重	志島11号墳(おじょか古墳)(17)	志摩市阿児町志島	?	7
79	三 重	泊り古墳	志摩市阿児町志島	32	10
80	三 重	鳶ヶ巣古墳	志摩市阿児町志島	30	10
81	新 潟	城の山古墳	胎内市塩津	40	2〜3
82	新 潟	菖蒲塚古墳	新潟市西蒲区竹野町	53	2〜3
83	富 山	柳田布尾山古墳(18)	氷見市柳田字布尾山	107	2〜3
84	富 山	朝日潟山1号墳(19)	氷見市朝日丘	36	3
85	富 山	桜谷1号墳	高岡市太田	62	3
86	富 山	桜谷2号墳	高岡市太田	50	3
87	富 山	朝日長山古墳	氷見市朝日本町	43	9
88	石 川	秋常山1号墳	能美市秋常町	140	4
89	石 川	柴垣親王塚古墳	羽咋市柴垣町	35	9
90	福 井	手繰ヶ城山古墳	吉田郡永平寺町松岡	130	3
91	福 井	六呂瀬山1号墳	坂井市丸岡町上久米田	140	4〜5
92	福 井	免鳥長山古墳(20)	福井市免鳥町	90	5〜6
93	福 井	獅子塚古墳	若狭郡三浜町郷市	32	9
94	福 井	二子山3号墳	大飯郡高浜町小和田	26	9
95	福 井	行峠古墳	大飯郡高浜町中山	30	9
96	滋 賀	安土瓢箪山古墳	近江八幡市安土町桑実寺	162	3
97	滋 賀	膳所茶臼山古墳	大津市秋葉台	120	3〜4
98	滋 賀	荒神山古墳	彦根市日夏町	124	4
99	滋 賀	鴨稲荷山古墳	高島市鴨	45	9
100	滋 賀	国分大塚古墳	大津市国分	45	9〜10
101	京 都	網野銚子塚古墳	京丹後市網野町	198	4〜5
102	京 都	産土山古墳(21)	京丹後市丹後町竹野	54	6〜7
103	京 都	神明山古墳	京丹後市丹後町宮	190	5〜8
104	大 阪	摩湯山古墳	岸和田市摩湯町	200	3
105	大 阪	和泉黄金塚古墳	和泉市上代町	94	4

資料　275

No.	都道府県	遺跡名	所在地	規模(m)	時期
106	大阪	帝塚山古墳	大阪市住吉区帝塚山西	88	4〜5
107	大阪	大仙古墳(百舌鳥古墳群)	堺市堺区大仙町	486	5〜7
108	大阪	西陵古墳	泉南郡岬町淡輪	210	6〜7
109	大阪	宇度墓(淡輪ニサンザイ)古墳	泉南郡岬町淡輪	170	7〜8
110	和歌山	下里古墳	東牟婁郡那智勝浦町下里	60?	4
111	和歌山	椒古墳	有田市初島町浜字経塚	?	8〜9
112	和歌山	天田28号墳	御坊市塩屋町北塩屋	30	9
113	兵庫	聖陵山古墳(22)	加古川市野口町	78	1
114	兵庫	処女塚古墳(23)	神戸市東灘区御影塚町	68	2
115	兵庫	東求女塚古墳	神戸市東灘区住吉宮町	80	2
116	兵庫	西求女塚古墳	神戸市灘区都通	98	3
117	兵庫	奥塚古墳	たつの市御津町黒崎	100	3
118	兵庫	五色塚古墳(24)	神戸市垂水区五色山	194	4〜5
119	兵庫	吉田王塚古墳	神戸市西区王塚台	90	5〜6
120	兵庫	津門稲荷山古墳	西宮市津門稲荷町	40	8
121	兵庫	津門大塚古墳	西宮市津門大塚町	42	9
122	岡山	網浜茶臼山古墳	岡山市中区網浜	92	1〜2
123	岡山	操山109号墳	岡山市中区平井	74	2
124	岡山	牛窓天神山古墳	瀬戸内市牛窓関町	85	3〜4
125	岡山	湊茶臼山古墳	岡山市中区湊	125	4〜5
126	岡山	二塚山古墳	瀬戸内市波歌山	45	10
127	岡山	こうもり塚古墳	総社市上林	100	10
128	岡山	二万大塚古墳	倉敷市真備町下二万	42	10
129	広島	大元山古墳(25)	尾道市高須町	50〜150?	?
130	広島	黒崎山古墳	尾道市高須町黒崎山	70	5〜6
131	広島	松本古墳(26)	福山市神村町	40	6
132	広島	二子塚古墳	福山市駅家町	68	10〜
133	鳥取	馬ノ山(橋津)4号墳	東伯郡湯梨浜町橋津	110	3〜4
134	鳥取	三崎殿山古墳	西伯郡南部町三崎	108	4
135	鳥取	北山古墳	東伯郡湯梨浜町野花	110	5〜6
136	鳥取	笠取塚古墳(27)	東伯郡琴浦町別所	53	8〜9
137	鳥取	八橋狐塚古墳	東伯郡琴浦町八橋	62	8〜9
138	島根	大元1号墳	益田市遠田町	88	4〜5
139	島根	毘売塚古墳	安来市黒井田町	40	7〜8
140	山口	竹島御家老屋敷古墳	周南市本陣町	56	3

No.	都道府県	遺跡名	所在地	規模(m)	時期
141	山口	仁馬山古墳	下関市延行・有冨	75	3〜4
142	山口	柳井茶臼山古墳	柳井市大字柳井	90	3〜4
143	山口	白鳥古墳	熊毛郡平生町佐賀	120	5〜6
144	山口	上ノ山古墳	下関市綾羅木ノ山	108	9
145	山口	幡生宮山古墳	下関市幡生宮山	23	10
146	香川	猫塚古墳(石清尾山古墳群)(28)	高松市峰山町他	95	2
147	香川	高松茶臼山古墳	高松市前田西町他	70	2〜3
148	香川	岩崎山4号墳	さぬき市津田町	62	3〜4
149	香川	けぼ山古墳	さぬき市津田町	55	3〜4
150	徳島	板野愛宕山古墳	板野郡板野町川端	63	4〜5
151	愛媛	妙見山古墳	今治市大西町宮脇	56	1〜4
152	愛媛	相ノ谷1号墳	今治市湊町	81	3〜4
153	愛媛	櫛玉比売命神社古墳	松山市高田	75	3〜4
154	福岡	石塚山古墳	京都郡苅田町富久町	110	1〜2
155	福岡	島津丸山古墳	遠賀郡遠賀町島津丸山	57	1〜2
156	福岡	那珂八幡古墳	福岡市博多区那珂	80	2
157	福岡	磯辺1号墳	遠賀郡岡垣町波津磯辺	60	3
158	福岡	一貫山銚子塚古墳	糸島市二丈田中	100	3〜4
159	福岡	鋤崎古墳	福岡市西区今宿字鋤崎	62	4
160	福岡	黒崎観世音塚古墳	大牟田市大字岬	100	4
161	福岡	新原・奴山22古墳	福津市勝浦他	80	5〜6
162	福岡	楡生山古墳	築上郡吉富町楡生	60	6〜7
163	福岡	勝浦峯ノ畑古墳(29)	福津市勝浦藤ケ浦	100	6〜7
164	福岡	徳永丸山古墳	行橋市徳永屋敷	40	9〜10
165	福岡	東光寺剣塚古墳	福岡市博多区竹下	75	10
166	佐賀	久里双水古墳	唐津市双水	108	2〜3
167	佐賀	谷口古墳	唐津市浜玉町谷口	77	4
168	佐賀	小島古墳	伊万里市山代町久原小島	48	10
169	長崎	守山大塚古墳	雲仙市吾妻町本村名大塚	70	2〜3
170	長崎	岳崎古墳	平戸市田平町岳崎免	60	4
171	長崎	彼杵ひさご塚古墳	東彼杵郡東彼杵町宿郷	60	5〜6
172	長崎	対馬塚古墳	壱岐市勝本町立石東触	109	10
173	長崎	双六古墳	壱岐市勝本町立石東触	91	10
174	大分	小熊山古墳(30)	杵築市狩宿	120	3〜4
175	大分	臼塚古墳	臼杵市大字稲田	87	5

No.	都道府県	遺跡名	所在地	規模(m)	時期
176	大分	亀塚古墳	大分市里	120	5〜6
177	大分	下山古墳	臼杵市大字諏訪	68	5〜6
178	大分	築山古墳	大分市大字神崎	90	6〜7
179	大分	猫石丸山古墳	大分県豊後高田市草地	40	9
180	熊本	向野田古墳	宇土市松山町向野田	86	4
181	熊本	天神山古墳	宇土市野鶴町桜畑	110	4〜5
182	熊本	松橋大塚古墳	宇城市松橋町松橋	79	9
183	宮崎	持田1号(計塚)古墳	児湯郡高鍋町持田	120	4
184	鹿児島	飯盛山古墳(31)	志布志市志布志町夏井ダグリ岬	80	4〜5
185	鹿児島	唐仁大塚古墳	肝属郡東串良町新川西	140	5〜6
186	鹿児島	横瀬古墳	曽於郡大崎町横瀬エザイ町	165	7〜8

註
（1）兜塚古墳が近在。
（2）名取大塚古墳が近在。
（3）前方後方墳。
（4）前方後方墳。
（5）前方後方墳。
（6）前方後方墳。
（7）前方後方墳。
（8）前方後方墳。
（9）前方後方墳。
（10）前方後方墳。
（11）円墳。消滅している。
（12）墳形に疑問あり。
（13）前方後方墳。
（14）前方後方墳。
（15）前方後方墳。
（16）前方後方墳。
（17）墳形に疑問あり。
（18）前方後方墳。
（19）前方後方墳。
（20）墳形が円か帆立貝の可能性あり。
（21）円墳。
（22）前方後方墳。
（23）前方後方墳。
（24）小壺古墳が近在。
（25）すでに消滅している。
（26）帆立貝式古墳。
（27）前方後方墳。
（28）双方中円墳。
（29）帆立貝式古墳。
（30）小塔山古墳が近在。
（31）すでに消滅している。

278 資料

資料3 前方後円墳整備・活用紹介

森 将軍塚古墳
　　長野県千曲市

昼 飯大塚古墳
　　岐阜県大垣市

今 城塚古墳
　　大阪府高槻市

五 色塚古墳
　　兵庫県神戸市

保 渡田古墳群
　　群馬県高崎市

虎 塚古墳
　　茨城県ひたちなか市

長 柄桜山古墳群
　　神奈川県逗子市・葉山町

青 塚古墳
　　愛知県犬山市

宝 塚古墳
　　三重県松阪市

王 墓山古墳
　　香川県善通寺市

①長柄桜山古墳群　　⑥宝塚古墳
②森将軍塚古墳　　　⑦保渡田古墳群
③昼飯大塚古墳　　　⑧今城塚古墳
④青塚古墳　　　　　⑨虎塚古墳
⑤五色塚古墳　　　　⑩王墓山古墳

資料 279

資料3-①

長柄桜山古墳群
神奈川県逗子市桜山、三浦郡葉山町長柄

〔第1号墳〕墳長91.3m、前方部幅33.0m、後円部径52.4m、同高さ7.8m。丘陵基盤層を削り出して成形した後に上部に盛土を施し、後円部3段、前方部2段で築成。円筒埴輪・壺形埴輪を備える。〔第2号墳〕墳長約88m、前方部幅45m、後円部径50m、同高さ8.7m（試掘・範囲確認調査のみ）。第1号墳の西側約500mに位置。墳丘傾斜部は未調査のため段築の有無は不明確だが第1号墳には見られない葺石が存在する。出土遺物の特徴からいずれも4世紀後葉の築造と考えられる。東京湾・相模湾を眺望できる三浦半島基部西岸の丘陵尾根筋（標高100〜120m）に立地する海浜型前方後円墳群。造営の背景には畿内地域と関東以北を結ぶ海上交通との関係が推定されている。

古墳整備に至る経緯 1999年3月、地元の考古学愛好家による第1号墳の発見が契機となり、追って発見された第2号墳とともに翌年度にかけて試掘、測量、範囲確認調査等が実施された。それらの成果から神奈川県内最大級の規模を有する前方後円墳群であることが明らかになり、2002年に国史跡の指定を受けた。2006〜2009年度にかけては史跡整備を目的とした第1号墳の発掘調査が行われている。

上空から見た長柄桜山古墳群

保存整備・活用の状況 古墳群は逗子市・葉山町の境界部をなす丘陵尾根にあり、両教育委員会が協力して保存整備を推進。発見直後から続く市民町民の自主的なパトロール活動や「長柄・桜山古墳を守る会」などの活動によって、史跡周辺は現在までなお豊かな自然環境が保全されており、墳丘はいずれもほぼ完全な形で遺存している。シンポジウムや講演会、研究会・勉強会なども多数開催され、史跡指定後の2003

活躍中のボランティアパトロール

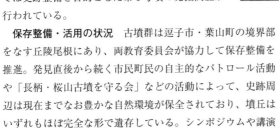

第1号墳の整備イメージ図

「国指定史跡長柄桜山古墳群 整備基本計画書」より

年度には整備基本構想を作成。翌年度に考古学研究者3名による調査指導委員会を設置し、2006年度までに指定地の公有化を完了している。2011年、豊かな自然環境との調和を基本理念に掲げた整備基本計画がまとめられ、現在、第2号墳の発掘調査をふまえた本格的な遺構保存・公開活用計画の実施に至っている。

森 将軍塚古墳

長野県千曲市大字森字大穴山

墳長約100m、前方部幅30m、後円部長径55m、同短径45m、同高さ約4m。平野部からの比高差130～140mを有する狭隘で急斜面な大穴山の頂部に立地しており、曲がった尾根上に若干の盛土をして築造されたことによって墳形は左右対称でなく後円部は楕円形に近い。墳丘は葺石で覆われ、三重に配された円筒形・朝顔形埴輪列のほか、墳頂には形象埴輪を備える。4世紀後半の築造。

古墳整備に至る経緯 1970年、周辺で始まった土砂の採取による古墳存続の危機に際して、市民・研究者・行政が一体となった大きな保存運動に発展。市内全世帯数の91.1％（17275名）の署名が集められ、同年10月に申請。翌1971年に国史跡に指定された。

保存整備・活用の状況 11年間（1981～1991年）の歳月と約5億円を費やして

美しく完全復元された森将軍塚古墳

築造当時の姿を正確に解体・復元。1日約20人、期間約500日を要した綿密な発掘調査によって、墳丘を覆う8万個に及ぶ葺石は近くの有明山から、墳頂部の玉砂利は約3km離れた千曲川から運び上げるなど、古代における大掛かりな土木工事であったことが明らかになった。墳丘は周囲に点在する他の古墳群とともに「科野の里歴史公園」内に保存。全面的な調査成果に基づいた完全復元例はめずらしく、整然と敷かれた葺石や玉砂利、ずらりと配列された無数の埴輪によって美しく整備されている。古墳の麓には竪穴式石室の実物大精密模型などが展示される「森将軍塚古墳館」や、古墳時代の集落を復元展示した「科野のムラ」が設営され、年間約35000人が見学に訪れている。毎年11月3日には市民手づくりイベント「森将軍塚まつり」を開催。元旦には初日の出を拝むイベントも催され、墳頂に300人ほどが登り新年を祝う。なお、整備工事施工後13年を経て墳丘北側の葺石が崩落しているが（1998～1999年度に補修）、墳丘を築造当時と同じ材料・工法で正確に復元していることから、古墳時代においても同様の崩落が起こり得たとの推察がなされている。

古墳の麓に整備された「科野のムラ」

毎年11月3日に開催される「森将軍塚まつり」

昼飯大塚古墳

岐阜県大垣市昼飯町字大塚

墳長約150m、前方部幅82m、前方部長62m、後円部径99m、同高さ13m、周濠を含む総全長約180m（岐阜県最大）。墳丘は3段築成され、葺石や朝顔形埴輪・円筒埴輪・形象埴輪（家・蓋・盾・靫など）を備え、畿内の大王墓に準ずる傑出した内容を有する。同一墓壙内に三棺が埋葬され、竪穴式石室、粘土槨、木棺直葬という異なる埋葬形態が混在する。4世紀末の築造。

古墳整備に至る経緯 1956年に旧赤坂町史跡。1967年には合併して大垣市の史跡となる。1980年、名古屋大学による発掘調査が行われ、1994〜1999年度にかけて大垣市教育委員会による古墳および史跡公園の整備をみすえた範囲確認調査が継続実施され古墳の概要が判明した。これらの成果を受け1998年に岐阜県の史跡に指定。2000年に国史跡に指定される。

整備された昼飯大塚古墳

保存整備・活用の状況 2009年より4カ年計画の保存整備事業を開始し、綿密な復元計画に基づいて墳丘を往時の姿に修復。2013年4月にオープンした「昼飯大塚古墳歴史公園」内に保存整備されている。試掘調査では、墳丘を傷つけない針貫入試験や表面型RI密度水分計を導入。盛土の圧縮密度や強度などから使用された土の種類や当時の築造法が判明し復元施工計画の基準となっている。葺石の修復には埋もれていた当時の葺石が再利用されており、葺石の風化を抑制し長期的に維持するため土地環境に適した樹脂処理や撥水剤の散布が施された。葺石の間詰め土に用いた石灰系改良土には凍結融解試験によって強度特性を示した特殊樹脂を配合。古来の構築法と様々な現代技術を融合した修復がなされている。なお、墳丘の一部には「復元ゾーン」が設けられており、2013年度からの5年間をかけて、市民の手によって葺石を復元し、円筒埴輪を製作・設置してもらう計画がスタートしている。

葺石の復元に参加する市民

設置する円筒埴輪の製作体験

青塚古墳
愛知県犬山市青塚

　墳長123m、前方部幅62m、後円部径78m、高さ12m。愛知県内では断夫山古墳に次いで2位の規模で、尾張では最大規模。後円部は3段、前方部は2段築成。各段に列石が廻らされ、底部穿孔された壺型埴輪（二重口縁壺）が配置されていた。4世紀後半前後の築造と推定される。標高31mの扇状地上に存在し、周囲には青塚前後の首長墳がない、大型単独墳。1584年の小牧・長久手の戦いでは秀吉方の砦が築かれた。

　古墳整備に至る経緯　神社の所有地にあり、長い間、地元の人びとによって保存されていた。1966年に犬山市指定文化財となる。1979年、古墳周辺にほ場整備事業が計画されたが、それに対して地元住民からの古墳保存の要望が出たことにより、範囲確認のための発掘調査が行われることになった。その結果、歴史的・学術的価値が高いとされ、ほ場整備事業対象区域から外されることとなり、1983年には国史跡に指定された。

　保存整備・活用の状況　1987年から12年間かけて周辺の土地の公有化が進められた。また整備のための発掘調査を実施し、それまで詳細が不明だった墳丘形態や築造時期（4世紀半ば）が判明した。埋葬施設は未調査で詳細も不明だが、円筒埴輪や鰭付朝顔埴輪などが出土した。調査と併行して、その結果を反映しながら1996年から整備も開始され、2000年に青塚古墳史跡公園としてオープンした。古墳の周囲には芝生が整備され、広々とした史跡公園となっている。墳丘は盛土が復元され、発掘調査によって明らかになった列石や壺型埴輪が配置されている。なお古墳は大縣神社の社地であり神が祀られていることから、通常は墳丘に登ることはできない。

　公園内にはガイダンス施設「まほらの館」が併設され、2010年からは犬山市が委託したNPO法人が管理運営を行っている。ガイダンス施設では出土品や古墳の解説をパネルと映像で紹介している。また古墳に関するイベントはもちろん、土器づくりや歴史講座など、様々なワークショップやイベントが実施されている。そのほか敷地内ではステージや出店を伴うイベントなども開催され、地域住民の憩いの場となっている。またボランティアによる清掃活動や、小学校の遠足場所などとしても利用されるなど、広い用途で活用されている。

復元整備された青塚古墳

五色塚古墳

兵庫県神戸市垂水区

　全長194m、前方部幅81m、後円部径125m・高さ18m（兵庫県最大）。4世紀後半の築造。墳丘は3段築成で、葺石、円筒埴輪列、周濠を備える。西側に位置する円墳である小壺古墳と、現在では消滅した歌敷山東古墳・西古墳と合わせて古墳群を形成したと考えられている。明石海峡を臨む高台に立地する海浜型前方後円墳である。

　古墳整備に至る経緯　1921年に小壺古墳とともに国指定史跡に認定された。戦中・戦後に一時荒廃したものの、神戸市が国の史跡整備の第一号として補助金を得て1965年から1975年にかけて保存整備を行い、墳丘・付属施設が復元された。整備に先立って古墳の調査がされたが、復元整備が優先されたために主体部の調査はされていない。

　保存整備・活用の状況　墳丘の整備は古墳築造時の姿を完全復元する方針で行われた。前方部は築造当時の葺石が残っている部分はそのまま保存し、そうでない部分は墳丘周辺に落下した葺石を葺きなおすことで保存された。後円部は墳丘保存のため、盛土した後に浸透水防止のために石灰と真砂土の混合土で覆い、新しい石を葺いている。下段の葺石は築造当時の葺石の上に盛土、芝張りをして保存された。築造時には上・中段、墳頂に総数2200本と推定される埴輪列が存在し、復元としては当初、後円部墳頂のみに合成樹脂製のレプリカを配していたが、2011年に前方部墳頂にも同様のレプリカが配された。その他、周濠の法面や周濠中の方形マウンド、小壺古墳に芝を張るなどの整備がなされた。この整備は築造当時の古墳を視覚的に復元することで古墳が当時どのように見られていたか、墳丘から周囲を見ることができたかという「景観」を復元したものといえる。

　2006年に神戸市から管理委託されたNPO法人「輝かすみが丘」による管理事務所が設置され、遺物の一部が展示されている。ボランティアによる解説も行われている。

　現在では兵庫県下最大という点や、その立地と復元状況からパワースポットとして紹介されている。2005年からは濠に咲く花々を利用して「れんげ祭り」が毎年開催され、2014年からは古墳時代に関連する歴史イベント「五色塚古墳まつり」が行われ、毎年の開催を予定されている。また、自然公園としても積極的に活用され、敷地内での自然観察イベントや、近くの空き地を利用して「おやこ自然園」という農園を開設して古墳への興味をもってもらうといった活動も行われている。

復元された五色塚古墳

宝塚古墳

三重県松阪市宝塚町・光町

資料3-⑥

1号墳は全長111m、前方部最大幅66m、後円部直径75m、最大高10m（伊勢地方最大）、2号墳は全長89m、後円部直径83m、高さ10.5m。1号墳は5世紀初頭に築造された前方後円墳、2号墳は5世紀前半に築造された帆立貝式古墳。1号墳、2号墳ともに3段築成で、葺石、埴輪列を備えていた。1号墳の北側くびれ部には140点もの形象埴輪が配された、幅18m、奥行約16mの舞台状の造り出し部が設けられている。

古墳整備に至る経緯 1928年の調査で、88基の古墳（確かなものはうち26基）が花岡古墳群として確認された。この調査を受けて宝塚1・2号墳は1932年4月に国史跡となったが、他の古墳のほとんどは宅地造成などのため消滅した。2号墳は円墳とみられていたために前方部の一部が造成され、道路が通っている。帆立貝形古墳と認識されたのち、1978年に指定範囲を拡大された。1999年6月～2000年3月に古墳の整備・保存を目的として発掘調査が行われ、1号墳から船形埴輪などの多様な形象埴輪が出土した。

保存整備・活用の状況 古墳公園として保存することが決定され、2005年から「宝塚古墳公園」として一般公開されている。出土した遺物は2006年に国の重要文化財に指定されたが、2003年にはこれらの遺物を展示する「はにわ館」が先に開館している。

整備された宝塚古墳造り出し

古墳公園の北東部分には芝生広場や3号墳をイメージした多目的広場が設けられている。1号墳墳丘は芝貼りがされ、北側作り出し部には葺石が復元されている。造り出し部には埴輪群がレプリカ復元されている。2号墳も墳丘には芝貼りがされ、保存されているが、前方部には道路が通っている。復元された円筒埴輪すべてと二重口縁の壺形埴輪などは「はにわづくりの会」会員や地元中学校生徒など、市民によって手作りされたものである。

復元された埴輪

古墳公園内の駐車場から古墳につながる通路の脇には、松阪市の現代から古墳時代までの歴史を紹介した、円筒埴輪を模したパネルが複数設置されている。これは古墳を「地域の歴史の一部」として認識してもらい、また古墳を通して市の歴史に興味を持ってもらうことで、古墳を他の史跡などと有機的に関連させて活用しようという試みといえよう。

保 保渡田古墳群

群馬県高崎市保渡田町・井出町

榛名山南麓に分布する井出二子山古墳・八幡塚古墳・薬師塚古墳の3基の前方後円墳を中心とした古墳群。[二子山古墳]墳丘長108m、後円部径74m、総長215m、現存高8m。[八幡塚古墳]墳丘長96m、後円部径56m、総長188m、現存高8m。[薬師塚古墳]墳丘長約105m、総長約165m、墳丘内に西光寺があり削平著しく、残存高6m。いずれも馬蹄形の堀が二重にめぐり、二子山古墳と八幡山古墳は内濠部に中島4基を配置する。墳丘や中島の法面には石が葺かれ、形象埴輪を含む多数の埴輪が並べられている。5世紀後半の築造。

古墳整備に至る経緯 1985年に国史跡に指定され、1996〜1999年にかけて、発掘調査を含む保存復元整備が行われた。二子山古墳・八幡塚古墳を中心とした地域が、「上毛野はにわの里公園」として整備されている。

保存整備・活用の状況 二子山古墳は、発掘前の墳丘形状を変えずに整備され、墳丘表面に芝、堀にはコスモスが植えられ、多くの見学者が訪れている。八

復元された保渡田八幡塚古墳

幡塚古墳は元々の墳丘の削平が著しかったこともあり、築造時の姿へと大規模な保存復元が行われた。墳丘や中島斜面には全面的に葺石が葺かれ、中島や墳頂部には円筒埴輪列が復元されている。また内堤の一部に円筒埴輪列によって方形に区画され人物や動物埴輪を復元した「形象埴輪配列区」がおかれている。後円部内部には石棺展示室が作られ、墳丘上に作られた階段

復元埴輪を並べる中学生

から墳丘内部に下りて、舟形石棺を見学することができる。薬師塚古墳は寺の境内になっており、後円部墳頂に堂が立っている。また、江戸時代に発掘された舟形石棺が保存されている。

古墳群に隣接して「かみつけの里博物館」がおかれ、薬師塚出土の馬具など国重要文化財の一部が展示されている。また、王の儀式の再現劇の上演などを行う古墳祭りや、勾玉作りなどの体験イベント、八幡塚に立てる円筒埴輪の製作体験など、さまざまなイベントが行われている。

今城塚古墳
大阪府高槻市郡家新町

墳長186m、前方部幅148m・高さ12m、後円部径100m・高さ9m。6世紀前半の築造。平野に盛土して造られた「造り山」であり、二重の濠が巡らされている。墳丘は埴輪列や葺石を備える3段築成だったと考えられ、北側内堤には埴輪祭祀区を備える。外濠を含めると総長348m、総幅342mの釣り鐘形を呈し、その規模や内容から継体天皇の真の陵墓と有力視されている。

古墳整備に至る経緯 1958年に国指定史跡となった。古墳の周辺が宅地化する中で国・大阪府の支援を受けて50年をかけてほぼ全域を公有地化し、墳丘に植林するなど、古墳の保存活動が行われた。しかし、墳丘は築造当時の姿をとどめておらず、高槻市は古墳を整備し、史跡公園として公開することを決定。公園整備のための情報を得るために、1997年から継続的に調査を行っている。こうした調査を受けて2004年から墳丘、二重の濠・堤、北側内堤で発見された埴輪祭祀区の整備が行われ、2011年4月に「いましろ大王の杜」として公開された。

整備された今城塚古墳

復元された埴輪祭祀区

自然公園として活用される古墳

保存整備・活用の状況 墳丘は現況を基本として裾部護岸列石を復元して前方後円形を表現し、遊歩道を整備した。空濠である外濠は全周復元され、水濠である内濠は前方部を水濠復元し、後円部側は芝生広場にされている。南・西側外堤は築堤・生垣で表示し、内堤は全周復元して埴輪列を一部設置している。内堤北側には実際に触れることができるレプリカで埴輪祭祀区を復元し、外堤北側には広場を付属させている。ここには縮小された古墳の全体模型と、埴輪祭祀場と古墳を一望する展望台とともに、今城塚古代歴史館が併設する。こうした復元整備事業と並行して、地元小学生や市民で復元石棺を引くイベントや、柵形埴輪の作成に協力してもらうなどの事業も行われた。現在は歴史資料としてのほか、虫とりやバードウォッチングなど、気軽に自然と触れ合える自然公園としても大いに活用されている。

虎塚古墳

茨城県ひたちなか市中根字指渋

墳長56.5m、前方部幅38.5m、後円部径32.5m、同高さ7.5m。周堤・周濠は一部を除き全周。葺石および埴輪は備えない。横穴式石室内に東国最美の神秘的な壁画をもつ装飾古墳で、玄室内壁に白色粘土で下塗りを施し、赤色のベンガラによって三角・環状・円・渦巻などの幾何学紋様が描かれている。7世紀初頭の築造。

古墳整備に至る経緯 勝田市史編纂事業（学術調査）として、1973年、1974年、1976年の3次にわたって発掘調査を実施。調査団長は大塚初重明治大学教授（現名誉教授）が務めた。調査の過程で横穴式石室が未開口であることがわかり、石室内部に装飾壁画を発見。東日本を代表する装飾古墳であることが判明し、翌1974年に国史跡に指定される。

整備された虎塚古墳

保存整備の状況 国史跡に指定された面積は8391㎡と広く、1976〜1977年度にかけて国庫・県費補助による敷地の公有化が行われた。墳丘は現在、緑豊かな古墳史跡公園内に保存されており、全体を芝生で覆って美しく整備し墳丘および周堤・周濠の形状がよく分かる状態になっている。装飾壁画の発見された横穴式石室内の調査においては、閉塞石を取り除く前に東京国立文化財研究所（当時）によって石室内の温・湿度、空気組成、微生物などを対象とした科学調査が実施され、温度は15度、湿度は92％、炭酸ガスは外気の50倍という石室内部の基礎データが得られた。観覧室建設の際にはこのデータをもとにした設計・施工がなされ、石室は墳丘内に分厚いガラスによって厳重に密閉。石室内の気温は年間を通して約15度、湿度は90％以上に保たれている。壁画の一般公開は1980年秋より開始。石室内の保存環境を維持するための「密閉」と貴重な装飾壁画の「公開」との両立をはかるため、公開日は外気温差の少ない春・秋の年2回、各8日間に限られているが、これまでに10万人を超える一般観覧者が訪れている。なお、2009年には公開開始から30年にあたり石室内部の総点検を実施。その結果、これまで通りの方法で公開することに支障がないとの結論が得られ、引き続いての一般公開が行われている。

発見時の状態で維持管理された美しい装飾壁画

王墓山古墳

香川県善通寺市善通寺町

墳長 約45m、前方部幅 約28m・高さ 5 m（推定）、後円部径 約28m・高さ 6 m。 6 世紀前半に築造された。有岡古墳群の中央部に位置し、かつては 7 基の陪塚を有していたと考えられる。墳丘は 2 段築成による。主体部は横穴式石室で、石室からは金銅製の冠、銀象嵌を施した鉄刀や馬具、須恵器類など、質量ともに豊富な副葬品が出土した。須恵器に見られる時期差や出土状態などから追葬が行われたと考えられる。

古墳整備に至る経緯 大正時代には史跡名勝記念物として調査報告が行われていた。1982、1983年に発掘調査が実施され、主体部の横穴式石室から金銅製の冠、銀象嵌を施した鉄刀や馬具などが出土した（これらは善通寺市立郷土館に展示）。1984年に周囲の 3～7 世紀に築造された 5 基の古墳と合わせて有岡古墳群として国指定史跡となった。現在は王墓山を含めて 3 基の古墳の整備が完了している。

整備された王墓山古墳

保存整備・活用の状況 墳丘は史跡公園として保存整備されている。前方部南部分は削られてしまっていたが、復元はせずに現状のまま整備された。墳丘には説明板が設置され、全面に芝が張られている。横穴式石室は開口した状態で整備され、入口には柵が設置され通常は施錠されている。善通寺市は 4 月29日を「古墳の日」と制定しており、宮が尾古墳とともに石室内部を一般公開している。

こうした保存・整備とは別に特筆すべき点として、善通寺市がホームページ内で実施している王墓山古墳の紹介方法がある。同市は、現在では行政組織が管理する多くのホームページで見られるように、市内の文化財を紹介するホームページを有しており、「デジタルミュージアム」と呼称している。他の行政と異なるのは、善通寺市はそのなかで有岡古墳群の野田院古墳と宮が尾古墳、そして王墓山古墳の360°ビューイングを提供しているという点である。これはあたかも現地に立って周囲を見回したような感覚を得られるもので、王墓山古墳と宮が尾古墳は玄室内のパノラマビューが、野田院古墳は墳丘上からのパノラマビューが公開されている。こうした取り組みはインターネットを利用した新しい展示形態の 1 つと言え、現物を常時公開しにくい遺物や遺構についての情報を提供する方法といえる。

王墓山古墳の石室内

写真引用文献

①長柄桜山古墳群
　　［写真（上）］　『国指定史跡　長柄桜山古墳群パンフレット』
　　　　　　　　　　発行：逗子市教育委員会・葉山町教育委員会
　　［写真（中）］　『広報ずしNo.840（平成24年11月号）』―24頁
　　　　　　　　　　発行：逗子市
　　［写真（下）］　『国指定史跡長柄桜山古墳群整備基本計画書 平成23年3月』―巻頭イラスト
　　　　　　　　　　発行：逗子市教育委員会・葉山町教育委員会

②森将軍塚古墳
　　［写真（上）］　『史跡 森将軍塚古墳―補修事業報告書―（2000）』―25頁　写真1
　　［写真（中）］　『史跡 森将軍塚古墳―補修事業報告書―（2000）』―32頁　写真8
　　［写真（下）］　『史跡 森将軍塚古墳―補修事業報告書―（2000）』―32頁　写真8
　　　　　　　　　　発行：更埴市教育委員会

③昼飯大塚古墳
　　［写真（上）］　『広報おおがきNo.1730（平成25年3月15日号）』―1頁
　　［写真（中）］　『広報おおがきNo.1740（平成25年8月15日号）』―12頁
　　［写真（下）］　『広報おおがきNo.1740（平成25年8月15日号）』―12頁
　　　　　　　　　　発行：大垣市

④青塚古墳
　　［写真］　　　　『広報いぬやま No.1104（2010年12/15号）』―1頁
　　　　　　　　　　発行：犬山市

⑤五色塚古墳
　　［写真］　　　　『史跡五色塚古墳小壺古墳―発掘調査・復元整備報告書』―358頁　図版2―1
　　　　　　　　　　発行：神戸市教育委員会

⑥宝塚古墳
　　［写真（上）］　『国史跡宝塚古墳　宝塚古墳公園パンフレット』
　　［写真（下）］　『史跡宝塚古墳　保存整備報告書』―29頁　写真図版
　　　　　　　　　　発行：松阪市教育委員会

⑦保渡田古墳群
　　［写真（上）］　『はにわ群像を読み解く』―2頁
　　［写真（下）］　『はくぶつかん探検隊』―42頁
　　　　　　　　　　発行：かみつけの里博物館

⑧今城塚古墳
　　［写真（上）］　『広報たかつき　No.1318（2014年9月1日号）』―2頁
　　［写真（中）］　『広報たかつき　No.1318（2014年9月1日号）』―5頁
　　［写真（下）］　『広報たかつき　No.1318（2014年9月1日号）』―3頁

　　　　　　　　　　発行：高槻市
　⑨虎塚古墳
　　　［写真（上）］　『日本の遺跡3 虎塚古墳』―巻頭カラー
　　　　　　　　　　著者：鴨志田篤二　　発行：㈱同成社
　　　［写真（下）］　『市報ひたちなかNo.365（平成22年2月25日号）』―12頁
　　　　　　　　　　発行：ひたちなか市
　⑩王墓山古墳
　　　［写真（上）］　『史跡有岡古墳（王墓山古墳）保存整備事業報告書』―21頁
　　　［写真（下）］　『史跡有岡古墳（王墓山古墳）保存整備事業報告書』―17頁
　　　　　　　　　　発行：善通寺市教育委員会

あとがき

　公益財団法人かながわ考古学財団は、2013（平成25）年10月21日で設立20周年を迎えました。前身である財団法人かながわ考古学財団が神奈川県によって設立されたのが、20年前の1993（平成5）年10月21日でした。

　設立当日は、第一回の理事会・評議員会が合同で開催され、「永い歴史の中で、我が国の先人たちは時代を画する多くの文化遺産を残してきました。神奈川県では約3万年前から祖先の活動が認められ、縄文、弥生、古墳、奈良・平安、鎌倉時代など、それぞれの時代における貴重な文化遺産が残されております。県内にはこうした先人達の生活や社会活動の跡を物語る遺跡が、確認されているだけでもおよそ7,600箇所あり、今後さらに増大していくものと予測されます。また、一方では道路建設など県民生活の向上や利便性等を図る開発行為が進み、遺跡に及ぼす影響が大きくなっております。こうした開発行為によりやむをえず貴重な遺跡を喪失することとなる場合には、事前に発掘調査を行い、その遺跡について記録保存を図ることが必要です。また、人生80年時代、生涯学習時代を迎え、県民の考古学への関心も高まっております。祖先が残した文化遺産を身近に肌で感じる、このような機会を充実し、県民のニーズに応えることも必要になっております。そこで、埋蔵文化財の発掘調査の一層の進捗を図るとともに、あわせて、地域文化の充実に寄与するため、財団法人かながわ考古学財団を設立いたしました。」という設立の趣旨が承認されて、当時神奈川県文化財保護審議会委員であった吉田章一郎青山学院大学名誉教授が、初代理事長に就任されました。

　設立当初は神奈川県直営の調査機関である県立埋蔵文化財センターから引き継いだ大型の公共事業に伴う発掘調査、特に出土品整理が業務のかなりの部分を占めており、愛甲郡清川村宮ヶ瀬遺跡群、逗子市池子遺跡群や東名高速道路拡幅に伴う厚木市・伊勢原市・秦野市などの遺跡が中心でした。しかし、その

後いわゆるバブルの崩壊が公共事業の抑制に及び、設立から5年ほどで神奈川県から出向していた職員の派遣が取りやめられるなど、組織体制の見直しも必要になりました。それを乗り越え、当初の目的であった道路建設、さがみ縦貫道路や新東名高速道路に伴う発掘調査が佳境に入ろうとする時期に、第三セクター以外の法人に移行するという神奈川県の方針が出され、当財団として最大の危機を迎えることとなります。県の第三セクターから外れるまでの5年間の猶予期間は、国・県関係の公共事業に伴う発掘調査が増大しましたが、将来の見通しもないまま日々の業務に追われるという職員にとっては不安な時期でもありました。幸いにして公益法人制度改革の時期と一致し、2011（平成23）年4月1日に公益財団法人に移行することができました。

20周年記念事業として「海浜型前方後円墳」をテーマにしたシンポジウムの開催を計画しましたのは、設立の趣旨にある記録保存のための発掘調査が大半である当財団にとって、国史跡の指定のための確認調査を実施した長柄桜山古墳群の成果を見直すことにより、地域文化の充実に少しでも貢献したいという職員の思いからです。

当財団では、発掘調査の傍ら神奈川の歴史の考古学的研究を時代別に行っています。シンポジウムは、職員による古墳時代研究プロジェクトが企画し、広瀬和雄先生をはじめとする研究者の方々にご指導いただきながら、資料集を作成して当日を迎えました。

準備段階からシンポジウムの成果を形として残したい、神奈川を越えて全国各地の考古学、とりわけ古墳に関心のある方々にもこの成果を知っていただきたいと考え、資料集をそのまま印刷するのではなく、シンポジウムの成果を踏まえた新たな論集として、今回本書を刊行することにしました。シンポジウムには参加していただかなかった東方仁史さん、宇垣匡雅さんにも執筆をお願いしました。

当財団にとっては、『掘り進められた神奈川の遺跡』に引き続き一般向けに刊行する2冊目の本書が、より多くの方々に「海浜型前方後円墳」と当財団を知っていただけることを職員一同期待しています。

最後になりましたが、準備段階から本書の刊行まで一貫してご指導いただいた広瀬和雄先生と、厳正な工程管理をしていただいた同成社・佐藤涼子社長のご尽力で本書が刊行できましたことを改めてお礼申し上げます。

　2015年3月

中田　英

■執筆者紹介（執筆順）

広瀬　和雄　〔第Ⅰ部及び第Ⅳ部〕
　　　　　　国立歴史民俗博物館名誉教授、総合研究大学院大学名誉教授
山口　正憲　〔第Ⅱ部2―①〕
　　　　　　神奈川県葉山町教育委員会
蓼沼香未由　〔第Ⅱ部2―②〕
　　　　　　茨城県大洗町教育委員会
日高　　慎　〔第Ⅱ部3―①〕
　　　　　　国立大学法人東京学芸大学
西川　修一　〔第Ⅱ部4〕
　　　　　　神奈川県立旭高等学校
東方　仁史　〔第Ⅲ部2〕
　　　　　　公益財団法人鳥取県教育文化財団
宇垣　匡雅　〔第Ⅲ部3〕
　　　　　　岡山県教育庁文化財課

公益財団法人かながわ考古学財団
　　中田　　英　〔あとがき〕
　　植山　英史　〔第Ⅱ部1〕
　　柏木　善治　〔第Ⅱ部5及び：第Ⅲ部1〕
　　新山　保和　〔第Ⅱ部3―②〕
　　長友　　信　〔資料1及び資料2〕
　　長澤　保崇　〔資料3―①②③⑨〕
　　吉澤　　健　〔資料3―⑤⑥⑧⑩〕
　　岸本泰緒子　〔資料3―④⑦〕

海浜型前方後円墳の時代
(かいひんがたぜんぽうこうえんふん　じだい)

2015年3月31日発行

編　者　公益財団法人かながわ
　　　　考古学財団
発行者　山　脇　洋　亮
印　刷　亜細亜印刷㈱
製　本　協栄製本㈱

発行所　東京都千代田区飯田橋4-4-8
　　　　（〒102-0072）東京中央ビル　㈱同成社
　　　　TEL 03-3239-1467　振替 00140-0-20618

ⒸKanagawa Archaeology Foundation 2015. Printed in Japan
ISBN978-4-88621-692-2 C3021